Vol.87 예술이 남긴 이야기 Function Of Art

Contents

AROUND

Vol. 87
2023 February

예술이 남긴 이야기 Function Of Art

ISSN 2287-4216
ISBN 979-11-6754-024-9
KRW 18,000

9 791167 540249 03050

Sparks Edition, nonfictionhome, Moon Kyuhwa,
Jean-Michel Othoniel, Genesis Belanger, yuri edit, Mingyes, Boseol, Choi Jiwon,
Yun Yeodong, Hong Siya, piknic, Ecriture Studio

언제부턴가 크고 작은 전시가 열리는 곳에는 사람으로 붐빈다. 우리는 왜
전시장으로 향하게 된 걸까. 나의 경우를 생각해 보자면, 처음에 전시장을 찾은
건 사람 때문이었다. 새로운 세계로 들어가는 문처럼 입구를 들어선다.
그 문을 들어서면 대게 모두가 벽 쪽을 바라보고 있다. 작품을 느긋하게
바라보는 사람들. 슬픔인지 기쁨인지 알 수 없을 감정을 저마다 느끼며 사유하는
분위기. 거기에 속해있는 내가 마음에 들었다. 그러다 점점 좋아하는 작품도
뚜렷해졌다. 최근에는 의정부미술도서관에 갔다 우연히 기획전 〈도서관 속
작업실〉을 보게 됐다. 이 전시에서 나는 계속 질문을 던지고 있었다. 화분
하나를 뒤집어도 보고, 멀리도 가까이도 놓아보며 6장의 드로잉과 컬러 채색,
콜라주 등 다양한 재료로 작업을 한 작품이었다. 작가 이름은 변진. 이 사람은
왜 이토록 화분을 오래 관찰한 걸까, 이 화분에서 무얼 발견한 거지? 질문하고
스스로 답을 찾아보기도 했다. 내가 보지 못한 작가의 관찰, 세계관을 느끼다
보니 매일 곁에 두고 보고 싶은 작품도 생겼다. 이야기하고자 하는 세계관이
뚜렷한 작가들을 조금씩 흠모하기 시작하면서 나의 세계관도 함께 넓어지고
있다. 작품 그 너머의 이야기를 들어보며 가까워지고 싶었다. 예술이라는 장르에
많은 사람들이 관심을 갖는 지금의 상황이 반갑다. 그저 예술은 모르겠고,
작품이 있는 공간에 있는 것만으로도 '기분이 좋아서'라도 괜찮지 않을까.
천천히 작가들의 이야기를 들어보며 질문하고 답을 찾아볼 수 있는 시간이 되길
바란다.

김이경—편집장

The Art Of Soil

흙에 에워싸여

이진선·김근수—에크리쳐 스튜디오

에디터 **이주연**

에크리쳐 스튜디오는 "이진선 작가와 김근수 작가가 함께 운영하는 아트레이블입니다. 정제되지 않은 흙의 거침과 투박함을 존중하면서 흙이라는 재료가 지닌 순수한 우아함을 탐구합니다."라는 글로 소개하고 있죠. 두 분에게 흙은 어떤 의미인가요?
흙이라는 재료는 우리 내면의 무언가를 표현하기 위한 수단이자 소재가 되는 것이에요. 많은 사람과 소통할 수 있는 매개체로 여기고 있죠. 흙은 다른 재료와 달리 제작 과정에서 제작자가 재료의 깊숙한 곳까지 주무르고 다룰 수 있다는 점에서 작가와 내밀한 소통이 가능한 소재라고 생각해요. 저희가 표현하고자 하는 것들을 행위를 통해 결과로 잘 옮겨줄 재료, 그를 통해 작가를 가장 잘 대변해 주는 재료. 특히 이진선 작가 작업에서 흙은 반복되고 불완전한 신체 움직임을 통해 발생된 작가의 흔적을 그대로 나타내 주고, 즉흥적인 선택과 생각을 그대로 반영한 결과물로 존재하도록 한다는 점에서 작가의 관념을 표상할 수 있는 재료라는 의미를 지녀요.

두 분이 함께하는 에크리쳐 스튜디오 작업은 개인 작업과 어느 정도 다른 지점이 있는 것 같아요.
에크리쳐 스튜디오는 대중이 좀더 쉽게 저희 작업을 소장하고 경험하게 하고자 함께 시작한 작업이에요. 개인 작업보다는 캐주얼하게 풀어가려 하기 때문에 생산적 측면과 대중성을 어느 정도 고려하며 작업하고 있죠. 하지만 그보다 앞서는 것은 새로운 경험을 선사하자는 거예요. 저희 작업의 목표는 편리가 아니라 흙의 다양한 모습을 식탁에서, 서재에서, 거실에서, 나만의 공간에서 경험하고 즐길 수 있도록 하는 것이지요. 이것은 개인 작업에서도 공통적으로 추구하는 부분이고요. 동일한 목표를 이어가면서도 캐주얼하고 접근성을 높인 작업이 에크리쳐 스튜디오의 작업이라고 볼 수 있겠네요.

이번 호 주제어가 '예술'인데요. 예술은 멀게 느끼려면 한없이 멀게 느껴지고, 가까이 두려면 아주 가까이서도 찾을 수 있는 장르 같아요.
예술은 어찌 되었든 먹고사는 문제는 아니기 때문에 이를 치열하게 고민해야 하는 대다수 사람에게 멀게 느껴질 수밖에 없는 것 같아요. 또한, 자본주의 사회에서 의식주 문제 이외의 것을 즐기고 그것에 대해 고민할 수 있는 사람들은 주로 물질적, 정신적으로 여유가 있는 사람들이에요. 그 때문에 모든 기준과 형식이 그들이 납득하고 인정할 수 있는 방향대로 형성되어서 그렇게 되지 않았을까 생각해요. 쉽고 단순한 표현보다는 어렵지만 좀더 정확하고 깊이 있는 표현과 형식이 예술을 어렵게 느껴지도록 만든 것은 아닐까 싶죠. 하지만 모든 사람이 예술을 향유할 수 있도록 하기 위해 느슨하고 쉬운 방향으로 나아가야 한다고 생각하지는 않아요. 어렵지만 좀더 고차원적이고, 당장 의식주에 영향은 없지만 인간으로서 한 번쯤 생각해 봐야 할 것들을 고민하고 그 결과를 작가 개개인의 방식으로 세상과 공유하는 것이 예술의 역할이라고 믿거든요. 예술이 어렵다고, 장벽이 있다고 생각해서 멀리하기보다는 예술을 가까이하고 자주 접하면서 익숙한 것으로 만드는 노력이 중요하다고 봐요.

창작자에게 중요한 요소 중 하나가 관찰일 것 같아요. 그 관찰이란 특별한 행위라기보단 일상에서 비롯되는 일일 텐데요. 최근에 관찰하거나 발견한 이야기가 있나요?
요즘에는 '아름다운 추락'을 하기 위한 방법에 관해 생각하고, 이를 실행한 이들을 관찰하고 있어요. 제가 아직 어떤 분야에서 경지에 오르거나 제 경력에 있어서 정점을 찍은 것은 아니지만, 나이가 들고 작업적으로 경력이 쌓여 제 분야에서만큼은 나 자신과 타인의 인정을 받고 싶다는 열망이 있거든요. 그런데 어떠한 반열에 오르기 위해 최선 다해 노력해야 한다는 말은 어릴 때부터 들어왔고 잘 알고 있지만, 그것을 이룬 다음에 관해서는 고민해 본 적이 없다는 걸 깨달았어요. 자신의 분야에서 정점을 찍었을 때 그 이후 정점에서 아름답게 내려오기 위해서는 무엇을 어떻게 준비하고 실행해야 하는가, 그것을 저는 아름다운 추락이라 부르기로 했어요. 그런 것들을 떠올리면서 자신의 전성기와 그 이후가 뚜렷하게 보이는 분야가 바로 스포츠라고 생각했죠. 스포츠 스타들을 보면서 아름다운 추락으로 불리는 이들은 어떤 공통점이 있는지를 관찰해 봤어요. 그리하여 알게 된 바로 첫째, 자신의 정점에서 교만하지 않는 것, 둘째, 자신의 정점에서 경쟁자에게 손을 내미는 것, 셋째, 은퇴 후 자기 자리를 대신한 이에게 기꺼이 박수를 보내는 것. 이 세 가지 공통된 태도가 있더군요. 조금은 먼 이야기일지도 모르지만, 이들이 보여준 겸손한 태도가 앞으로 제 삶에 있어 좋은 자양분이 될 것 같아요.

머리에서 만들고, 말로서 표현하기보다 몸을 사용해 만든 결과로 소통하는 것이 좀 더 잘 맞는 일이라고 이야기하신 적이 있죠. 이러한 소통 방식은 직접적이기보다는 은유적이고 간접적이라는 생각이 들어요. 달리 말하면, 내가 생각하는 바를 '정확하게' 전달하는 것보다 더 중요하게 생각하는 게 있다는 의미 같기도 하고요.
소통할 때도 그런 부분이 드러나곤 해요. 말할 때 정확한 단어를 사용하기보다 비유나 함축된 단어를 통해 은유적으로 대화하곤 하거든요. 일할 때는 정확하게 말하는 것이 용이하지만, 일 외적으로는 은유를 통한 대화가 감정적인 부분에서 이해의 폭을 넓힌다고 생각해요. 나아가 소통에 대한 가치관은 작업에도 투영되고 있어요. 작업이란 작가의 일부이며 분신 같은 대상이라 생각하니까요. 작가가 직접 나서서 자신의 입으로 설명하고 나타내는 것보다는 작업을 통해 자신을 은유적으로 드러내는 방법을 사용하는데요. 사람들이 같은 대상을 보더라도 각자의 경험이나 관념에 비추어 모호하면서도 다양하게 작품을 해석하고, 작가에 대해 추정하고 상상할 수 있도록 하는 것에 흥미가 있는 편이에요.

자연스럽게 작품 이야기를 해볼게요. 에크리쳐 스튜디오는 단순히 사용하기 좋은 기물을 만드는 건 아닌 듯해요. "형태의 아름다움도 (좋은 그릇의) 척도가 될 수 있다." 고 했죠. 실제로 보기만 해도 마음이 잔잔해지는 아름다움이 있어요.
저희가 형태적으로 아름답다고 생각하는 부분은 기器가 가진 형상과도 관련이 있어요. 그릇의 형상은 바닥을 딛고 수직으로 서 있는 형태로, 얇은 벽을 사이에 두고 외부와 내부의 경계를 이루고 있지요. 그릇의 가장 약한 부분인 모서리를 제일 위쪽으로 드러내 놓고 고고히 서 있는 모습이 연약하면서도 우아하게 느껴져요. 거친 눈보라에도 홀로 꿋꿋하게 서서 앞으로 나아가는 인간의 모습을 상상하듯, 그릇이 지닌 형태는 저희가 추구하고자 하는 아름다움의 기초가 돼요. 그래서 형태적으로 단단하고 강인해 보이는 느낌보다는 어딘가 불완전하고 가녀린, 연약한 대상에 미적인 아름다움을 느끼는 것 같아요.

아름다움을 지키기 위해 최대한 덜어내고 덧대지 않는다는 인상을 받기도 했어요.
어떤 이들은 저한테 왜 그렇게 손만 대면 깨질 것 같은 것들만 만드느냐 묻기도 해요. 제가 만든 사물들은 대체로 얄팍한 속을 가지고 있어요. 사물에 있어서 얄팍하다는 것은 있는 그대로 자신을 드러내는 것을 의미해요. 얇은 벽을 사이에 두고 자신이 품고 있는 것이 무엇인지 온도를 통해 은근히 내비치는 것. 외부가 차가우면 사물도 금방 차가워지고, 내부가 뜨거우면 사물도 금방 뜨거워지며 자신을 드러내는 것이 제 그릇의 정체성이지요. 제 그릇은 침묵을 지키며 자신을 감추는 것이 유리한 이 세상에서 한없이 가냘픈 사물이 돼요. 이것은 제가 저를 세상 속에서 드러내는 방법이며, 어떠한 허물도 없이 보잘것없는 저 자신을 내보이는 수단이 되죠. 제 물건에서 최대한 덜어내고 덧대지 않는다는 것은 삶을 살아가면서 무수한 말들로 나를 보호하고 방어하곤 하지만, 최소한 제 작업에 있어서는 투명하고자 하는 의지의 표현이라고 할 수 있을 거예요.

그런 의지가 담겼기 때문인지 무언가 빛나는 듯한 느낌이 들어요. 그걸 저는 아름답다고 말해보고 싶은데요. 두 분은 요즘 아름답다고 느낀 무언가가 있었나요?
새로 작업하는 시리즈가 꽃 '카라'를 모티프로 하고 있어서 요즘은 식물을 관찰하며 지내고 있어요. 어느 날은 꽃을 한 아름 사서 작업실에 두었는데, 꽃의 생기 덕분에 작업 공간에 활력이 생기더라고요. 꽃을 보면 괜스레 미소 짓게 되어서 종일 기분 좋게 작업하기도 했고요. 덧붙여, 2022년 겨울이 저희한테 참 힘들고 어려운 시기였는데요. 저희 마음 상태를 대변하듯 작업실에서 키우던 식물이 조금씩 시들더니 잎이 다 말랐거든요. 저희를 닮아 시들어버린 식물을 바라보며 포기하지 않고 물을 조금씩 주었더니 갈색으로 말라버린 이파리들 사이에서 여린 초록의 잎사귀가 자라더라고요. 식물의 끈질긴 생명력을 보면서 저희도 덩달아 활력을 얻게 되었고 동시에 아름답고 경이로운 감정을 느꼈어요. 요즘 사는 낙은 멍하니 꽃을 바라보다가 시들었던 식물에 새잎이 얼마나 돋았나 확인하는 일이에요.

자연스러운 것은 경이로울 만큼 아름답지요. 자연이 바로 그럴 것이고요. 문득 에크리쳐 스튜디오 작품에 꽃을 꽂아도 아름다울 거라는 생각이 들어요. '사용자를 배려하지 않는 그릇'이라고 표현하셨는데 그 덕분에 이렇게 그릇의 쓰임을 확장해서 생각하게 되네요.
저희 그릇은 단지 그릇이라는 형식을 빌린 것뿐이지, 그 기능 전부를 모방하진 않아요. 그릇이라는 사물이 가진 규칙과 질서에 매료되어 그 존재 방식을 취한 것뿐이지요. 그것을 어떤 용도로 사용하든 그것은 저희 몫이 아닐 거예요. 그릇이라는 형식을 띠지만 무엇이든 될 수 있는 모호한 물건을 만드는 것. 그것이 저희가 추구하는 바예요.

사진에서도 일정한 결이 보여요. 거친 질감이 느껴지는 사진들이 두 분의 분위기와 취향을 드러낸다고 생각했어요.
촬영할 때 가장 중요하게 생각하는 부분은 결과물이 그림처럼 느껴지도록 하는 거예요. 더불어 마치 정면에서 사물을 응시하며 사색하는 듯한 시선으로 촬영하려고 노력하고 있죠. 그릇이라는 일상적인 사물이 평범하고 단순한 사물이 아닌, 사색을 일으키는 관념적인 대상으로 느껴지도록 하고 싶어요. 또한 배경지로 질감이 느껴지는 한지를 선호하는데요. 종이 질감이 그림처럼 느껴지도록 하는 데 도움을 준다고 생각해요. 덧붙여, 조리개 값을 높여 노이즈가 많이 발생하도록 촬영하고 있어요. 이를 통해 빛과 그림자의 관계와 선명도, 양감보다는 배경지와 그 앞에 세워진 피사체가 물감이 종이에 스며들 듯, 노이즈로 표현되는 점들이 모여 하나의 그림을 형성하는 것처럼 촬영하려고 해요. 약간은 현실의 사물이 아닌 듯한 몽환적이고 사색적인 느낌을 주려고 하죠.

사진을 이루는 요소들이 재미있어요. 작품들과 어우러지는 요소가 대부분 일상적인 식재료네요.
에크리쳐 스튜디오의 작업은 자연으로의 회귀 또는 되새김과 맞닿아 있어요. 사진에 등장하는 식재료 또한 자연의 일부라 생각하는 거죠. 에크리쳐 스튜디오가 추구하는 작업 분위기, 방향성이 그러하다 보니 가공하지 않은 식재료들이 가지고 있는 자연스러운 질감, 그 생동감이 저희 작업과 어우러져 특유의 감성을 만들어내지 않았나 조심스레 생각해 봤어요.

예술은 사람들에게 감명을 주는 어떤 것이라는 생각이 들어요. 그것은 거대한 자연일 수도 있고, 아름다운 오브제일 수도 있고, 누군가의 그림, 혹은 길을 굴러가는 민들레 홀씨일 수도 있겠지요. 두 분이 마주한 예술, 기억에 남는 그것에 관해 들어보고 싶어요.
다른 예술 분야에서 영감을 많이 얻는 편이에요. 특히 그림에서 많은 영감을 얻는데, 가장 기억에 남는 경험은 국립현대미술관에서 열린 윤형근 선생님 전시였어요. 선생님과 그 작업에 대해 자세히 아는 상태로 전시장에 간 게 아니라 더욱 충격이었을지도 모르지만, 키를 훌쩍 넘는 커다란 캔버스에 펼쳐진 검정 물감 덩어리를 마주했을 때, 심장이 '쿵' 하고 내려앉으면서 잠시 숨이 멎는 느낌을 잊을 수가 없어요. 격정적인 현대사를 겪으며 쌓인 분노와 슬픔이 한꺼번에 전해지는 느낌이 지금도 생생하네요. 작품을 보면서 작가의 메시지를 신체적으로 경험한 적이 없기 때문에 그 울림이 굉장히 깊숙이 전해진 것 같아요. 작품을 통해 메시지를 전달한다는 것이 무엇인지, 그것이 다른 사람에게 하여금 얼마나 강력한 힘을 줄 수 있는지를 느꼈어요. 윤형근 선생님의 작업과 제가 겪은 그때의 경험은 작업하는 데 큰 영감이 돼요. 제 작업이 나아가야 할 방향을 안내해 주는 표지판 역할을 한다고 생각해 지금도 이따금 그때를 상기하고 선생님 그림을 들여다보곤 하죠.

예술은 전시장에서 만나기 가장 쉽지만, 그 여운이 일상에 영향을 준다는 점에서 주변에 가장 많이 펼쳐져 있는지도 모르겠어요. 두 분이 만난 일상 속 예술에 관해서도 들어보고 싶어요.
매일 작업실-집-작업실-집 패턴으로 생활하다 보니 어떤 것을 느낄 겨를이 없는 요즘인데요. 그래도 저희가 좋아하는 것이 있다면 둘이 마주 앉아 차 마시는 시간이에요. 추운 날씨지만 따듯한 물을 끓여 놓고 차 시간을 준비할 때 가장 평온한 것 같아요. 작업실에 있다 보면 무언가를 만들기 바쁘지, 막상 저희가 만든 걸 쓸 겨를이 없거든요. 그런데 차를 마시기 위해 그동안 만들어 왔던 음용 도구들을 꺼내 닦아서 한데 모아두면 바라보고만 있어도 미소가 지어져요. 또, 그것들을 손으로 만지고 입술을 가져다 대며 잔 위에 떠다니는 수증기를 바라볼 때 잔잔한 행복을 느끼죠. 저희에게는 이것이 작은 행복이자 지친 일상 속에서 잠시나마 무언가를 느끼고, 영감을 얻을 수 있도록 하는 시간이에요.

A Sun-filled Sparks

설레는 아이의 표정으로

어지혜·장준오—스팍스에디션

에디터 이주연

포토그래퍼 Hae Ran

응당 납작해야 할 것이 솟아나고, 평면 속에 입체가 고스란히 담겨 있다. 스팍스에디션 작업은 자주 고정관념을 넘어서는 곳에 존재한다. 그곳에 닿기까지 한 사람은 묵직한 물성으로, 한 사람은 가벼운 선과 색으로 작업해 나가면서 한곳으로 모이고 흩어지는 일들을 반복한다. 익숙한 것을 경계하고 낯섦을 찾아가는 둘의 얼굴에서 나는 아이의 표정을 본다. 잔뜩 가문 날 물을 함빡 맞는 꽃의 표정 같기도 하다.

SPARKS EDITION

언제나 기준은 설렘이에요. 어떤 분야 하나에 익숙해지는 것보다는 새로운 것에서 낯섦을 찾는 게 중요하다고 생각해요. 긴장감을 가지길 바라서요.

새해 초입에 만나게 됐네요. 요즘 어떻게 지내고 있어요?

지혜 저는 연초보다는 연말을 좋아하는 편이에요. 새해가 주는 긴장감이 부담스러워서요. 목표를 세우는 순간 이뤄야 한다는 압박이 생기는 게 싫어서 새해 목표 같은 건 정말 안 세우는데요. 올해는 새해보다 이전 해를 기념해 보자 싶어서 '2022년 기억하고 싶은 이벤트'를 정리해 봤어요. 일기장에 가볍게 적었는데 정리하다 보니 생각이 많아지더라고요. 올해 새롭게 해보고 싶은 게 생겼고, 작년에 이어 지속하고 싶은 것들이 떠올랐어요. 좀처럼 하지 않던 정리를 하고 나니 이전 새해맞이랑은 조금 다른 기분이에요.

어떤 이야기들을 기록했어요?

지혜 무용 배운 거요. 늘 해보고 싶던 거라 저한테 굉장히 중요한 일이었어요.

준오 지금까지 지혜의 삶은 오로지 작업뿐이었거든요. 저는 여기 앉아서 기타도 치고, 운동도 하고, 취미도 있었지만 지혜는 정말 작업밖에 없었어요. 어느 시점부터 삶이 많이 바뀌었죠.

계기가 있었어요?

준오 제가 3년 전에 오토바이를 타다가 크게 사고가 났거든요. 거의 죽다 살아났죠. 몸 반쪽이 다 부러졌어요. 두개골, 갈비뼈, 어깨뼈, 쇄골…. 뇌출혈까지 왔어요. 고등학생 때부터 20여 년을 탄 오토바이인데 이런 사고는 처음이었어요. 저는 차 사이로 다니는 걸 싫어해서 차랑 같은 차선에서 운전하고, 헬맷도 꼬박꼬박 쓰고, 신호도 어긴 적이 없어요. 그렇게 안전운전을 했는데도 사고라는 게 예상할 수 없는 일이더라고요. 어쩌다가 사고가 난 건지 아직도 몰라요. 기억이 완전히 사라졌거든요. 오토바이 사고로 한동안 병원에 있었고 차츰 회복하면서 지혜가 운동을 시작했는데요. 그때부터 삶에 활력이라는 게 생겼어요. 옛날엔 둘 다 미팅 한 번 다녀오면 녹다운돼서 소파에 드러눕고 그랬는데, 지금은 하루에 미팅을 두세 개 다녀와도 끄떡없어요. 그러고 나서 밤에 운동하러 가고(웃음).

지혜 가족이 아프고 개인적으로도 많이 힘들던 시기인데 준오 씨 사고까지 겹치면서 굉장히 힘들었어요. 또 그해에 저희 개인전 〈댄싱 블루〉도 있었는데요. 2019년이 여러모로 전환점이 되는 해였어요. 굉장히 많은 경험이 한 번에 파도처럼 몰아쳤거든요. 그 시기를 겪고 2020년부터는 많은 게 바뀌었어요. 목표가 건강은 아니었는데 그 경험들이 운동으로 풀리더라고요. 운동하면서 에너지가 좋아지니까 삶에서 좀더 책임질 수 있는 부분이나 신경 써야 할 것들, 소중한 것들을 더 잘 만들어가고 싶다는 생각을 많이 하게 돼요. 그런 걸 하나둘 정리하기 시작하면서 여러 가지가 바뀌었죠.

또 어떤 게 변했어요?

지혜 이전에는 모든 걸 둘이서만 하고 싶었어요. 일도, 삶도요. 근데 둘이서만 하다 보면 한 명이 아플 수도 있고, 예기치 못한 사고가 생길 수 있다는 걸 알게 됐어요. 혹은 좀 쉬고 싶을 때도 있는 거고요. 그런 환경에 처했을 때 둘만으로는 팀이 더 강해질 수 없겠다는 생각이 들어서 팀원을 늘리게 됐죠. 지난번엔 준오 씨가 사고를 당했지만 그게 저일 수도 있고, 둘 모두에게 예상치 못한 일이 생길지도 모르니까요. 그럴 경우에도 팀이 지속적으로 흘러가면 좋겠다는 생각을 2020년 즈음에야 처음 하게 되었어요. 2021년부터는 저희 포함해서 총 네 명이 되었는데 이렇게 계획을 세우고 방향을 만드니까 팀이 만들어지더라고요. 그동안 그래픽 디자인 신에서 활동해 왔지만, 개인 아트워크에 기반을 둔 그래픽 작업이다 보니 팀으로 활동하기는 어려울 거란 생각이 있었어요. 근데 그렇지 않다는 걸 깨달았다는 데서 2022년에는 큰 의미가 있어요. 여기서 그치지 않고 하고 싶은 일들을 계속 찾아 나가면서 설레는 2023년을 보내게 될 것 같아요.

준오 작업 안팎으로 새로운 걸 많이 시도하게 될 것 같아요. 어제는 고등학교 졸업하고 처음으로 농구를 해봤는데 너무 재미있더라고요. 지난주에는 수영도 했고요. 수영 끝나고 먹은 밥 맛이 잊히질 않아요(웃음). 요새 좀 소홀한 것들, 안 해본 것들을 많이 해보려고 하는 시기예요. 특히 저는 아직도 사고 후유증으로 기억력이나… 그런 부분에서 좀 문제가 있거든요. 지혜가 스팍스에디션 일에 온 힘을 다하고 있어서 좀 미안하고 고마운데, 다른 쪽에도 에너지를 쓰기 시작한 게 다행이기도 해요.

조금 여유가 생겼다는 의미 같아요.
지혜 힘든 일들이 몰아치니까 자극이 오더라고요. 그 자극이라는 게… 준오 씨 사고가 인천에서 나서 병원이 인천이었거든요. 저희 집은 성북구였고요. 매일 두 시간씩 버스 타고 병원에 오가는데 오랜만에 공차가 엄청 먹고 싶은 거예요(웃음). 혼자 매장에 찾아갔는데 거기서 굉장히 스포티한 여자분을 보았어요. 근데, 그분이 풍기는 기운이 너무 좋은 거예요. 저도 좋은 기운을 내는 사람이고 싶다는 생각이 들었죠. 그게 저한텐 자극이었어요. 그 이후로 요가를 시작했고 저 자신에게 집중하는 시간이 소중하다는 걸 알게 됐어요. 처음으로 생각을 멈추는 시간을 가지니까 그 시간이 온전히 행복하더라고요. 아무리 괴로운 상황이어도 마냥 힘든 일만은 아니라는 생각을 정말 많이 했어요.

건강한 마음이 건강한 신체도 불러온 거네요. 두 분은 벌써 10년 넘게 함께 작업해 오고 있는데, 어떻게 만난 사이예요?
준오 워낙 어릴 때 만났어요. 제가 스물일곱 살, 지혜가 스물한 살. 둘 다 학생이었죠.
지혜 저는 중학생 때부터 쭉 캐나다에서 살았는데 한국에 잠깐 나왔을 때 친구랑 파티에 가게 됐어요. 일본 디제이가 오는 파티였고, 준오 씨는 거기서 만났어요. 며칠 머물다 다시 돌아가야 할 타이밍이었는데 그때 너무 불꽃같이 사랑을 해서(웃음)…. 우선은 돌아가야 했기 때문에 6개월 정도 공부하면서 한국에서 지낼 수 있는 방향을 고민했어요. 그러다 SADI에 들어가면 한국에서 계속 작업해 볼 수 있겠다는 생각이 들었죠.

'아메리카노'로 유명해지기 전부터 뮤지션 십센치 작업을 계속 해오셨잖아요. 시기적으로 그즈음 같은데….
준오 맞아요. 둘이 홍대 거리를 걷는데 십센치가 버스킹을 하고 있었어요. 먼 발치에서 보는데 공연이 충격적으로 좋았어요. 지혜 얼굴이 빨개지는 게 느껴지더라고요. 남자친구가 옆에 있는데(웃음).
지혜 아니, 음악이 너무 좋으니까 그런 거지(웃음).
준오 공연 끝나고 대뜸 그랬어요. "우리 미술 하는 사람들인데 나중에 뭐라도 같이 해봐요." 그때 서로 연락처를 주고받았죠. 그게 인연이 되어서 공연이 생기면 포스터 작업을 하고 EP 아트워크도 작업도 하면서 '디자인이 이런 거구나.'를 알게 됐어요. 쭉 십센치와 같이 작업해 오다가 정규 앨범 디자인까지 맡게 됐는데 크레디트에 넣을 명칭이 필요하다는 거예요. 근데 'Design By' 뒤에 마땅히 붙일 이름이 없더라고요. 장준오, 어지혜로 넣을까 하다가 같이 쓸 수 있는 이름을 만들자 싶어서 스팍스에디션이란 이름을 만들었어요.

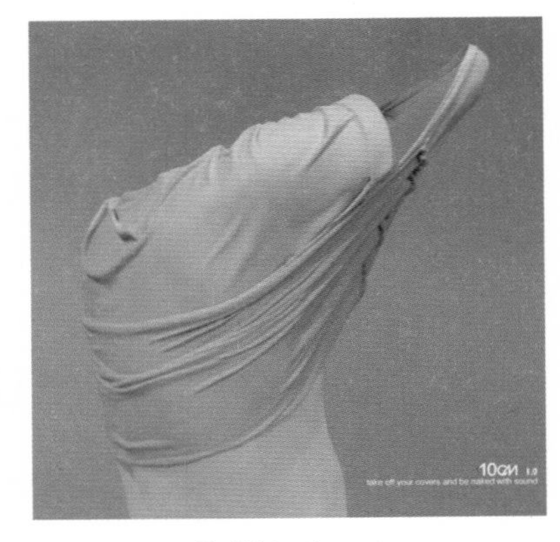

십센치 [1.0](2011)

그러고 나서 디자인을 전공한 거고요?
지혜 네. 저는 커뮤니케이션 디자인, 준오 씨는 조형을 전공했어요. 워낙 디자인에 관심이 많아서 그래픽 디자인도 해보고 싶고, 패션 디자인도 해보고 싶고… 이것저것 생각이 많았죠. 그러다 십센치 앨범 디자인이 촉발제가 되어 좀더 전문적으로 그래픽 디자인을 배워보고 싶다는 생각이 들었어요. 그래서 선택한 게 커뮤니케이션 디자인이었죠. 뭐 하나 배우면 돌아와서 준오 씨한테 가르쳐 주면서 같이 배워 나갔어요.
준오 두 명 등록금을 내야겠다 싶을 정도였어요(웃음). 저도 조형 작업을 할 때 지혜에게 보조 작업을 부탁하기도 했고요. 그렇게 같이 20대를 보냈죠.

그럼 올해가 두 분이 함께한 지….
준오 2007년에 만났으니까, 16년?
지혜 근데도 여전히 싸워요. 오래 만나면 안 싸울 줄 알았는데 사람은 영원히 싸우는 관계구나 싶기도 하고요.
준오 우리만큼도 안 싸우면 그게 사는 거야?

잠깐만요(웃음). 싸우지 마세요. 그럼 십센치에게 작업을 제안할 때는 디자인을 배우지 않은 상태였던 거예요?
준오 맞아요. 저는 항상 앨범 디자인에 관심이 있었어요. 지금은 핀터레스트만 들어가도 멋있는 이미지가 널려 있잖아요. 근데 제가 어릴 때만 해도 그런 걸 볼 수 있는 건 잡지랑 레코드숍밖에 없었어요. 그래서 잡지랑 앨범을 엄청나게 샀죠. 어릴 때부터 제 눈에 띄던 건 그래픽 디자인 쪽이었던 것 같아요. 원체 음악을 좋아해서 앨범 디자인에 관심이 있기도 했고요. 좋아하는 음악을 모아서 시디를 만들고 앨범 재킷도 직접 디자인하곤 했죠. 어릴 땐 약간 자만심도 있어서(웃음) '내가 짱이다!'라고 생각하는

애였어요. 제 감각을 신뢰한 거죠. 십센치한테도 "나 좀 잘해!" 그랬던 것 같아요(웃음). 그때는 남들에게 말 거는 것도 거침없었어요. 길을 걷다가 좋은 향기가 나면 "무슨 향수 쓰세요?" 하고 쉽게 물어볼 수 있던 사람이죠. 근데 이젠 그렇게 못 하겠어요.

왜요?

준오 나이가 드는 걸까요, 이전의 저랑은 많이 달라졌다고 느껴요. 역시 이것도 사고 이후에 변한 지점같아요. 사고 이전까지는 젊음이나 청춘에 관해서는 한 번도 생각해 본 적이 없었어요. 근데 오토바이를 못 타게 되면서 '아, 내 청춘은 끝이 났나.'라는 생각이 들기 시작했어요. 항상 좋은 생각, 신나는 생각만 했던 사람인데 평상시에 안 하던 생각이나 행동을 많이 하게 됐어요. 한 번도 생각해 본 적 없는 죽음이라는 것도 생각해 보고…. 그렇다고 엄청 깊게 파고드는 건 아니지만요.

앨범 디자인은 지금도 꾸준히 하고 계시죠. 그 시초가 십센치 앨범 디자인일 텐데요. 저는 조각처럼 보이는 아트워크를 보고 당연히 CG겠거니 했는데, 저기 실물이 있네요?

지혜 그 당시 준오 씨가 만들고 있던 조형 작품이었어요. 옷 벗는 사람의 상반신인데요. 벗겨지기 전의 부분은 드러나지 않고, 벗겨진 부분만 실물이 존재하게끔 만들었죠.

준오 이 작업을 하면서 옷이라는 게 밖에서만 보이는 페르소나 같다는 생각이 들었어요. 그걸 벗어날 때의 이야기를 하고 싶었고, 솔직함이라는 키워드랑 닿아 있다는 게 좋았어요. 그게 십센치가 말하는 솔직함이랑도 맞닿은 이야기 같아서요. 십센치랑은 인연이 쭉 이어져서 지금도 재미있게 디자인하고 있어요.

지혜 십센치 1집 아트워크를 사람마다 다르게 해석하는 게 저는 참 재미있었어요. 말 얼굴이라고 하신 분도 있는데 아예 다른 반응을 보는 게 즐겁더라고요.

준오 한눈에 안 읽히게 하자는 게 십센치와 저희 의도이기도 했어요. '이건 뭐구나.'라고 한 번에 보이기보다는 '이렇게도 보이고, 저렇게도 보일 수 있게 하자.'는 거요.

작업이 이렇게 흥미로운데 두 분의 뿌리가 그래픽 디자인이 아니라는 점이 재미있어요. 조형은 어떻게 시작하게 된 거예요?

준오 어릴 때부터 미술 말고는 잘하는 게 없었어요. 그래서 예고에 갔죠. 1학년 때는 동양화, 서양화, 디자인, 조각 다 경험해 보는데 저는 그중에 이 분야가 제일 좋았어요. 흙을 만지는 게 재미있더라고요. 물성에서 오는 감각이 좋다고 해야 하나, 질감이 느껴진다는 게 특히 좋았죠.

첫 작업 기억나세요?

준오 사람 얼굴이었어요. 마침 작년 말에 대학 동기랑 두상 만드는 작업을 했는데, 대학생 때 제일 좋아하던 작업이라 다시 하니 재미있더라고요. 디자인 작업을 할 땐 생각이 너무 많아서 골치가 아픈데 두상 만드는 건 아무 생각 없이 할 수 있어서 좋았어요. 어릴 때처럼 생각 없이 얼굴 만들고 놀자는 의미로 '포엣 피스Poet Piece'라는 이름도 붙여줬죠. 시적인 조각, 작은 조각이라 불러보려고요. 올해는 포엣 피스 작업도 꾸준히 해보려고 해요.

스팍스에디션의 작업은 평면과 입체를 넘나드는 일종의 실험처럼 보이기도 해요. 도전에 열려 있는 편인가요?

준오 네. 그것만큼은 당당하게 말할 수 있어요.

지혜 저는 준오 씨에 비해 살짝 보수적이라면 준오 씨는 확실히 진취적이에요. 예를 들어 '이런 거 한번 해보자!' 했을 때 반드시 필요한 재료가 있잖아요. 특히 새로운 프로젝트를 할 때는 새로운 재료가 필요한데, 전 그걸 사러 가는 게 좀… 귀찮거든요. 색종이가 필요하면 일단 있는 걸로 해보려고 하는데, 준오 씨는 바로 나가요.

준오 저는 그런 게 재미있어요. 뭔가를 해야 할 때 새로운 재료를 사러 나가고, 재료를 안고 돌아오면서 '빨리 만들고 싶다!' 그런 흥미를 느끼는 거요. 안 해본 걸 하려니까 더 신나는 것 같아요. 요즘 많이 보이는 작업이나 유행하는 스타일은 특히 피하려고 하죠.

새로운 걸 하려다 보면 실패하는 일도 생기잖아요.

준오 그건 실패가 아니에요. 재미죠.

조바심이 들진 않아요? '해야 하는데 잘 안 되네.' 하고.

준오 아니요. 재미있어요(웃음). 저기 천장에 매달려 있는 작업이 작년 5월에 포스코 미술관에서 전시한 'CLAP'이라는 새 작품인데요. 몸통이 된 나무는 바깥에서 주워 온 거예요. 사람들이 쓰고 잘라버린 나무 자투리가 뒷산에 많거든요. 버려진 나무에 날개를 달아주자 싶었어요. 코로나19도, 경제도, 전쟁도 그렇고… 요새 좀 흉흉하잖아요. 그래서 희망적인 이야기를 하고 싶었죠. 기획은 잘됐는데 생각처럼 움직임이 안 나오더라고요. 저 작품은 이렇게 (직접 해본다.) 몸통을 잡았다 놓으면 날갯짓을 하는 구조거든요. 근데 어떻게 해봐도 날갯짓이 안 되더라고요. 처음 해보는 작업이니까 당연히 그럴 텐데, 정말 별짓을 다 했어요. 전시 날짜가 이미 잡힌 상태라 무척 신나게 작업했죠(웃음).

엄청 낙천적이군요(웃음). 지금 표정도 신나 보여요.

준오 재미가 컸지만 스트레스나 고민이 없던 건 아니에요.

그렇지만 만약 전시가 잡혀 있지 않았다면 더 힘들었을 거예요. 기한이 없으니까 좌절하는 데에도 끝이 없었을 것 같은데, 전시 오픈일이 정해져 있으니 무조건 출품해야 하잖아요. '어떡하지? 안 되네.' 하면서도 어떻게든 해야만 하니까 마구 도전했죠. 날개 소재를 얼마나 바꿨는지 몰라요. 몸통도 가느다란 나뭇가지부터 두꺼운 나무까지 다양하게 만들어보고, 날개랑 몸통이 만나는 부분에 경첩도 달아보고. 온갖 걸로 실험해서 나온 결과죠.

계속 시행착오를 거치는군요. 그렇게 나온 결과물이 스팍스에디션 홈페이지에 하나씩 소개돼 있어요. '그래픽 디자인', '아트워크', '전시' 세 카테고리로 구분돼 있더라고요. 그래픽 디자인이 클라이언트 작업이나 컬래버레이션 작업을 모아놓은 거라면 아트워크는 개인 작업인 것 같아요.

지혜 홈페이지를 꼼꼼하게 봐주신 것 같아서 놀랐어요. 말씀하신 대로예요. 그래픽 디자인은 클라이언트와 함께 한 작업이고, 아트워크는 개인 작업에 가깝지만 가끔은 디자인 프로젝트를 위해 작업하는 경우도 있어요. 그래픽 디자인의 소스가 될 때도 있거든요. 개인 작업으로서의 아트워크는 어지혜, 장준오가 관심을 두고 있는 것들에 좀더 집중돼 있어요. 개인의 이야기를 풀어나갈 수 있는 일종의 실험이라고 할까요. 일과 삶에서의 관심과 재미를 보여주는 부분이라 할 수 있겠네요. 그걸 보여주는 일이 전시 탭에 들어 있는 거고요.

준오 어떻게 보면 아트워크는 우리의 인풋이고 그래픽 디자인은 아웃풋이라는 생각이 들어요. 그래픽 디자인을 하면서 감정적으로 채우고 싶은 부분이 생기면 아트워크로 해결하고 있거든요. 그 반대도 마찬가지고요. 인풋과 아웃풋이 오가면서 저희 작업이 진행되는 것 같아요.

지혜 디자인 작업은 아무래도 일이다 보니 클라이언트랑 계속 소통하고 맞춰 가야 해요. 온전히 제가 하고 싶은 이야기를 하고 싶은 표현 기법으로만 할 수가 없죠. 그런 설득 없이도 할 수 있는 게 개인 아트워크라고 생각했어요. 보통 준오 씨는 조형, 저는 회화인데요. 각자 아트워크에 집중하다 보면 피로감이 많이 사라지더라고요. 그게 준오 씨가 말한 인풋과 아웃풋의 교류인 것 같아요. 재미있는 일도 오래 하다 보면 피곤해질 수밖에 없어요. 그 사이사이 재미있는 놀이가 있으면 아웃풋도 더 좋아지겠다는 생각으로 아트워크를 쌓아나가기 시작한 거죠.

스팍스에디션은 클라이언트 유형도 다양해요. 대기업과 작업하기도 하지만 작은 출판사와의 작업도 있고, 글로벌 아이돌 작업도 하지만 인디 뮤지션 작업도 하고요.

지혜 언제나 기준은 설렘이에요. 너무 비슷한 일만 하는 것보다는 좀 새로운 걸 하고 싶다고 늘 생각하죠. 저는 어디엔가 안주하는 걸 경계하거든요. 요즘은 앨범 디자인을 많이 하고 있는데, 작업은 재미있지만 앨범 디자인만 하고 싶진 않아요. 그래서 앨범 디자인 작업이 많으면 브랜딩 작업에 착수하고, 전시나 행사 프로젝트에 들어가기도 해요. 어떤 분야 하나에 익숙해지는 것보다는 낯섦을 유지하는 게 중요하다고 생각해요. 긴장감을 가지길 바라서요.

최근에 설렌 일 있어요?

지혜 RM 앨범 작업이요. 방탄소년단 [MAP OF THE SOUL : 7] 앨범 디자인 작업 당시 함께 호흡했던 담당자가 다시 제안해 주셨는데요. 스팍스에디션이 아트워크와 그래픽 디자인 경계를 넘나들면서 작업해 왔다는 데 착안해서 제안해 주신 프로젝트였어요. 케이팝 앨범 디자인은 보통 브랜딩 작업과 맞닿아 있어요. 체계적인 설계가 중요해서 아트워크도 그래픽 베이스로 풀어나가게 되죠. 그런데 이번 RM 작업은 회화적으로 접근해도 되고, 여러 가지로 열린 부분이 많았어요. 기획할 때부터 설렜죠. 그 작업이 이건데요, (앨범을 꺼낸다.) 타이틀이 [Indigo]예요. 작업 콘셉트는 청사진이었어요. RM의 첫 솔로 앨범이어서 앞날을 그려본다는 의미, 지금까지의 청춘을 기록한다는 의미를 두루 담아서 작업해 보고자 했죠. 청사진은 설계도라는 의미도 담고 있어서 여러모로 알맞다고 생각했어요.

준오 처음 해보는 기법이었어요. 용액도 물을 섞어 직접 만들고, 현상지에 바르면서 작업한 거였죠. 이 용액이 빛에 노출되면 파래지고, 빛이 닿지 않으면 하얘지거든요. 현상지 위에 사물을 올려서 형태 그대로 하얘지는 구조를 이용해서 아트워크를 작업했어요.

지혜 햇빛으로 기록한다는 점도 이번 앨범으로 전하고 싶은 이야기랑 잘 닿아 있다고 생각했어요. 식물이나 모래, 흙 알갱이를 올려서 햇빛에 노출시키기도 하고, 투명한 종이에 가사를 출력해서 가사만 나타나도록 만들기도 했어요. 곡에 맞춰 아트워크를 작업했죠.

준오 노래를 들으며 '이번에는 어떤 사물로 해볼까?' 하면서 계획 세우는 것도 재미있었어요. 딱딱하지 않고 자유롭게 할 수 있는 프로젝트여서 즐겁게 작업했어요. 특히 이 기법은 특별한 기술이 필요한 게 아니어서 RM 씨에게 함께 하자고 제안하기도 했어요. 워낙 예술에 관심 있는 분이라 저희 작업실에 와서 직접 해보기도 했고요.

여기서요?

준오 네(웃음). 근데 아쉽게도 그날 해가 좋지 않아서 제대로 표현되지 않았어요. RM, 지민, 슈가 세 분이 오셔서 같이 작업했죠.

지혜 세 분 다 너무 아름답더라고요.
준오 세 분과 함께한 작업물은 잘 안나왔지만 ‘우리 청춘의 모습은 그런 거지.’ 하고 생각하니 더 뜻깊게 와닿은 시간이었어요.

(웃음) 앨범 디자인보다는 같이 아트북을 만든 것 같은 느낌이에요.
지혜 아, 르세라핌 앨범 디자인도 설렜던 작업이에요. 이 작업은 시도하는 것마다 너무 예뻐서 설렜어요. 깨진 도자기를 복원하는 기법인 킨츠키를 디자인 콘셉트로 잡고 접근한 작업이었어요. ‘두드릴수록 강해져.’라는 메시지를 보여주고 싶어서 깨진 뒤에 다시 복원되었을 때 원래 가치보다 더 아름다워지는 모습을 킨츠키로 표현하고자 했어요.

RM [Indigo](2022)

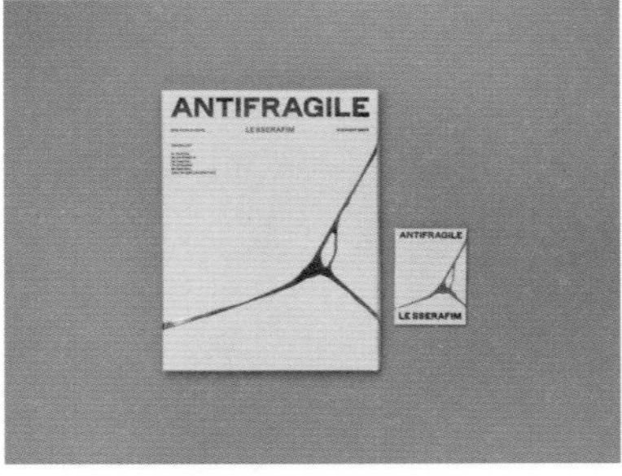

르세라핌 [ANTIFRAGILE](2022)

일이라면 개인 작업은 하면서 그 이유를 찾는다.”고 이야기하셨지요. 오히려 개인 작업을 하면서 내가 지금 관심 있는 걸 깨닫는 경우도 있을 것 같아요.
지혜 맞아요. 디자인은 확실히 클라이언트를 설득하면서 콘셉트를 정하고 내용을 발전시켜야 해요. 색깔을 선택하는 데도 이유가 있어야 한다면, 아트워크는 좀 달라요. 근데 사실 저는 개인 작업을 할 때도 이야기를 단단하게 만들고, 시작하기 전에 목적이 있어야 한다고 생각하는 사람이었거든요. 그런데 ‘스펙트럼 오브젝트’라는 그룹을 만들고 활동하면서 생각이 많이 변했어요. 열 명 정도 멤버가 함께하는 모임인데요. 애니메이션 작가, 만화 작가, 편집자 등등 다양한 직군이

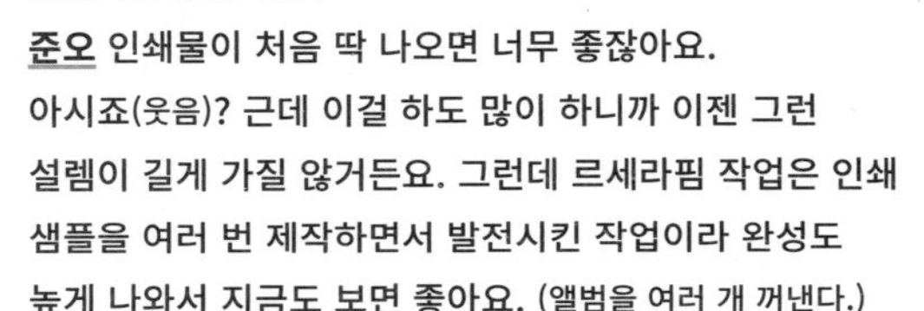

준오 인쇄물이 처음 딱 나오면 너무 좋잖아요. 아시죠(웃음)? 근데 이걸 하도 많이 하니까 이젠 그런 설렘이 길게 가질 않거든요. 그런데 르세라핌 작업은 인쇄 샘플을 여러 번 제작하면서 발전시킨 작업이라 완성도 높게 나와서 지금도 보면 좋아요. (앨범을 여러 개 꺼낸다.)

어? 색이 다 다르네요?
지혜 멤버별로 색상을 다르게 했어요. 색은 보석에서 따왔죠. 예쁘죠?

멤버들도 만족스러울 것 같아요. 나만의 것이 생기는 거니까요.
지혜 저희도 좋았어요. 샘플을 낼 때마다 즐거웠거든요. 샘플을 정말 많이 보면서 고민한 작업이에요. 음각으로도 해보고, 형압으로도 해보고, 코팅 없이 해보고….
이 작업이 특히 좋았던 건 케이팝 앨범에서 해오던 틀을 깼기 때문이었어요. 이렇게까지 미니멀하게 작업하는 걸 오케이해 주실 줄 몰랐거든요.

Vol.1이라는 글자와 미니멀 디자인 때문인지 약간 잡지처럼 보이기도 해요. 기획, 콘셉트, 색감, 디자인… 모두 아름답네요.
지혜 그렇죠(활짝 웃는다.)?

어느 인터뷰에서 지혜 씨가 “디자인은 왜 이런 선택을 했는지 타당한 이유를 들어서 이제 클라이언트를 설득하는

모여 있어요. 각자 영감받은 콘텐츠를 나누고 좋아하는 걸 계속 넓혀나가자는 취지에서 시작되었죠. 2주에 한 번씩 모이는데, 한 명이 영감받은 콘텐츠를 공유하면 모두가 그걸 경험해요. 콘텐츠는 영화, 그림, 음악, 글 뭐든 될 수 있고요. 어떤 지점에서든 저마다 영감을 받고 작업물을 만들어서 만나는 거예요. 각자 자기 작업물을 설명하는데 타당한 이유를 꼭 들어야 하는 게 아니어서 좋아요. “나는 이 영화에서 파란색을 느꼈어.” 하고 파랑으로 작업할 수도 있고, “나는 도전과 시도의 키워드를 읽었어.” 하고는 옛날에 포기한 그림을 다시 그려볼 수도 있는 거죠. 저한텐 이 과정이 새로운 자극이었어요. 큰 생각 없이 작업했는데 나중에 멤버들이 이유를 붙여줄 때도 있고, 제가 생각한 이유를 말하지 않았는데 공유될 때도 있었죠. 스펙트럼 오브젝트를 하면서부터 명확한 이유를 설명하지 않고 감각적으로 무언가 해보는 시도를 많이 하게 됐어요. 말로 설명하긴 어렵지만 감각적으로 느끼는 자극이라는 게 있잖아요. 그게 말보다 더 명확히 전달될 때도 있다는 걸 알게 됐어요.

말로 정확하게 표현하긴 어렵지만, 지혜 씨 그림을 보면 춤추는 아지랑이가 떠올라요. 이런 게 말씀하신 ‘감각적으로 느끼는 자극’인 거죠? 그런데, 2주에 한 번씩 모인다면 격주로 작업을 하나 만들어야 하네요?
준오 맞아요. 그래서 자꾸 멤버가 늘어요. 처음엔 다섯 명이서 시작했는데 점점 나태해지더라고요. 초반엔 다들 꼬박꼬박 작업해 오고 열심이었는데 너무 친하다 보니 “나

오늘 바빠서 못 했다." 하고 빈손으로 오는 일도 있었어요. 그 빈도가 점점 잦아지니까 안 되겠다 싶어서 새로운 멤버를 부른 거죠. 새 사람이 오면 긴장하게 되잖아요. 그럼 다시 열심히 하게 되고, 또 느슨해지고, 멤버를 영입하고…. 그렇게 열 명이 된 거죠.
지혜 이 모임을 통해 계속 작업에 긴장감을 주려고 해요. 저희한테는 굉장히 중요한 일이거든요.

'리듬 앤 스팍스'도 그렇고, 워크숍이나 모임을 지속적으로 하는 것 같아요.
지혜 모임 만드는 걸 좋아해요. 친한 친구여도 목적이나 이유가 없으면 자주 만나기가 어렵잖아요. 준오 씨 사고 이후로는 주변에 소중한 사람들, 좋은 사람들이랑 자주 만나서 시간을 보내고 싶다는 생각이 커졌어요. 또 개인 작업도 계속 잘해 나가고 싶은데 마감이란 틀이 없으면 안 하게 되더라고요. 바쁘다는 핑계를 대기는 아쉬워서 작업하는 모임을 만들기 시작한 거예요. 최근에는 사캉스라는 모임을 만들었어요. '세러데이 바캉스'라고, 토요일마다 만나서 놀 듯 작업하는 모임이에요. 좋아하는 친구들이랑 서로의 작업을 보며 이야기 나눌 기회여서 소중해요. 일이 바빠지면 잠정적으로 쉬기도 하지만 저희한테는 이런 게 노는 거고 재미거든요.
준오 이왕이면 멋지게 놀아보자,인 거죠.

스팍스에디션 작업만 하기에도 시간이 부족할 것 같은데….
지혜 계속 2019년 이야기를 하게 되는데 그 시점부터 모든 게 바뀌었어요. 이전에는 퇴근도 없이 작업했는데, 직원을 들이며 체계가 잡히면서 많은 게 나아졌어요. 예전에는 프로젝트 도중엔 부담감 때문에 뭘 못 했거든요. 근데 이제는 잠깐씩 놓는 연습을 하게 돼요. 하루 한두 시간 정도 클라이언트와 연락이 안 닿는다고 해서 큰일 나는 건 아니더라고요. 지구는 그 정도로 무너지지 않아요(웃음). 이제는 제 시간을 좀더 소중히 여기고 즐길 수 있게 됐어요.

여러 매체에서 스팍스에디션을 설명할 때 "주제와 형식에 한계가 없다."는 표현을 자주 하죠. 이런 이야기를 듣다 보면 '더 새로운 걸 만들어내야 한다.'는 부담이 생기진 않아요?
지혜 저는 좀 있어요. 클라이언트는 분명히 저희가 해온 것 중에서도 가장 잘된 사례를 보고 의뢰했을 거여서 그 이상을 충족해야 한다는 부담감이 있어요. 자그마한 경이라도 느끼게 해줘야 한다는 생각에 지금은 작업을 보여주기 전에 글로 쓰는 데 집중하고 있어요. 그러다 보면 글 에서 조금은 경이를 찾게 되더라고요. 글쓰기 과정을 거치면 아이디어가 생겨서 새로운 걸 할 수 있게 되는 게 특히 좋아요. 옛날에는 머리로 생각하고 말로 막연하게 표현하곤 했다면, 지금은 글로 정리해 보면서 계획을 세워요.

매번 프로젝트 시작 전에 글을 쓰세요?
지혜 네. 계속 리서치하고 써보면서 방향을 잡아 나가요. 클라이언트에게 PT할 때도 이미지보다 글로 먼저 보여드리려고 하죠. 확실히 글이 많은 걸 명확하게 설명해 주더라고요. 감정적으로 뭔가를 기대하게 만드는 것 같아요.

이미지보다 글이 더 명확하게 설명할 수 있다고 생각하세요?
지혜 이미지는 물론 직관적이에요. 그렇지만 이미지만 보면 거기 담긴 해석이나 부연 설명이 좀더 필요할 것 같단 생각이 들어요. 반면, 글을 먼저 읽고 이미지를 보면 보이는 부분이 더 많아져요. 만약 파도의 물결이 콘셉트라면, 옛날에는 파도의 물결 이미지를 먼저 보여드리고 설명했거든요. 지금은 좀더 상상할 수 있게끔 잔물결이 만들어내는 파동이나 이야기를 글로 먼저 보여드리고 이미지를 제시해요. 예전에는 그림으로 전하는 바를 충분히 표현할 수 있다고 생각했지만 확실히 글로

먼저 쓰면 생각이 정리되고 확장되더라고요.
준오 내용이 더 풍성해지죠. 글은 한 문장이어도 많은 생각을 하게 해주거든요. 류시화 시집 중에 '새는 날아가면서 뒤돌아보지 않는다'라는 제목이 있어요. 저는 이 문장을 보고 "우와." 했어요. 새는 앞만 보고 날잖아요. 근데 사람은 뒤를 너무 많이 돌아봐요. '아, 엄마한테 그렇게 말하지 말걸.', '그때 그렇게 행동하는 게 아니었는데.', '그 사람 그때 나한테 왜 그랬지?' 하면서요. 저 문장을 읽는 순간 엄청 많은 생각이 들었어요. 글엔 그런 힘이 있는 것 같아요.

앞서 새 작업 이야기도 나눴는데, 혹시 요즘 새에 관심이 많나요?
준오 네(웃음). 새에 관심을 가진 것도 병원 생활하면서 시작된 건데, 병실에 누워 있을 때 창가에서 새소리를 듣는 게 정말 행복했어요. 누군가 언제 행복함을 느끼냐고 물어보면 "지금 이 순간이요." 할 만큼 행복했죠. 또 류시화 시인 이야기를 하게 되는데, 시인이 이런 문장을 썼어요. "나무에 앉은 새는 가지가 부러질까 두려워하지 않는다. 나무가 아니라 자신의 날개를 믿기 때문이다." 정말 멋있지 않나요?
지혜 준오 씨가 아프던 시기에 새한테서 감명을 많이 받은 거 같아요. 지금은 새의 능력이나 역할보다는 새가 가진 이미지가 준오 씨에게 자극이 돼서 그걸 계속 조형으로 만들어보고 있는 시기죠.

어느 인터뷰에서 준오 씨는 "움직임의 한순간을 포착해서 조형으로 영원히 남긴다."는 이야기를 하신 적이 있죠.
지혜 맞아요. 조형이라고 해서 멈춰 있는 작업은 아니에요. 최근엔 움직임의 순간을 포착해서 고정해 버리는 게 아니라 누군가 직접 움직여볼 수 있는 조형 작업을 만들고 있거든요. 준오 씨는 지금도 움직임을 좀더 다양하게 주기 위해 여러 시도를 해보고 있어요. 움직임을 좀더 예술적으로 표현해 보고 싶은 거죠.
준오 요새는 이런 걸 만들어보고 있어요. (비닐과 나무로 만든 모형을 가지고 온다.) 아직 테스트 중인 작업인데, 날개의 방향을 좀 다양하게 해보고 싶어요. 이 부분을 꽉 조였다가 풀면 날갯짓을 하거든요. 약간 고무동력기 같죠? 이런 태엽 구조는 처음 해보는 거라 위생 비닐을 잘라서 만들어 봤어요.

지금 두 분, 뭔가를 처음 해보고 설레는 어린아이 같아요(웃음). 두 분의 작업이 전시가 되기도 했는데, 2019년에 진행한 개인전 〈댄싱 블루〉 이야기를 해볼게요.
지혜 저희 아트워크의 차이를 명확하게 인지하지 않은 시절에 문현철 큐레이터에게 제안받은 전시였어요. 전시를 준비하면서 둘의 스타일이 엄청 다르다는 걸 깨달았죠. 사실 저희는 작업뿐만 아니라 성향과 취향도 정말 달라요. 음악만 해도 그래요. 준오 씨는 메탈 좋아하는데 전 그런 음악은 듣기가 좀 힘들거든요(웃음). 저는 정적인 음악이나 피아노곡 같은 걸 좋아해요. 둘이 같은 걸 좋아할 때도 있지만, 보통은 극과 극으로 나뉘는 편인데 그게 재미있더라고요. 개인 작업에서 이러한 차이가 극명하게 보였다가 디자인할 땐 둘의 취향을 아우르면서 중간으로 모여든다는 게 좋아요. 저는 요즘 요가 하면서 아트워크의 모티프를 찾아내곤 해요. 요가를 하다 보면 생각이 피어올랐다가 잠재워지고, 또다시 떠오르고, 사라지는 걸 반복하거든요. 그런 지점이 연기의 움직임 같다는 생각이 들어서 선으로 표현해 보고 있는데요. 준오 씨는 물성이 느껴지는 무거운 걸 좋아해요. 질감이 주는 매력, 날것의 형태.
준오 확실히 노동할 수 있는 작업이 좋아요. 저는 노동에서 오는 기쁨이 큰 사람인 것 같아요. 묵직한 거, 질감적으로도 힘이 있는 거. 작업할 때 좀 수고스럽다고 느끼는 데서 재미를 찾고 있거든요. 저는 그런 작업을 할 때 더 신이 나요. 이 위층이 조형 작업실인데, 옥상을 개조한 거여서 겨울엔 굉장히 춥거든요. 근데 작업을 시작하면 금세 추위가 사라져요. 추운 줄도 모르는 거죠. 오히려 가만히 앉아만 있는 게 더 힘든 사람이에요.

전시 콘셉트는 어떻게 블루가 된 거예요?
지혜 그 당시 준오 씨가 한창 하던 작업이 '파란 귀'였거든요. 그 색상에 초점을 맞춰서 작업해 보자는 이야기가 나와서 댄싱 블루라는 타이틀이 탄생했죠. 저는 이전에 푸른색과 검정색으로 작업한 튤립 그림이 있어서 그 작업과 어우러져도 좋겠다고 생각했어요. 저는 회화, 준오 씨는 조형으로 작업한 전시였는데 정말 재미있었어요. 그때도 준오 씨는 시멘트 400킬로짜리 조형을 만들고….
준오 진짜 무거웠어요. 친구들 총동원해서 옮기고, 어휴.
지혜 이 공간에도 곳곳에 파란 작업들이 보이는데요. 이 안료가 빛을 흡수하는 재료예요. 그래서인지 볼 때마다 묘하게 달라 보여요. 근데 이 재료가 조형물에 딱 붙어 있는 게 아니라 입자 상태로 둥둥 떠 있는, 살짝 덧대 있는 상태거든요. 그러다 보니까 여기저기 안료가 날리는데 한창 작업할 땐 얼굴이랑 몸, 옷이 전부 파란색이 되곤 했어요.
준오 두 분도 조심하세요(웃음). 〈댄싱 블루〉를 준비한 6개월 동안은 정말 개인 작업에만 몰두한 시간이었어요.

재미있었고, 기대도 많이 되었죠. 근데 딱 오픈하자마자….
지혜 사고가 났죠.
준오 그래서 저는 그 전시 기억이 완전하지 않아요.

아이고…. 정말 다사다난한 한 해였군요. 〈댄싱 블루〉 저는 참 좋았어요. 두 분의 작업과 스팍스에디션 작업을 두루 볼 수 있는 기회여서요. 대화를 준비하면서 블루에 관해 묻고 싶었어요. 스팍스에디션이란 이름은 "불꽃같이 빛나고 따듯한 작업을 모아가자."는 생각으로 지었다고 알고 있는데, 블루는 차가운 색상이라 왜 타이틀이 블루였나 궁금했거든요. 근데 작품의 색깔에서 출발한 거였군요(웃음). 생각이 너무 많아서 '불꽃의 가장 뜨거운 부분이라 파랑인가….' 했는데.
준오 오, 그렇게 합시다. 맞아요, 그겁니다.
지혜 (웃음) 이 재료가 햇빛을 흡수하는 블루여서 따뜻하다는 맥락도 담고 있는 것 같아요.
준오 댄싱 블루의 출발이 된 파란 귀가 저기 있는 작품인데요, 작품 뒤에 걸린 그림 보이세요? 뾰족한 귀. 파란 귀는 저기서 출발한 작업이에요. 저 그림을 그릴 땐 제 어릴 때 모습을 생각했어요. 저는 어릴 때 자아가 너무 세서 예민한 아이였어요. 어떤 말이든 오해하지 않고 들을 수 있는 사람이 되어야겠다는 생각으로 파란 귀를 만들었죠.
지혜 제발 그랬으면 좋겠다. 준오 씨는 아직 뾰족한 귀야.

귀를 한쪽만 만들어서….
준오 어, 그런가 봐요(웃음). 얼른 한쪽을 더 만들어야겠어요.

스팍스에디션의 수많은 활동 중 특히 좋아하는 게 콰르텟프레스예요. 출판사를 만들다니.
준오 책은 멋있어요. 정말 멋있어요.
지혜 처음 콰르텟프레스를 만든 이유는 아트워크가 계속 쌓여서였어요. 쌓여가는 작업들을 묶어두지 않으면 휘발될 것 같았거든요. 개인 작업 LAYER를 묶어 책과 굿즈를 만들었고, 그 이후에 BLOOMERS 작업도 묶어서 《BLOOMERS FRAME》 시리즈를 만들었죠.
준오 그 사이에 친구인 이규태 작가의 《Jaein》을 만들었어요. 책 이름과 동명인 재인 씨랑 여행한 이야기를 담고 있는데, 프로포즈를 위해 그린 그림들이거든요. 이런 책을 어느 출판사에서 내주겠어요(웃음). 저희는 브랜딩 위주로 디자인 작업을 해오고 있지만 사실 제일 좋아하는 건 앨범과 책 디자인이에요. 이 두 디자인의 수명은 참 길어요. 라디오헤드, 콜드플레이 앨범 재킷은 지금 봐도 좋잖아요. 다음, 다음, 이 다다음 세대까지도 이어질 거고요. 두 작업 모두에 애정이 있지만 저희가 음반사를 만들 순 없으니까 출판사를 낸 거죠. 평생 남을 좋은 책을 만들어보고 싶어요. 요새 활동을 잘 안 하고 있어서 민망하지만(웃음).

올해는 또 어떤 것들을 하고 싶어요?
지혜 무용도 계속하고 싶고, 다양한 운동도 계속 도전해 보고 싶어요. 회화 작업을 열심히 해서 개인전도 해보고 싶고요. 스팍스에디션은 계속 더 단단해져야겠죠.
준오 우선 3월 17일에 이규태 작가와 2인전이 잡혀 있고요. 아마 올해 지혜 개인전이랑 제 개인전이 모두 열릴 것 같아요. 재미있게 준비해 보고 싶은 마음이 커요.

마지막 질문을 드릴게요. 불가능한 게 아무것도 없는 세상이에요. 아무 제한도 없어요. 어떤 작업을 해보고 싶어요?
준오 엄청나게 큰 조각이요. 이건 제 로망이기도 한데, 수많은 사람이 지나다니면서 볼 수 있는 곳에 커다란 조각 작업을 하고 싶어요.
지혜 의외네. 엄청 큰 공연장에서 기타 치는 게 아닐까 했는데.
준오 그건 지금도 실현 가능하거든!

기대할게요(웃음).
준오 얼마 전에 SHEHISHIM이라는 밴드를 만들었어요. 올해는 공연도 해보려고 해요. 놀러 오세요(웃음). 스팍스에디션은… 솔직히 지금 너무 많은 사랑을 받고 있어요. 이렇게 일이 계속 들어오는 게 감사하고, 말이 안 된다고도 생각하거든요. 세상에 디자인하는 사람이 얼마나 많아요. 저희는 감사하게도 일을 한 번도 쉰 적이 없어서 딱히 어떤 브랜드랑 어떤 프로젝트를 해보고 싶다는 욕심은 없어요. 앞으로 이 이상 사랑받을 수 있을까, 싶은 생각도 들고요. 그래서 개인 작업 이야기를 하게 되는데요. 꼭 박물관, 미술관, 갤러리에 가지 않고도 길에서 볼 수 있는 멋지고 큰 작업. 그 조각 작품을 제가 해보면 얼마나 좋을까요? 제가 만든 무언가로 불특정 다수에게 변화… 까지는 아니어도 약간의 울림을 줄 수 있다면 기쁠 거예요.

'대화 나누는 목소리를 지면에 담을 수 있다면 얼마나 좋을까. 시종일관 밝고 건강한 표정으로, 씩씩한 목소리로 대답하던 그들 사이에서 내 마음이 얼마나 활짝 피었는지 담을 수 있다면 얼마나 좋을까.' 하고 오래도록 생각했다. 나는 용기 있고 씩씩한 사람들의 현명한 작업을 믿는다. 좋아한다는 뜻이다.

Invisible Beauty

가리어진 아름다움

선정현·조규엽—논픽션홈

에디터 이주연

포토그래퍼 Hae Ran

논픽션홈의 가구가 놓인 곳으로 향하는 동안 나는 계속 무언가를 하게 되었다. 기대보거나, 앉아보거나, 아무 생각 없이 서 있거나, 비뚤배뚤 걸어보거나. 나를 행동하게 하는 것이 가구라는 것, 혹은 가구의 배치라는 것을 깨닫고는 이내 궁금해졌다. '아니, 이게 뭐지?'

1 FL.
FLAT M.
0 FL.
NONFICTIONHOME
ARCHIVE
서울시 마포구
월드컵북로20길 18
18, WORLD CUP BUK-RO
20-GIL, MAPO-GU, SEOUL

아름다움이란 분명히 존재하는데, 우리 눈에 보이지 않게 존재하는 경우가 많아요. 그걸 보려면 다른 어떤 건 보지 않아야 해요. 그래야만 볼 수 있어요.

밖에서 보는 건물 모양이 아름다워요. 꼭 블록으로 조립한 것 같아요.
정현 오래된 다세대 주택인데 층층이 관리하며 사용하고 있어요. 담 앞에 설치한 간판 게시판 보셨나요? 규엽 님이 디자인한 건데, 이 건물 용도를 표시해 주면서 포스터도 게시할 수 있도록 만들었어요. 2층은 개인 공간, 1층은 사무실로 사용 중이고, 지하엔 '논픽션홈 아카이브'라는 공간을 만들어서 논픽션홈 가구를 개방하는 일도 하고 있어요. 아직 정리가 덜 되어서 초대하는 게 머쓱하네요(웃음).

너무나 잘 정돈된 공간인걸요. 몇 개 안 되는 계단을 올라오면서 귀여운 것들을 곳곳에서 보았어요. 문 앞에 있는 원기둥 형태의 저건 뭐예요?
정현 아, 저건 땅을 뚫고 남은 콘크리트인데, 형태가 아름다워서 언젠가 쓸 일이 있지 않을까 싶어서 버려져 있던 걸 주워 왔어요(웃음). 오늘 논픽션홈으로 대화를 제안해 주셔서 기대하고 있어요. 논픽션홈의 가구 활동과 전시 기획에 관해 이야기해 보고 싶다고 하셨죠?

네. 그 '가구 활동'이라는 단어가 흥미로웠거든요. 2005년부터 지금까지 플랏엠이란 이름으로 공간 작업을 이어오고 있고, 2016년부터 논픽션홈이라는 가구 활동을 시작하셨죠.
정현 맞아요. 그 활동의 중심은 가구인데, 오직 가구만이 아니라 가구 디자인, 가구 설치, 전시 기획, 전시 설치 등등이 포함된다고 소개하고 있어요. 에디터님이 며칠 전에 미리 질문지를 보내 주셨잖아요. 읽으면서 '이 문장 되게 논픽션홈 같다.'고 생각한 부분이 있어요. "논픽션홈은 확신을 가지고 출발한 프로젝트라기보다는 실험과 도전에 뿌리를 둔 프로젝트라고 생각해요." 읽자마자 '이게 논픽션홈이다!' 싶었어요. 말씀하신 대로 확신을 가졌다기보다는 시작하는 것에 의의가 있었거든요. 뭐든 시작보다 그다음이 어렵잖아요. 저희는 계속 그다음을 정리하고 도전하며 나아가고 있어요. 그래서 확신보다 실험, 도전에 뿌리를 두었다는 문장이 좋았어요.

규엽 사람들이 논픽션홈에게 궁금해하는 게 뭔지, 실은 정확히 모르겠어요. 저희 나름대로 논픽션홈을 설명해도 "그래서 뭐 하는 건데? 그래서 그게 뭔데?" 하고 답을 다시 요구해요. 논픽션홈이 지금 진행 중인 전시나 가구 프로젝트에 관해서 이야기하는 건 어렵지 않지만, 저희 활동을 총체적으로 설명하는 건 저희도 어려워요. 편의를 위해 확실하게 정의를 내려야 하나 생각한 적도 있어요. 한때는 "가구 설치를 통해 공간의 변화를 만들고 그로 인해 변하는 사람들의 행동을 관찰하고 기록한다."고 소개하곤 했는데요. 물론 이것도 저희가 추구하는 바이지만 사실 가구를 이루는 내용이나 형태는 바뀔 수 있어서 한 문장으로만 규정하기가 쉽지 않아요. 시작했을 때랑 달라지는 부분도 있어서 규정하고 싶지 않기도 했고요. 그래서 오히려 에디터님 표현이 적확하다는 생각도 들어요.

정의 내릴 수 없다는 것, 계속 변하고 있다는 것, 어떻게 변할지 모르겠다는 건 아직 과정 중에 있다는 의미겠지요?
규엽 영원히 과정이지 않을까 싶기도 하고요. '지금 우리가 뭔가를 하고 싶어 한다.'라는 마음으로 시작한 거여서 그 마음이 사라지지 않는 이상 계속 과정 중에 있을 테고, 순간순간 현재와 미래를 규정하기는 쉽지 않을 것 같아요.

애초에 '이런 걸 하고 싶다!'고 마음먹고서 시작한 게 아니었으니까요.
규엽 맞아요. 좀 자유롭게 활동하고 싶었어요.
정현 확실한 건 지금 저희가 처해 있는 환경을 좀더 주체적으로 자유롭게 만들고 싶다는 거예요. 뭘 할지는 몰랐지만 한 가지 확실한 의지는 있었네요. '가능성이 많은 환경으로 만들고 싶다.'
규엽 지금은 공간 작업이 비교적 자유로워졌지만, 이전에는 공간에 대한 인식 면에서 일정한 틀이 존재했어요. 예를 들어, 카페라고 하면 꼭 테이블과 의자가 있어야 했거든요. 저희는 그런 규칙을 좀 답답해하는 편이어서 "그냥 스툴만 놓으면 어때?" 하고 제안하곤 했죠. 지금 카페의 공간 디자인을 상상해 보면 조금 이상한 이야기죠? 근데 몇 년 전만 해도 사람들이 그런 상황을 받아들이기 힘들어했어요. 좌석이 있어야 매출이 오른다는 이야기가 돌기도 했고, 보통의 카페와 다른 무언가를 시도하고 싶지 않아 했죠. 디자인된 가구나 특별한 형태의 의자 역시 꺼렸어요. 허용되지 않는 범위였죠.

그런데 두 분은 그걸 하셨고요.

규엽 허용된 게 너무 없다 보니까 일종의 패턴이 만들어졌어요. 그런데, 고정된 패턴대로 작업하다 보면 활동이 읽히거든요. 미래에 어떤 걸 만들어 낼지, 어떤 식으로 활동할지, 어떤 디자인이 나올지, 앞으로 어떤 공간을 만들지…. 미래까지 읽히는 건 너무 재미없는 일이라고 생각했어요.

정현 사회적으로 자유롭지 않던 부분이 실은 그렇지 않다는 걸 증명해 보고 싶었어요. 그게 된다면 우리에게 더 많은 가능성이 열릴 것 같았거든요.

이런 이야기가 술 마시다가 나온 거라고 들었어요.

규엽 맞아요(웃음). 이건 일이 아니니까, 자유롭게 이런 거 저런 거 한번 해보자, 하면서 꺼낸 이야기가 지금의 논픽션홈이 된 거죠. 그때는 "가구 활동을 하자!" 하면서 시작했는데 지금은 꼭 가구로만 제한하진 않아요.

방금 일이 아니라고 하셨는데 논픽션홈 활동을 일이라고 생각하지 않으세요?

규엽 전혀 그렇게 안 느껴져요. 음…. 뭐랄까, 그저 저를 보여주는 것 같아요. 친구 만나러 나가는 거랑 비슷한 기분이죠. 내가 입고 싶은 옷을 입고, 내가 어떻게 보이고 싶은지 생각하고. 어떨 땐 아예 그런 생각이 없을 때도 있고요. 제가 평소에 하고 싶던 방식들, 궁금했던 형태들을 보여주는 거예요. 근데 이걸 잘하고 싶다는 생각도 없고요, 평소에 하던 생각, 책 보며 궁금했던 것들을 실험해 보고 싶어요. 그 실험의 결과를 현장에 풀어서 누군가에게 보여주고도 싶고요.

저는 사실 논픽션홈이 만드는 걸 가구라고 불러도 될지 모르겠어요.

정현 어떤 의미에서요?

음, 가구는 가구인데요. 이케아에서 고르는 가구랑은 달라요. 비정형 형태에 다리가 세 개인 테이블이나 스테인리스로 제작되어 무거운 행거, 안정적이지 않고 아슬아슬해 보이는 선반…. 그렇다고 전시장에서 볼 수 있는 난해한 예술 작품은 또 아니고요.

정현 어려운 질문이네요. 조금만 생각해 볼게요. 음… 어떤 면에선 기성품 가구랑 같아요. 특히 용도나 목적에선 부합하는 면이 분명히 있어요. 의자를 예로 들어볼게요. 먼저 밝혀두자면, 아트와 기성품의 경계를 일부러 그으려는 건 아닌데요. 저희 가구가 아트 퍼니처처럼 '어떻게 앉아야 하지?' 하는 의자는 아니에요. 사용자가 자율적으로 사용하는 의자라는 면에서는 기성품 의자와 같죠. 그렇지만 어떤 면에선 기성품 가구와 확실히 달라요.

그 부분은 '장소성'으로 이야기해 볼 수 있지 않을까 해요. 논픽션홈은 가구를 만들 때 그 가구로 인해 생겨나는 장소성을 항상 이야기해요. 생각도 많이 하고요. 저희 작업 중에 '나리 의자'라는 제품이 있는데요. 디자인 요소가 강한 등받이 의자지만, 스탠더드 의자로 쓰일 정도로 보편적인 쓸모가 있어요. 그 중심을 맞추어서 만든 작업이거든요. 여기서 상상한 장소성은, 이 의자가 군집을 이룬다면 학교 같은 분위기가 만들어질 수도 있겠다고 생각한 거예요. 논픽션홈 가구들이 양산을 위해 디자인한 가구는 확실히 아니에요. 대량생산을 위한 양산은 판매라는 조건 하에 이루어진다고 생각해요. 그런 점에서는 확실히 판매보다 디자인 실험에 중점을 두었죠. 하지만 언젠가 양산되면 좋을 거라는 생각도 드네요.

기존 가구들의 쓰임, 그리고 형태에 관한 가능성을 한 번 더 탐구하고 싶다는 거죠?

규엽 맞아요. 그 가구로 생겨나는 장소성. 이 가구가 자아낼 분위기를 같이 만들고 싶은 거예요. 그걸 왜 만드느냐고 묻는다면… 아름다운 물건은 보고만 있어도 기분이 좋잖아요.

논픽션홈에게 아름답다는 건 어떤 의미예요?

규엽 보통 생각하는 것과 조금 다른 방식의 가구를 만들었을 때 문득문득 또 다른 감정을 느끼는 것, 그럴 수 있도록 하는 거요. 평소엔 아무렇지 않게 쓰다가 불쑥 새로운 가능성이 떠오르는 거죠.

규엽 저는 같다고 하면 같다고 생각해요. 특히 쓰임이나 기능에 관해서는 다르지 않다, 똑같다고 생각해요. 도구로서의 가구는 잘 쓰이는 게 좋은 가구인 거잖아요. 그런 의미에선 확실히 같은데 논픽션홈은 좀더 나아가 그다음의 가능성을 생각해요. 의자와 책상을 떠올렸을 때 고정화된 형태와 이미지가 있잖아요. 근데 의자와 책상에 다른 형태의 가능성은 없을까요? 그게 논픽션홈의 생각인 거죠. 그 가능성을 탐구하다 보면 도구로서의 기능에 좀 불편한 지점도 생겨요. 그래서 쓰임은 같아도 일반적인 가구에 비해 불편할 수 있어요. 우리는 또 다른 가능성을 제시하면서 생기는 불편함을 인지하고, 그 불편함을 보완하면서 또 다른 가능성을 만드는 과정을 반복하고 있어요.

앞서 가능성을 탐구하다 보면 기능에 불편한 지점이 생긴다고 하셨잖아요. 근데 저는 반대로 논픽션홈 가구가 불편함을 덜었다고 생각했거든요. 분명히 작품으로의 가구라 생각하는데 '저걸 어떻게 쓰지?' 싶던 예술로서의 가구에 비해 훨씬 실용성이 있는 것 같아서요.

정현 예를 들면 이런 거예요. (옆에 있는 테이블을 가리킨다.) 이 로프 테이블은 다리가 세 개여서 상판의 어느 지점을 누르면 균형이 무너져 넘어질 수 있어요. 이 테이블은 "익숙한 공간을 환기할 때 가장 먼저 책상을 옮깁니다."라는 생각에서 출발했어요. 누구든 이동할 수 있게 하려고 가벼운 목재를 사용했죠. 일반 테이블보다 좀 낮아서 딱 봤을 때 생소한 이미지거든요. 근데 한국인 체형엔 의외로 잘 맞아요. 높이가 낮아지니까 활용도가 더 많아지더라고요. 책상으로도 쓸 수 있고, 식탁으로도 사용할 수 있어요. 소파 앞에 두는 협탁 기능도 하고요. 하지만, 잘못 건드리면 쓰러진다는 불편함이 있죠.
규엽 이런 불편함을 찾은 것 또한 발견이라고 생각해요. 이걸 해소하든 부각하든 그때그때 목적에 따라 이용할 수 있다는 게 논픽션홈의 생각이에요. 이 얇은 금속 책장도 그래요. 무거운 책들을 놓으면 선반이 이렇게 휘어지거든요. 일반적으로 생각하는 책장을 떠올리면 이건 불편한 지점이겠죠. 제가 말한 불편함은 바로 이런 거예요. 일종의 규칙을 벗어나는 것. 그런데 이걸 이용해서 또 다른 이미지나 아름다움을 만들 수도 있는 거예요. 각자 다른 무게의 책들이 올라가면서 서로 다른 형태의 곡선을 만들어 내거든요. 그런데도 부러질 염려는 없어요. 금속이고, 용접해서 완성하기 때문이죠. 어떠세요? 이 책장을 보면 좀 다른 생각이 들지 않나요?

책 무게에 따라 다르게 휜다는 점에서 누가 사용하느냐에 따라 다른 형태를 만들 것 같아요. 그 점이 매력적이에요. 사실 논픽션홈이 말하는 불편함은 절대적인 불편함은 아닌 거네요.
규엽 불편함, 부족함일 수도 있고, 눈으로 봤을 때 느껴지는 아름다움… 같은 거라고 볼 수도 있을 것 같아요. 그 두 가지가 공존하는 걸 '불편함'이라 표현한 건데요. 이걸 감내하면서 디자인해 내는 게 제 몫이겠지요. 저 책장은 사실 휘어지지 않게 만드는 게 결코 어렵지 않아요. 두께가 있고 좀더 단단한 재료를 준비하면 되니까요. 하지만 그렇게 했을 때 사라지는 이미지가 분명히 있을 거예요.

그 '사라지는 이미지'가 논픽션홈이 말하는 아름다움인 거군요.
규엽 우리끼리 그런 이야기를 많이 해요. 아름다움이란 분명히 존재하는데, 우리 눈에 보이지 않게 존재하는 경우가 많다고요. 그걸 보려면 다른 어떤 건 보지 않아야 해요. 그래야만 볼 수 있어요.
정현 금속이라는 재료는 강하다, 날카롭다, 부러지지 않는다… 같은 이미지가 있잖아요. 근데 이렇게 얇은 금속을 쓰면 휘는 형태를 만들어서 고정된 이미지를 완화해요. 차갑다는 이미지보다는 좀 유연하고 느슨한 이미지를 볼 수 있죠. 그렇게 하기 위해서는 우리가 그 전에 바라보던 차갑고 단단한 이미지가 아닌, 그 뒤의 것을 보려는 노력이 필요하겠죠.
규엽 튼튼하게만 만들면 이런 이미지를 볼 수 없는 것이고, 튼튼함을 포기한다면 또 다른 가능성이 보이는 거죠. 그걸 논픽션홈이 계속 보여주려고 하는 거고요. 우리가 원하는 건 아름다움과 실용성 사이의 줄타기, 그 중심을 맞추는 일은 아니에요. 어떤 사람은 아름다움과 실용성을 둘 다 잡아야 하는 거 아니냐고 얘기할 거예요. 물론 그 말도 맞아요. 하지만 저희가 이런 실험을 이어가는 건, 줄타기를 잘하기 위함이 아니라 어느 한쪽이 부족하더라도 하나의 이미지를 구현해 내기 위해서예요.

판매하지 않음으로써 집중하는 부분도 생길 것 같아요.
정현 양산을 위해 디자인하다 보면 타협할 여지가 많아져요. 근데 저희는 타협하지 않아도 되는 걸 만들 수 있어요. 앞서 말했듯 뒷모습을 보기 위해 앞모습을 완전히 포기해도 전혀 상관이 없는 거고요. 더 나아가서는 뒤에 가려지는 부분 없이 모든 부분이 햇살을 받을 수 있는 것들을 만들고 싶어요. 논픽션홈의 활동은 그런 순간을 찾아가는 과정 같고요. 그래서 거기서 나오는 아름다움이 뭐냐고 묻는다면 '타협이 들어가 있지 않은 거.'라고 이야기해 볼 수 있겠네요. 어딘가에 가려서 그림자가 진다면 아무리 아름다워도 슬픈 얘기가 생기는 거니까요.

결코 간단하지만은 않은 듯한데… 이 이야기가 정말 술자리에서 나왔다고요?
정현 안 그래도 질문지 보고 우리끼리 "그때 뭐 마시고 있었지?" 이야기 나눠봤는데요. 뭘 마셨는지 아무도 기억하지 못하더라고요. 사실 뭘 마셨는진 중요하지 않아요. 그 당시엔 뭐든지 마셨거든요(웃음). 동네 미용실과 미술학원이 있던 상가에 작업실을 두었던 시절인데, 그 건물 계단에 쪼르르 앉아 뭔가를 마시면서 이야기한 기억이 나요. 그때는 유독 보이지 않는 틀과 규칙에 저항하고 싶었어요. 깨뜨리고 나아가고 싶다는 욕망이 커져 있던 시기였죠. 이 너머에 뭐가 있는지 아무도 알 수 없고, 가본 적도 없으니까 '일단 이것만 넘자.' 이런 생각이 컸어요.

논픽션홈을 시작하기 위해 그 당시 멤버들이 에세이를 한 편씩 썼다고 들었어요. 왜 그 출발이 에세이였어요?
정현 결국 글을 쓴 건 규엽 님뿐이지만 제안한 건 전데요. 지금이야 책을 많이 읽으려 하지만 그 당시 저는 책은 한 자도 안 읽던 사람이었어요. 음… 좀 투박하긴 하지만 에세이를 써서 브랜딩을 하고 싶었던 것 같아요. 저는 언어화가 되어야 그다음으로 나아갈 수 있다고 생각하거든요. 일종의 선언문이랄까요.

그 선언문의 형태가 에세이인 게 흥미로워요. 몇 년도에 시작했고, 무슨 일을 하며… 같은 정보성 글이 아니잖아요.

CARLO MOLLINO
MANIERA MODERNA
DAVID ADJAYE HOUSES
서울의 목욕탕
2012 dOCUMENTA (13)

정현 제가 처음으로 '글이 재미있는 거구나.'를 알게 된 게 규엽 님 글이었어요. 그래서 믿고 기다렸는데, 누구도 상상하지 못한 글을 써 온 거예요. "책은 읽지 않아도, 우린 앉아 있다"로 시작하는 글이었죠. 전 그게 너무 좋았어요.
규엽 사실 전 논픽션홈이 뭐 하는 건지, 뭘 하자는 건지 명확하지 않은 상태에서 글부터 써야 하니까 쉽지 않았어요. '뭐라도 써야 하는구나.'라고 생각하면서 썼어요. 2박 3일을 달라고 했죠. 활동이 정의되지 않은 상태에서 에세이를 써야 한다니…. 논픽션홈 정의는 지금도 못 내리고 있는데(웃음).

근데, 꼭 정의할 필요가 있을까요? 지금 명확하게 정의한다고 해도 내일은 또 달라질 것 같아서요.
정현 너무 고마운 이야기네요. 면죄부를 받는 것 같아요(웃음). 우리가 하는 일을 하이킹에 비유한다면, 지금은 '거의 다 온 것 같은데, 저 언덕만 넘으면 보이려나?' 하는 시점인 것 같아요. 요즘은 약간 답답함을 느끼고 있는데요. '이걸 깨고 한 발 더 나아가고 싶은데, 그게 뭘까, 어떤 지점이 답답한 걸까, 저 언덕만 넘으면 보일 것 같은데, 넘었는데 뭐가 안 보이면 어떡하지, 또 언덕이 나오면 어떡하지?' 하면서 계속 생각이 꼬리에 꼬리를 물어요. 처음보다는 덜 막막하지만 어느 쪽으로 나가야 하나 계속 찾는 중인 거죠. 그러는 중에도 '거의 다 온 것 같은데….'라는 생각을 하는 게 좋아서 요새 탐구욕이 커지고 있어요.

벽을 마주하면 보통 스트레스를 받지 않나요? 벽 너머를 상상하며 어쩐지… 행복해하시는 것 같아요.
정현 듣고 보니 전 그런 사람인 거 같아요(웃음). '어느 쪽으로 가야 할지 모르겠다.'와 '저 언덕을 넘으면 뭔가 있지 않을까.' 사이에서 한 발 더 나아갈 수 있겠다는 마음이 생겨나는 거죠. 그래서 앞으로가 기대되는 마음이에요.
규엽 예전에는 논픽션홈 활동에 동기부여가 없어서 오직 자유의지로만 움직였어요. 설치개방을 해도 한두 명 올 때도 많았고, 열댓 명 오면 많이 온 거여서 보여주기가 목적이 될 수도 없었어요. 우리가 홍보를 열심히 하는 사람들도 아니고요. 우리끼리 만들고, 우리끼리 개방하고, 우리끼리 술 마시고 끝나다 보니까 '이렇게 하면 뭐가 되는 거지, 뭐가 달라지긴 하나, 이거 왜 해야 하지….' 그 생각의 반복이었어요. 근데 지금은 '이렇게' 됐단 말이죠(웃음). 인터뷰도 하고, 저희 활동에 관해 묻는 사람도 생기고요. 그것만으로도 좋아요.

논픽션홈은 실험과 도전으로 가구를 만들죠. 그게 어떤 너머를 보는 일이기도 하고요. 그래서인지 비정형의 형태인 게 눈에 띄어요. 그 모티프는 어디에서 얻나요?
규엽 보통은 필요에 따라 만들게 돼요. 저쪽에 있는 의자는 지게 모양에서 디자인을 따왔어요. 모두 동일한 굵기의 틀을 사용하는 게 아니라, 어디는 가늘고 어디는 굵은데요. 지게 형태를 따서 좀더 자연스러운 형태로 디자인한 거죠. 지금은 보기 힘들지만 어릴 땐 할머니 댁에만 가도 지게를 쉽게 볼 수 있었거든요. 보통 이런 디자인 소스는 개인사에서 나오는데…. 사실 이런 게 중요한 이야기인지 잘 모르겠어요.

중요하지 않다고 생각하세요?
규엽 네. '중요한가?'라고 생각조차 하지 않을 만큼이요. 제 디자인 맥락을 키워드로 정리하자면 'Easy Material, Basic Structure'거든요. '가까이 있는 일상적인 재료 혹은 산업 재료로 기본적인 구조를 이용해 가구를 디자인한다.' 기본적인 것들로만 만들면 특별할 게 없는데, 그 가운데서 특별함을 찾아가는 방식이 제가 추구하는 디자인이에요. 그러니까 그 과정에서 나오는 할머니 집 지게 이야기는 중요하지 않다고 생각해요. 특히 논픽션홈 가구를 설명할 때 "이런 형태에서 모티프를 따왔다."는 설명은 굳이 하지 않는데요. 그렇게 설명하면 그런 형태에서 모티프를 따온 의자가 되는 거잖아요. 근데 그건 정말로 중요한 게 아니거든요. 설명하기 좋게 그 문구를 뽑는 것뿐이지요. 그래서 이제는 그걸 설명해 달라고 해도 굳이 설명하지 않아요. 사실 형태는 재료 특성에서 찾거나, 구조가 형태까지 도달하거나, 혹은 사용자의 동선, 그냥 감각에 기반해서 찾거든요.

이 실험의 결과가 결코 개인의 재미만을 위한 게 아니라는 의미 같기도 해요. 논픽션홈의 가구는 판매를 위해서 제작되진 않지만 좁은 범위에서 판매도 진행되곤 해요. 모든 가구 설명이 이 문장으로 시작하더군요. "공간, 가구, 사람. 이 사이의 다양한 가능성을 다룬다." 이 셋의 상관관계도 들어보고 싶네요.
규엽 공간은 있어요. 우리가 어찌할 수 없이 있는 존재예요. 공간이 있기에 사람이 있을 수 있죠. 그러니까 관계가 맺어질 수밖에 없고요. 사람이 공간에서 주체적일 수 있게 해주는 도구가 가구라고 생각해요. 이 공간에 사람이 머물 수 있게끔, 혹은 또 다른 행위를 할 수 있게끔 만들어 주는 거죠. 사실 꼭 가구가 아니어도 돼요. 벽이나 담도 다 비슷한 역할을 한다고 생각하거든요. 어느 인터뷰에서 "우리가 알고 있는 가구 말고 또 가구라고 볼 수 있는 게 있을까요?"라는 질문을 받았는데, 그때 창턱과 계단 이야기를 했어요. 그런 모든 걸 포함해서 사람이 공간에 머물 때 그걸 가능하게 해주는 모든 게 가구라고 생각해요.
정현 공간이 장소가 되려면 매개가 있어야 해요. 가구가 그 역할을 할 수 있다고 본 거고요. 장소가 된다는 건 사건·사고가 발생하고 사람의 의지로 사용되는 어떤 일들이 발생하는 건데요. 그 매개가 될 수 있는 게 무얼까를 많이 생각해요.
규엽 그러다 보면 꼭 가구가 아니어도 된다는 생각이 들면서 설치개방도 꼭 일반적인 의미의 가구로만 하지 않게 되는 거죠.

설치개방은 가구를 놓고 보여주기 위함이 아니라 가구가 놓인 공간 자체를 고민하는 일 같아요.
규엽 말씀하신 것처럼 가구를 보여주기 위한 쇼룸이 아니라 가구 주변에서 사건이 발생할 수 있도록 장소성을 만들어보는 거예요. 제가 이 가구를 어디다 배치하느냐에 따라 사람들이 여기 앉아 볼 수도 있고, 기대 볼 수도 있을 테니까요. 그것이 공간을 장소로 바꾸게 해주는 일일 것이고, 그렇게 장소의 분위기가 만들어지는 거겠지요. 우리가 뭔가를 발생시키기 위해 놓는 거니까 설치란 단어가 적합하겠다 싶었어요. 그래서 전시라는 단어보다 설치개방이 어울리겠다고 생각했죠.

논픽션홈의 목적이 "가구 설치만으로도 공간을 바꿀 수 있다는 걸 보여주고 싶었다."라고 말씀하신 적이 있죠. 덧붙여, '일상의 아름다움을 생각하는 것'이라고도 이야기하셨는데요.
정현 일상의 아름다움은 〈리빙, 서울 8평〉 설치개방 때 이야기한 키워드로 기억해요. 진짜 살고 있는 집에서, 주거를 배경으로 진행한 설치개방이었어요. 플랏엠으로 공간 작업할 때는 주거를 다루지 않아서 더 재미있는 작업이었죠. 사실 8평이라는 게 정말 작은 면적이잖아요. 그 안에서 일상의 아름다움을 찾는다는 게 뭘까 고민해 보았어요. 어떻게 하면 집에서 더 아름다운 걸 많이 볼 수 있을까 생각해 보고, 경험해 보던 자리였죠. 건축가 알바로 시자Alvaro Joaquim de Melo Siza Vieira가 《The Function Of Beauty》라는 책을 썼는데요. 보통 디자이너들은 'Beauty Of Function'에 더 익숙하거든요. 그 책 제목을 보고 생각을 많이 하게 됐어요. '아름다움이 무엇이지? 어떤 걸 아름답다고 해야 하는 걸까? 그럴 때 나타나는 기능은 뭘까?'

책에서는 무엇이라 하던가요?
정현 원서여서 아직 끝까지 읽지 못했어요(웃음). 그래서 스스로 더 많이 고민하게 되는데, '아름다움의 기능'이라고 하면, 사람들이 떠올리는 뻔한 이미지가 있을 거예요. 어떤 풍경이나 주거 환경 같은 걸 떠올리겠죠. 저는 그 너머로 보이지 않는 아름다움이 뭘까 생각해요.
규엽 일상의 아름다움을 위해 사람들은 가구도 사고 그림도 걸면서 다양한 오브제를 들이고 있어요. 저 역시 좋아하는 물건이 주변에 있는 게 일상의 아름다움이 될 수 있다고 믿는데요. 그걸 체험하고 구현하기 위해 내 공간을 얻는다는 게 서울에서는 확실히 힘들잖아요. 그래서 무언가를 들여 아름답게 만드는 것이 더 중요한 일처럼 보이는 것 같아요. 근데 진짜 중요한 건 기본적인 부분이에요. 공간, 특히 집은 물리적으로 나를 보호해 주는 곳이에요. 제가 머물 곳이기 때문에 시설의 결함이 없는 게 가장 중요해요. 이를테면 비가 샌다거나, 수도꼭지가 잘 안 잠긴다거나, 냄새가 난다거나… 이런 불편함이 없어야만 일상의 아름다움이 시작될 수 있을 테니까요. 기본이 충족된 다음에야 취향에 맞는 가구를 고르고, 내가 원하는 활동을 할 수 있겠죠. 저는 어떤 공간 안에서 '내가 어떤 제스처를 취할 수 있느냐.'의 경우의 수가 많을수록 좋은 공간이라고 생각해요. 가능성이 많은 공간인 거죠. 그 최소한의 크기가 바로 팔다리를 뻗고 누웠을 때 아무것도 닿는 것이 없는 게 아닐까요? 그래야만 무언가를 놓거나 설치할 수 있을 테니까요.

정현 규엽 님 말에 동의해요. 사람들이 좀더 주체적인 행동을 할 수 있게 만들려면 시설적인 면에서는 부족함이 없어야 해요. 만약 주방이 불편하다면, 요리하지 않을 확률이 높아지잖아요. 기본적인 것들이 채워지고, 그 나머지 부분에 가능성을 얼마나 열어주느냐. 근데 아무것도 없다고 해서 더 많은 가능성을 열어주진 않더라고요. 그런 측면에서 공간이나 공간 디자인, 가구 디자인, 그 외 다른 요소와도 연관이 있다고 생각하죠.

논픽션홈은 그 외 다른 요소도 계속 탐색해 나가는 것이고, 그래서 더 복잡하고 어렵고 가능성도 많은 일 같아요. 지금 새롭게 관심을 두고 있는 거 있어요?

정현 음, "여기가 공간이네." 하고 말하려면 벽이나 바닥 같은 요소가 반드시 필요하잖아요.

어? 말씀 중에 죄송해요. 궁금한 게 생겼는데, 그럼 바깥은 공간이 될 수 없나요?

정현 공간이 될 수 있어요. 근데 바깥에 있더라도 담이나 울타리 같은 게 존재해야 할 것 같아요. 지금 이야기하는 공간은 일상생활에 기반을 두고 언급하는 건데, 이럴 때 공간이라고 느끼게 해주는 기본 요소가 있다고 봐요. 쉽게는 벽, 바닥, 창문…. 그리고 제가 좋아하는 요소 중 하나가 문이랑 계단이거든요. 건축적으로 접근하는 것보다도 이 요소들에 얼마나 더 가능성이 있을까, 어디까지를 벽이라고 해야 하는 걸까, 하고 생각하는 거예요. 문은 보통 벽에 붙어 있잖아요. 저는 그 문을 열어서 무엇을 볼 수 있는가, 무엇이 보이는가를 중요하게 생각해요.

문이 경계를 나눈다는 것에 관심을 두는 건가요?

정현 꼭 안과 밖만은 아니지만 문이 경계가 된다는 거엔 관심이 많아요. 문은 순서의 기준도 되어주잖아요. '문 너머에 있다.' 혹은 '문을 넘지 않아도 여기에 있다.' 문 너머를 생각하다 보면 생활이 재미있어져요. '이건 문 너머로 보내자.', '문 너머로 가면 뭔가 좀더 해볼 수 있겠다.'라고 생각하는 것도 재미있죠. '내가 문 너머로 가는 대신 이건 문 안으로 넣자.' 그런 위치의 전환도 생각해 보고요. 문은 열기 위해 있다고 생각해요. 그 부분에 훨씬 관심이 많고요. 닫아서 가린다는 게 아니라 열면 뭔가가 있다는 거, 그게 굉장히 좋아요.

규엽 저는 공간이 어떤 요소들로, 어떤 방식으로 구성되어 있는지를 항상 중요하게 생각해요. 우리가 익숙하게

©Sally Choi

©Hasisi Park

©plastic product

생각하고 본능적으로 '저쯤에 뭔가 있겠지.'라고 예상하는 부분을 어떻게 마주하는지에 따라 공간이 달라진다고 보거든요. 당연히 있을 법한 것을 다른 데 두거나, 없어야 할 것을 들였을 때 공간은 새로운 장소가 될 수 있어요. 결국 가구의 형태나 종류보다도 공간 안에서 가구나 시설을 어떻게 배열하느냐가 중요하다고 봐요. 그 배열 시스템이 어떤 방식으로 작동하는지에 관심이 많고, 그게 우리에게 어떻게 전달되는지도 궁금해하죠.

그 배열이 전시나 설치개방의 기획과 맞닿는 게 아닐까 싶어요. 같은 작품을 보여준다고 해도 기획이 어떻냐에 따라 다르게 가 닿는 것 같아요. 왜 우리는 전시를 할 때 기획을 담아 또 다른 이야기를 만들어 내는 걸까요?

정현 정말… 왜 그러는 걸까요?

직접 기획하고 계시잖아요(웃음)**. 어떤 지점에 초점을 맞추고 있어요?**

정현 사실, 인터뷰 질문지를 보면서 여름에 대화 나누면 참 좋겠다고 생각했어요. 지금 하고 있는 생각들이 그쯤이면 정리될 것 같아서요. 거듭해서 설치개방과 전시를 하다 보니 그때그때 탐구하는 부분, 그때그때 생기는 욕망, 갈망하는 정서 같은 걸 고려하며 기획하게 되는데요. 계속해 나가다 보니 '좀더 잘하면 좋겠다. 어떻게 하면 잘하는 걸까.'라는 부분에 관해 계속 생각하고 있거든요. 그 생각을 좀더 해보고 나서 대답하면 좋겠다고 계속 생각했죠. 작년 여름에 조명 아티스트 막스 밀라Max Milà Serra와 규엽 님 가구로 〈Night Talk〉라는 이름의 설치개방을 진행했는데, 이 프로그램은 우리가 기획하고 우리 작업을 보여주는 기회이기도 했지만, 외국 작가와 함께한 시도이기도 했어요. 이 설치개방을 통해 다른 사람들의 견해를 듣고 경험도 나눌 기회가 많았는데요. '어떻게 하면 더 많은 가능성을 가지고 갈 수 있을까.'라는 생각을 더 깊게 하게 되더라고요. 그게 더 잘하고 싶다는 생각을 불러일으키는 것 같아요.

기획을 더 잘하고 싶다는 거지요?

정현 맞아요. 그래서 기획을 왜 하는지 조금 더 정리해 보고 싶어요. 보여주고 싶다는 욕망이 일차원적이라면, 지금부터는 한 발 더 나아가서 '다른 게 있을 텐데. 그게 뭘까.'라는 생각을 하는 중이에요. 오늘 대화가 플랏엠으로 하는 공간 이야기였다면 좀더 편했을 것 같은데 논픽션홈은 모든 게 과정 중이어서 확신을 가지고 대답하지 못하는 데에 은근한 아쉬움이 있어요. 게다가 전시는 시작한 지 얼마 안 됐기 때문에 성장 과정처럼 느껴져서 더 잘 이야기하고 싶다는 욕망도 있고요.

그래서 더 의미 있는 자리라고 생각해요. 이다음 이야기는 다음에 또 이야기해 볼 수 있을 테니까요. 지금껏 활동해 오면서 앞으로 논픽션홈으로 바라는 게 생기기도 했나요?

정현 솔직한 리뷰요. 정말 솔직한 리뷰. 논픽션홈 활동을 하면서 좋다고 느끼는 것 중 하나가 이 활동으로 국경 없이 다른 아티스트들과 의견을 주고받을 수 있다는 거였어요. 우리가 외국에서 활동하는 작가들에게 관심을 갖듯, 그들도 저희와 비슷한 시점으로 우리 작업을 보고 있더라고요. 저희가 궁금해하던 아티스트가 도리어 "우리도 너희 작업 궁금했어!" 하고 이야기해 오는데, 그런 반응이 있다는 게 좋아요. 주체적으로 성장하고 싶다는 생각이 늘 있는데 더 많은 의견을 수렴하는 데는 환경의 제약이 분명히 존재하거든요. 국경을 넘어 좀더 활발하게 의견을 교환하다 보면 훨씬 재미있게, 성장할 수 있는 방향으로 기획하지 않을까 싶어요.

국경을 넘기는 어렵더라도 의견 교환의 장이 설치개방에서도 이루어질 수 있을 것 같아요.

정현 맞아요. '우리가 이거 만들었어. 보러 와.'가 아니라 소통할 수 있을 만한 동선을 고려하고 있으니까요. 설치개방은 한 번 하고 나면 그다음에 보이는 것들이 있어요. 성산동에 논픽션홈 아카이브라는 공간을 만들고 첫 번째 설치개방을 류재혁 작가와 〈회화 관람을 위한 가구 설치〉라는 타이틀로 함께했거든요. 논픽션홈 아카이브는 반지하에 위치한 공간으로, 주거 형식을 그대로 지닌 다세대 반지하 조건이에요. 그 가장 안쪽에 회화 작품을 배치했고, 사람들이 회화까지 한 걸음 한 걸음 이동하면서 여러 가지를 느낄 수 있도록 했어요. 좁은 골목을 지나 이 주택 앞에 서서 반지하 문을 열고 맨 끝 방까지 가는 모든 길이 또 다른 이야기를 만들어 줄 거라고 생각했어요. 작품 주변에 둔 논픽션홈의 가구들 또한 또 다른 이야기를 지니게 될 거라 생각했고요. 끝에 있는 방까지 가는 길에서 사람들이 생각을 교환하고 나누는 장소로 만든 거죠. 코로나19로 조심스러운 시기였지만 제도가 허락하는 안에서 많은 사람이 모인 거 같아요. 앞으로 그런 소통과 의견 교환이 논픽션홈 아카이브에서 만들어지기를 바라고 있어요.

논픽션홈 이야기를 할 때마다 만족감을 느끼시는 것 같아요. 좋았던 걸 이야기할 땐 당연하고, 어딘가 부족하고 아쉬운 부분을 이야기할 때도 만족스러워 보여서요.

규엽 만족스러워요. 순간적이지만요.

어, 왜요?
<u>규엽</u> 모든 건 설치개방이 끝난 뒤에야 보이거든요. 만족감을 느낀 것도 잠시, 그다음을 보게 되기 때문에 만족스럽다고 느끼는 건 순간적이지요. 설치개방뿐 아니라 가구를 만드는 일도 마찬가지예요. '이게 이렇게 되는구나, 이렇게 흘러가는구나, 와, 재밌다!' 하고 생각하는데, '이제 다음엔 뭐 하지?'가 바로 치고 올라오고 다른 생각이 시작되니까 새로운 걸 생각하다 보면 만족스러움은 금세 사라져요. 물론 사라진다고 표현하지만 분명히 어딘가의 아래 숨겨진 채 남아 있겠죠.

상황에 안주하지 않고 매번 다른 걸 찾는 여정처럼 보이기도 해요.
<u>규엽</u> 어느 정도는 맞아요. 다만, 논픽션홈이 만족을 찾아가기 위해 진행되는 일은 아니에요. 만족하고, 안 하고는 사실 크게 중요하지 않거든요. 만족감을 떠나서 자연스럽게 새로운 관심사, 새로운 사안에 관심을 두게 되는데 그 상황을 있는 그대로 받아들이고 싶어요. 그게 불만족이더라도요. 사실 설치개방을 통해 지금 제가 하고 있는 생각이나 고민을 실험한 흔적을 보여주는 거잖아요. 그럼 만족스럽지 않게 완성되더라도… 그 시도와 과정 자체로 저는 만족스럽거든요. 말이 좀 이상한데, 전달이 되려나요(웃음).

네. 완성도랑은 별개로 설치개방에 이르는 자체로 만족스럽다?
<u>규엽</u> 맞아요. 하고 나면 또 다른 길이 보이니까.

아직 하고 싶은 말이 많은데 궁금한 걸 다 묻다간 며칠이 지나버릴 것 같아요(웃음). 이다음 이야기는 다음에 또 만나서 나누는 걸로 해요. 마지막으로 전시 이야기를 하면서 마쳐볼게요. 라이프북스에서 바우하우스 100주년을 기념해서 〈Invisible〉 전시를 기획한 적이 있죠. 그 전시 참 좋았는데, 특히 기획이 그랬어요.
<u>규엽</u> 저희도 의미 있게 생각하는 전시예요. 저희가 만든 공간인 라이프북스에서 정지돈 작가랑 공동으로 기획한 전시였죠. 자율적으로 해나가는 일이었기 때문에 의무감 같은 게 있었어요. 우리의 관심사에서 출발해 구성한 전시였죠. 마침 바우하우스 100주년이기도 했고, 워낙 잘 알려져 있기에 처음엔 가볍게 생각했는데요. 가만히 들여다보니 할 이야기가 정말 많더라고요. 바우하우스라는 단어에 떠오르는 키워드가 있으니까 당연히 잘 안다고 생각해 왔는데 모르는 지점이 보이는 거예요.
<u>정현</u> 그때 규엽 님이 정말 많은 정보를 수집했어요. 전부 다 외국 기사였는데요. 더듬더듬 읽어보니 거장 뒤에 숨은 조력자들 이야기더라고요. 가려진 얼굴이라고 해야 할까요. 아이러니하게도 대부분이 여자였어요. 저희가 하고 싶어 하는, 뒷모습을 보는 것에 맞닿아 있는 것 같았죠. 아름다운 것들이 뒤에 숨겨져 있더라고요. 그걸 찾아서 보여주려고 노력한 전시가 〈Invisible〉이었어요. 지금까지 논픽션홈으로 말해왔던 바로 그거죠. 뒷모습을 보는 일.
<u>규엽</u> 그 전시를 통해 뒤에서 바우하우스를 만들어 낸 이름들을 한 번 더 호명해 보고자 했어요. 군타 스퇼츨Gunta Stölzl, 아니 알베르스Anni Albers, 릴리 라이히Lilly Reich, 마리안네 브란트Marianne Brandt, 루치아 모홀리Lucia Moholy, T. 룩스 파이닝거T. Lux Feininger….

두 분은 쭉 뒷모습에 관심을 가져왔군요. 어째서인지 좀 궁금하네요.
<u>정현</u> 지금껏 그래왔듯 앞으로도 보이는 아름다움 너머의 가려진 아름다움을 보려고 할 거예요. 그 과정에서 또 해보고 싶은 실험들이 생기겠죠.
<u>규엽</u> 저희는 그것을 계속할 거고요.

우리는 다 같이 지하에 위치한 논픽션홈 아카이브로 향했다. 그곳엔 논픽션홈 가구들이 여기저기 놓여 있었고, 막스 밀라의 조명도 아직 자취를 감추지 않은 채였다. 나는 가구이나 가구처럼 보이지 않는, 가구처럼 보이지만 어떻게 다뤄야 할지 고민하게 되는 그것들 사이를 부유해 보았다. 부유의 태도는 다양했다. 앉아보거나, 만져보거나, 가만히 서서 바라보거나, 가구를 보며 웃어보거나. 마침내 이상하게 기울어진 의자에 앉았을 때 정현 씨가 말한다. "엄청 잘 어울리는데요?" 아름다운 것들과 함께 배치되는 건 아무래도 기분 좋은 일이다.

내가 가장 잘 아는 것들

문규화—화가

에디터 이주연
포토그래퍼 Hae Ran

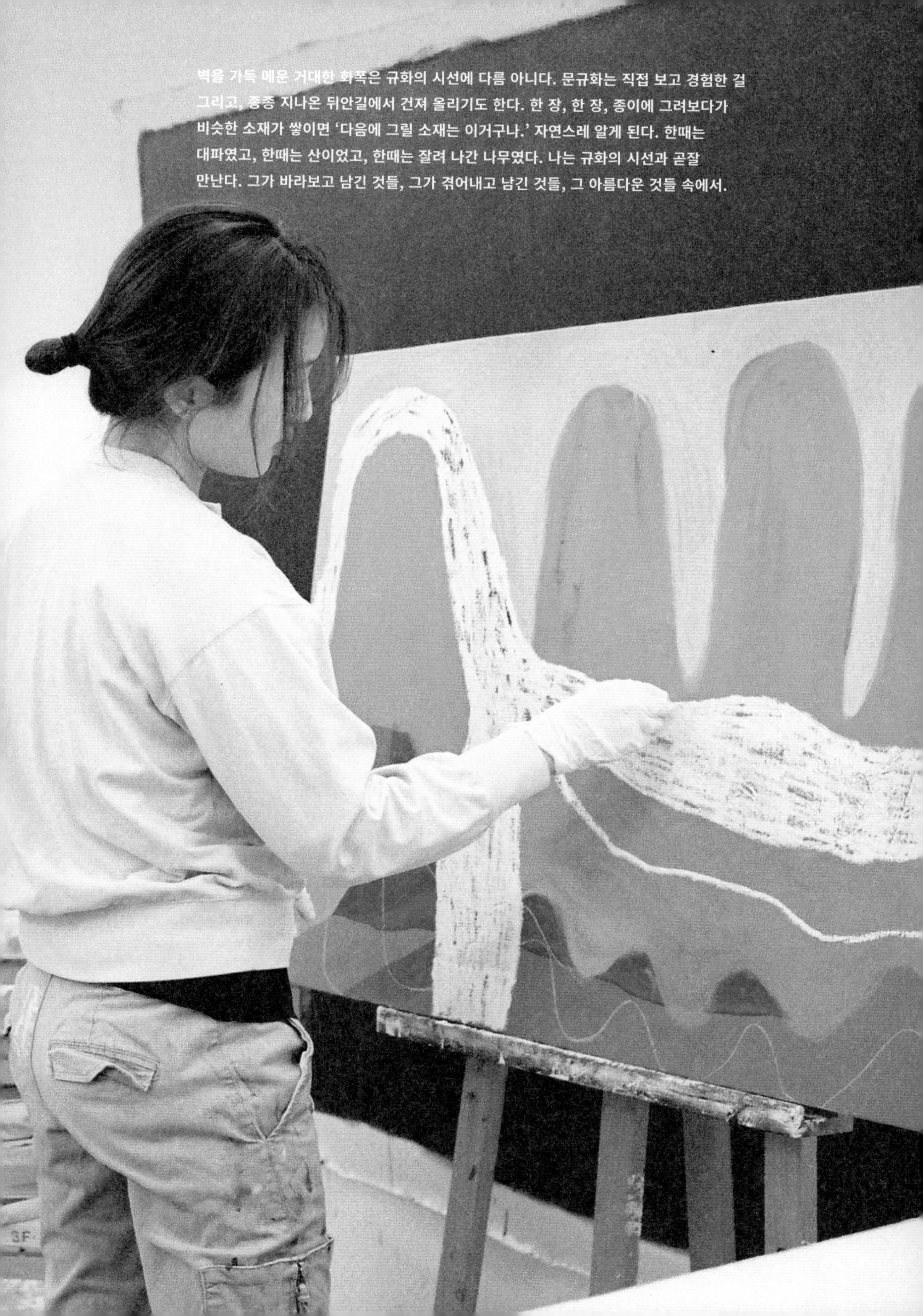

벽을 가득 메운 거대한 화폭은 규화의 시선에 다름 아니다. 문규화는 직접 보고 경험한 걸 그리고, 종종 지나온 뒤안길에서 건져 올리기도 한다. 한 장, 한 장, 종이에 그려보다가 비슷한 소재가 쌓이면 '다음에 그릴 소재는 이거구나.' 자연스레 알게 된다. 한때는 대파였고, 한때는 산이었고, 한때는 잘려 나간 나무였다. 나는 규화의 시선과 곧잘 만난다. 그가 바라보고 남긴 것들, 그가 겪어내고 남긴 것들, 그 아름다운 것들 속에서.

“티셔츠를 사려고 하면 어딜 가든 티셔츠만 보이잖아요.
그거랑 비슷해요. 나무를 그릴 땐 나무만 보이고, 대파를 그릴 땐 대파만 보여요.”

"청운동 작업실을 그릴 땐 생각이 꼬리에 꼬리를 물어서
같은 포맷에서 계속 다른 그림이 나왔어요."

André Butzer
LUCIAN FREUD

2023년이 밝았어요. 새해 어떻게 보내고 있나요?
운동하고, 그림 그리고, 평소와 똑같이 지내고 있어요. 한 가지 다짐한 게 있다면 건강관리를 잘해 보려고 해요. 올해는 제가 하려는 일을 좀더 잘 해내고 싶어서 체력을 키우는 데 집중하고 있어요. 무언가를 내 마음에 쏙 들게 완성하는 게 쉬운 일은 아니잖아요. 특히 창작은 더욱 그러한데요. 머리로는 모든 작품이 완벽할 수 없다는 걸 잘 알면서도 늘 완벽하게 해내고 싶어서 작업할 때마다 최선을 다하게 되는데, 그것도 체력이 잘 받쳐줘야 할 수 있으니까 자꾸 건강을 신경 쓰게 되더라고요.

안 그래도 SNS에서 운동하는 거 재미있게 보고 있어요. 낯선 운동을 하고 있던데요.
펑셔널 트레이닝이라고, 고강도 유산소와 근력 운동을 번갈아 하는 인터벌 트레이닝이에요. 매일 아침 5시 40분쯤 일어나서 운동을 가요. 운동은 작년 2월에 시작한 러닝이 처음이었는데요. 점점 적응해 나가다 보니까 어느 순간 좀 부족하다 싶더라고요. 그래서 9월에 센터에 등록하게 됐어요. 늘 운동하던 점심시간대 프로그램이 없어서 처음엔 저녁 운동을 다녔죠. 근데 집 겸 작업실을 사용하다 보니 나갈 일이 잘 없어서, 저녁에 운동을 가니 해 볼 일이 전혀 없는 거예요. 건강을 위해 운동을 시작한 건데 해를 못 보는 게 결코 좋은 일이 아니라는 생각이 들더라고요. 하룻밤을 꼬박 새워서 작년 11월부터는 아침반으로 지속하고 있는데 너무 좋아요. 아침엔 해를 잔뜩 보고, 저녁엔 눈 감으면 바로 잠들어요.

아침 운동을 시작하면서 하루 패턴이 잡힌 거네요. 앞서 완벽에 관한 이야기를 했는데, 최근에 만족할 만한 일 있었어요?
작업으로는 작년 10월에 을지로 그블루 갤러리에서 한 전시가 기억에 많이 남아요. 〈작업실 안 밖〉이라는 드로잉 전이었는데요. 전시는 보통 1년 전, 짧으면 몇 개월 전에 제안이 오곤 하는데, 이 전시는 오픈 딱 한 달 남겨두고 제안을 받았어요. 처음엔 좀 갑작스러웠지만 드로잉 전이라는 기획을 듣고 나니 할 수 있겠다는 생각이 들더라고요. 새로운 작업에 들어갈 필요 없이 제가 그린 것 중에서 고르면 되니까요. 설치 직후 기분이 기억에 가장 많이 남는데, 보여 줄 일 없을 거라 생각한 드로잉을 한 공간에서 펼쳐 볼 수 있어 새롭고 좋은 경험이었어요.

정말 한 달 만에 오픈했어요?
네(웃음). 심지어 도록 제작 과정에 이슈가 있어 직접 만들어야 했는데 세 시간 만에 뚝딱 완성했어요. 그 전시를 준비하면서 시간이 제한되면 영혼을 갈아 넣는 성격이란 걸 새삼스레 알았어요. 원래 마감을 잘 지키는 성격이긴 한데, 마감이 없어도 뭐든 완벽하게 해내고 싶어 하는 사람이더라고요.

저는 뭐든 처음을 궁금해하는데, 혹시 처음 미술을 하게 된 순간 기억나요?
질문지 받고 생각해 보다가 중학생 때 기억이 떠올랐어요. 중학생 때 그림 그리는 걸 정말 좋아했거든요. 수업 시간에도 몰래 그리고, 쉬는 시간엔 선생님 자녀들 그림 그려서 선물하고 그랬죠. 그런 저를 보고 친구가 미술학원에 데려간 적이 있는데, 잠깐 받은 수업이 너무 재미있는 거예요. 그래서 부모님한테 미술학원에 보내달라고 말씀드렸지만, 집에서는 그림 그리는 모습을 보여준 적이 없으니 제가 그림 그린다는 걸 못 믿으시더라고요. 그림을 보여드려도 미술학원에서 그려준 거 아니냐는 반응이었어요. 그러던 어느 날, 엄마가 회사로 저를 부르시더니 A4용지랑 4B연필을 하나 내밀면서 "내 눈앞에서 손 그려봐." 그러시더라고요.

그래서요, 그래서요?
아직도 엄마가 정해준 자세가 생각나요. 한쪽 손을 이렇게 (검지와 엄지를 펴고 나머지 손가락을 구부린다.) 하고 물끄러미 보면서 그렸어요. 제가 그림 그리는 걸 보시더니 엄마가 "이제 집에 가." 그러시더라고요. 그러고 나서 학원에 등록해 주셨어요. 그날 이후로 지금까지 제가 미술 하는 것에 관해서는 한 번도 터치하신 적이 없어요.

그때부터 계속 그림 그리는 걸 꿈꿨어요?
중고등학생 때는 가구 디자이너가 되고 싶었어요. 어릴 때부터 가구에 관심이 많았거든요. 앞으로 쭉 그림을 그려야겠다고 마음먹은 건 대학생 때였어요. 과제 때문에 밤새워 작업한 적이 있는데, 눈이 새빨개지고 피곤해 죽겠는 상태에서도 그게 너무 좋은 거예요. 그때 '아, 나는 이거 계속 하겠구나.' 싶었죠. 그때부터 지금까지는 한 번도 다른 걸 하고 싶다고 생각해 본 적이 없어요.

규화 씨 작품은 시즌별로 하나의 키워드가 있는 것 같아요. 어느 시즌에는 산이었다가, 그다음 시즌에는 작업실이었다가, 그다음 시즌에는 빵이었다가…. 같은 소재를 조금씩 다르게, 풍성하게 표현해 내는 것 같아서요.
제 그림들은 그동안 제가 직접 보고 느낀 것들의 결과물이에요. 어느 한 시기에 보고 겪은 것들이 소재가 되거든요. '이걸 그려야지!' 해서 본격적으로 돌입한다기보다는 그 시즌엔 정말로 그것만 보여요. 설명할 때 자주 쓰는 말인데, 티셔츠를 사려고 하면 어딜 가든 티셔츠만 보이잖아요. 그거랑 비슷해요. 나무를 그릴 땐 나무만 보이고, 대파를 그릴 땐 대파만 보이죠.

뭐가 안 보이는 시기도 있어요?

항상 무언가를 그리고 있었으니까… 없던 것 같아요(웃음). 오히려 지금 그리는 것 말고 다른 게 안 보여서 답답한 적은 있어요. '나 왜 이것만 그리지?' 그런 기분이 때때로 찾아오거든요. 물론 이건 페인팅 작업 이야기고요, 저는 드로잉이 쌓이면 페인팅으로 넘어가요. 지금껏 드로잉한 것들은 다 여기 모아두고 있어요. (서랍장을 연다.) 한 장씩 보여드릴게요.

와, 엄청 아름다워요. 재료가 뭐예요?

지금 보고 계시는 건 먹이에요. 동양화를 전공해서 동양화 재료랑 가깝거든요. 물론 동양화를 전문적으로 하진 않아서 도구만 친숙해요(웃음). 저는 드로잉이 웬만큼 쌓이면 바닥이나 보드에 쫙 늘어놓고 한눈에 보려고 해요. 드로잉북에 그리고 한 장씩 넘기면서 보면 전체적인 게 잘 안 보이더라고요. 뭐가 좋고, 뭐가 나쁜지 한눈에 보려고 전부 낱장으로 펼치는 거예요. 그래서 자석판도 벽에 설치해 두었어요. 아무리 찾아도 제가 원하는 자석판이 안 보여서 철공소에 가서 아저씨들께 부탁해서 만든 거죠. 처음엔 바닥에 쫙 깔아서 보고 좋은 거, 안 좋은 거 걸러내는데요. 영 별로인 건 미련 없이 찢어서 버려요(웃음). 마음에 드는 것들은 자석판에 붙여서 다시 보는데, 그때 유난히 많이 보이는 대상, 장수가 쌓이는 것들이 새로운 소재가 되고 있어요.

그러고 보니 여기는 집 겸 작업실로 최적화된 공간이네요. 소파 옆에 자석판이 있고, 테이블에서 밥도 먹고, 드로잉도 하고요.

오래된 집이어서 처음에 들어올 땐 모든 게 다 뜨악했어요. 무엇 하나 마음에 드는 게 없어서 천장부터 바닥까지 전부 철거하고 다시 시작했어요. 제 마음대로 해놓고 나니 지금은 대체로 만족스러워요. 오래된 체리색 몰딩과 노란 장판, 난초가 그려진 유리로 이루어진 공간이었거든요. 현관문을 열고 들어오자마자 부엌이 보이는 게 싫어서 설계할 때 웬만한 건 다 숨겼어요. 원래는 신발장이 있던 공간을 편평하게 만들고, 전자제품은 다 베란다로 옮겼죠. 조명도 새로 달았는데, 일반 집에 붙어 있는 조명이 도무지 예뻐 보이지 않아서 직접 사 와서 설치했어요. 이건 보통 신발장이나 베란다에 쓰이는 등인데 여기 다니까 좋더라고요. 지금 이야기 나누는 이 공간도 거실처럼 보이지만, 사실 벽으로 나뉜 곳이었어요. 벽을 철거하고 테이블과 소파를 뒀죠. 가장 큰 방은 작업실로 만들었는데요. 재료가 튀거나 묻어도 상관없게끔 바닥을 뜯어냈어요.

거의 모든 걸 고쳤군요. 이전에는 다른 동네에 계셨죠?

한동안 청운동에 있었죠. 거기도 집이자 작업실이었어요. 청운동에서 겪은 것들이 그림 소재로 많이 이어졌어요. 올해 2월과 11월에 전시가 두 개 예정돼 있는데요. 2월엔 갤러리 SP에서 대파와 밭 그림을 보여드릴 것 같고, 11월에는 드로잉룸 갤러리에서 나무 그림을 보여드릴 예정이에요. 전부 청운동 작업실에서 보고 겪은 것들이 소재가 된 작업이죠. 청운동 작업실 자체를 그림으로 그리기도 했는데요. 사실 그 작업실에서 지내는 게 정말 힘들었거든요. 그래서 당시엔 작업실이 그림 소재로 느껴지지 않았는데, 거기서 나오고 나니까 비로소 그때 겪은 것들이 소재로 보이더라고요.

어떤 경험이었어요?

여태까지는 아파트나 오피스텔에서 편하게 살다가 처음으로 목조 주택에서 지내보게 됐어요. 오래된 곳이라 층고가 낮고 비스듬한 계단이 있는 곳이었죠. 들어갔을 때부터 다사다난했어요. 수도관이 연결되지 않아 2주 동안 설거지를 못 했고, 비가 오면 물이 샜고, 여기저기 곰팡이가 피고, 보일러가 고장 나서 땅 파서 공사까지 했어요. 그 과정에서 그림이 망가지기도 했죠. 게다가… 처음 보는 벌레가 엄청 많았어요. 하루하루가 사건사고의 연속이었어요. 그러다 이사를 결정하고 나니 비로소 작업실에서의 이야기가 소재로 보이더라고요. 그때는 비가 오면 샐까 봐 전전긍긍했는데, 그 상황에서 나오고 나니까 비 내리고 물이 새는 작업실도 그려보고 싶어졌어요. 거기서 겪은 모든 일이 주마등처럼 스쳐 지나갔고, 2-3년을 꿋꿋이 버틴 제가 기특하게 느껴졌죠(웃음).

규화 씨는 일상에서 작업을 끌어내고 있군요. 자연스럽게 나와 주변을 관찰하게 될 것 같아요.

맞아요. 요즘은 정말 저를 돌아보는 작업을 하고 있어요. 감정을 그리고 있거든요. 좀더 구체적으로 말하자면 '감정과 날씨가 다를 때.'

좀더 들어볼 수 있어요?

언젠가 안 좋은 일을 겪고 기분이 바닥까지 다운돼서 걸어갈 힘도 없던 적이 있어요. 이 감정을 어떻게 다뤄야 하나, 너무 힘들다, 싶어서 감당이 안 되는데 햇볕이 너무 강렬한 거예요. 내 기분은 이 날씨랑 전혀 다른데… 그때 그 감정을 어떻게 표현해야 할지 몰라서 머릿속으로 간직만 하고 있는데, 어느 날 티브이에서 윤여정 배우가

이런 이야기를 하더라고요. LA에서 매일 아들 병원에 가던 시절이 있었는데 그때 너무 힘들었다고. 어떤 날엔 잔뜩 지친 상태로 병원에 가는데 해가 너무 쨍쨍 내리쬐더라는 거예요. 그때 "해가 정말 꼴 보기 싫었"대요. 제가 하고 싶은 게 그 말이었다는 걸 깨달았어요.

청운동 작업실도 그렇고, 감정과 날씨도 그렇고, 힘든 상황이 작업으로 이어진 경우네요.

두 작업 다 당시엔 소재가 될 줄 몰랐어요. 그 상황에서 벗어나고 나니 그제야 소재로 보이더라고요.

감정이 작업에 영향을 미치는군요. 작업할 수 없게 만들기도 하고, 나중에 작업 소재가 되기도 하고요.

작년에는 〈작업실 안 밖〉과 〈PLAY PAUSE REWIND〉 전시에서 베이킹을 소재로 한 드로잉과 페인팅을 선보였는데요. 베이킹을 하게 된 것도 감정 때문이었어요. 슬픔에 빠져서 작업하지 못하던 시절, 뭐라도 해야겠다 싶어서 도전한 게 베이킹이었거든요. 그 시기를 극복하고 나니까 베이킹이 그림 소재로 보이더라고요. 아, 베이킹 이야기를 하다 보니 생각났는데, 며칠 전에 구운 파운드케이크가 있어요. 이거 먹으면서 이야기할까요?

(테이블에 케이크와 커피가 차려진다.) 이걸 직접 구우셨다고요? 빵에… 금가루가 있어요.

베이킹은 레시피가 전부예요. 정말이지 어렵지 않아요(웃음). 베이킹 이야기를 하려면 이전 생활을 먼저 설명해야 할 것 같은데, 지금은 운동도 하고 베이킹도 하지만 그전에는 저한테 오직 생활과 작업만 있었어요. 밥 먹고, 빨래하고, 설거지하고, 잠자고, 그림 그리는 일뿐이었죠. 그런 일상을 살아가던 중에… 사랑하는 할머니가 돌아가셨어요. 저한테 할머니는 굉장히 큰 존재여서 하늘이 무너지는 경험이었어요.

어떤 분이셨는지 여쭤봐도 되나요?

무슨 이야기를 해도 웃음으로 승화해 주시던 분이었어요. 제가 하는 걱정이나 고민이 생각하는 것만큼 무겁지 않다는 걸 알려주신 분이죠. 우리 가족 모두가 할머니한테 의지하며 살았는데, 어느 정도였냐면 할머니가 편찮으실 때 병원 침대를 집 거실에 두고 간호할 정도였어요. 제가 나와 살게 되었을 때도 매일 통화하며 지냈어요. 그러던 분이 돌아가시니까 감당할 수 없을 만큼 슬프더라고요. 감정을 컨트롤하는 부분이 고장 나버린 것 같았어요. 저는 제가 일과 생활을 잘 나누는 사람이고, 나름대로 루틴을 만들며 지내왔다고 생각했는데요. 너무 큰 슬픔이 찾아오니까 어떻게 해야 할지 모르겠더라고요. 작업실에 들어가면 캔버스 앞에서 울기만 하고, 작업실에서 나오면 멍하니 앉아 있기만 했어요. 이러다가는 병나겠다 싶은 생활이 한 달 넘게 이어졌죠. 뭐라도 해봐야지 하다가 우연히 베이킹 영상을 봤는데요. 갑자기 '이거다!' 싶더라고요. 한 번도 관심을 가져본 적 없는 분야인데 어쩌다 그렇게 연결이 된 건지 저도 모르겠어요. 그 길로 동생이랑 베이킹 숍에 가서 필요한 도구를 모두 샀어요. 레시피가 하라는 대로 따라 하기만 하면 되니까 몸이 저절로 움직이더라고요.

그때 기분이 어땠어요?

페인팅할 땐 제가 주체가 되어 아이디어를 내거나 색 조합을 고민하고 모든 걸 선택해야 하는데요. 그걸 하려면 건강한 에너지가 필요하거든요. 근데 그게 안 되니까 뇌가 멈춘 기분이 들었는데, 베이킹은 크게 생각할 거 없이 하라는 대로만 하니까 좋은 냄새가 나고 맛있는 결과물도 나오는 거예요. 처음 만든 게 당근 케이크였어요. 완성되는 걸 보니까 계속 해야겠다는 생각이 들더라고요. 그래서 그 시즌엔 하루에 빵을 네다섯 번 구우면서 지냈어요. 감정이 다루어질 때까지 해보자, 싶어서 엄청나게 몰입했죠.

그렇게 다시 생활을 찾았어요?

네. 다른 생각을 하지 않으려고 빵만 마구마구 구웠는데, 베이킹을 힘들 때까지 하다 보니까 '작업해야 하는데….'라는 생각이 올라오더라고요. 빵이 구워지는 동안 종이를 꺼내서 빵 반죽이랑 빵이 만들어지는 과정을 그리기 시작했어요.

규화 씨 작업은 경험이 중요한 축을 이루고 있군요.

제가 경험하고 느낀 것들이 제가 가장 잘 아는 것이라고 생각해요. 저는 제가 잘 아는 걸 그리는 사람이고요.

한동안 전시를 쉬기도 했는데, 그땐 어떻게 지냈어요?

2019년 3월에 개인전을 마친 이후로 한 3-4년 동안 작업만 했어요. 너무 한 가지 소재에 매몰돼 있어서 벗어나고 싶었거든요. 그때는 눈앞에 뭐가 많아도 그릴 생각을 못 했어요. 그리고 싶은 게 산밖에 없어서 산만 그리면서 지냈죠. 근데 어느 순간 이렇게 하다간 산 그리는 사람이 되어버리겠다 싶더라고요. 제가 다시 다양한 걸 보고 여러 그림이 나오는 사람이 될 때까지 전시를 안 하고 싶었어요. 부모님은 속이 터진다고 하셨지만(웃음), 전 그때 쉬길 정말 잘했다 싶어요. 그때 한 작업들을 올해 순차적으로 발표해요. 그러니까 지금 하고 있는 감정과 날씨 작업은 내후년에야 선보일 수 있겠네요.

이렇게 시간 차를 두고 전시장에 발표되는 거군요. 근데 왜 한 가지만 그리는 걸 경계해요? 어떤 작가들은 한 가지를 내 것으로 만들어 어느 분야에서 아이콘이 되기도 하잖아요.

눈앞에 사람도, 컵도 있는데 어떻게 그릴지 떠오르지 않는 게 이상하게 느껴졌어요. 그땐 너무 산에만 집중해서 틀 안에 갇혀 있는 것 같았어요. 물론 산 작업이 한창일 땐 산을 보는 게 좋았어요. 그때는 특히 밖으로 나가서 그리는 걸 좋아했죠. 사진보다는 현장을 보고 그리는 걸 재미있어했거든요. 산이나 나무로 둘러싸인 곳에 가면 눈에 보이는 게 너무 많아요. 잎도, 가지도 수두룩하죠. 많은 걸 관찰하다가 그리고 싶은 게 눈에 띄는 순간을 특히 좋아했어요. 그러다 보니 자연스럽게 대자연을 보고 싶었고, 어느 날엔 아이슬란드에 가야겠다는 생각까지 했어요.

다녀왔어요?

네. 모르는 사람들이랑 가게 됐는데, 멤버 중에 남극기지 연구소에 다니던 분이 계셨거든요. 대화를 나누다 제 그림들을 보여드리게 됐는데, 제가 그린 산에 전부 이유가 있다는 걸 알게 됐어요. 제 그림들을 보면서 이 산은 눈이 녹아 물줄기가 흘러내려서 이런 모양이 됐다, 바람이 부는 방향으로 깎여서 이런 형태가 된 거다, 해가 잘 드는 곳에 나타나는 색이다, 등등 여러 이야기를 해주셨는데 그걸 듣는 게 너무 재미있었어요. 산들이 이런 모습인 데는 분명한 이유가 있더라고요. 그래서 더 빠져들게 됐어요. 그 여행 이후로 더더욱 산만 그리게 된 거죠.

직접 본 풍경들이라 그 이야기가 더 재미있었을 것 같아요. 근데 왜 사진 보고 그리는 건 좋아하지 않아요?

사진을 보고 그려본 적도 있어요. 근데 한창 몰입하다 보면 제가 사진을 그대로 따라가더라고요. 구도에도, 색에도, 형태에도 제 생각이 크게 담기지 않는 것 같고…, 그렇게 그리고 나면 그림에 제가 없는 것 같았어요. 그 느낌이 싫어서 사진을 안 보기 시작했어요. 최대한 제가 경험하고 느낀 걸 그리려고 한 거죠. 직접 본 풍경이나 머릿속에 남아 있는 기억으로 그리곤 해요. 베이킹도 보고 그리는 게 아니에요. 제가 여기서 했던 행동들이라 어렵지 않게 머리에 그려지거든요. 그래서 자세히 보면 도구 같은 건 형태가 좀 다른 것들도 있어요(웃음).

요즘은 어때요? 소재로 관찰하거나 발견한 거 있어요?

특별히 "이걸 발견했어요!" 하고 내세울 만한 건 없지만, 요새는 '나를 다루는 게 전부다.'라는 생각을 자주 해요. 좋은 작업을 해내기 위해서는 제가 편안하고, 건강하고, 좋은 기분을 유지해야 한다고 생각해요. 그러니까 특별히 행복해지려고 노력하기보다는 평소에, 잠깐잠깐 스치는 순간에 행복하기를 바라요. 그래서 주변을 좋아하는 걸로 많이 채워두려고 해요. 제가 유리를 정말 좋아하거든요. 그래서 수집도 많이 했는데, 좋아하는 유리컵이 많으니까 커피나 물을 마실 때에도 컵을 고르는 데 시간이 걸려요. 어떤 컵을 쓰고 싶은지 고민하느라요(웃음). 그런 것도 잠깐씩 일상을 살면서 행복해지기 위한 방법이라고 생각해요.

행복의 연속성을 만드는 거네요.

맞아요. 그 연장으로 볼 수 있을 거 같은데, 이불이나 소파 커버처럼 피부에 닿는 것들을 중요하게 생각해요. 몸에 닿을 때의 기분이 있잖아요. 좋은 소재의 옷을 입으면 기분도 좋아지는 것처럼요. 그래서 2014년에 독립하면서부터 소파 커버나 이불도 그때그때 직접 만들고 있어요. 동대문에 가서 천을 하나하나 비교해 보면서 사이즈에 맞게 재단해서 바꿔주는 거예요.

그런 일들을 잘하려면 내가 어떨 때 행복한지 알 수 있을 만큼 나를 잘 관찰해야 할 것 같아요.

전 그걸 잘하는 편 같아요.

그럼 이 질문이 어렵지 않겠네요. 규화 씨는 어떤 사람이에요?

제가 뭘 좋아하고 뭘 싫어하는지 잘 아는 사람이에요. 우선 정리하는 걸 좋아해요. 눈앞이 깨끗해야 뭔가를 할 수 있거든요. 가벼운 예를 들면, 전날 술을 마셔도 술자리는 반드시 깨끗하게 치우고 자요. 전날 어질러둔 것들이 다음날 영향을 주기를 바라지 않거든요. 제가 싫어하는 건 좋아하는 것의 반대급부인 것 같아요. 아, 제가 정말 싫어하는 게 하나 있는데요. 다들 이 이야기를 들으면 웃거든요(웃음). 이건 제가 집 겸 작업실을 쓰는 결정적인 이유이기도 한데… 저는 선크림을 바르고 그림 그리는 게 정말 싫어요. 얼굴이 숨을 안 쉬는 것 같아서요. 작업실이 따로 있으면 옷을 입고, 선크림도 바르고 오가야 하잖아요. 근데 저는 그게 너무 불편하더라고요. 지금은 완전히 자연인 상태로 작업하곤 하는데, 그렇게 안 하면 작업이 잘 안 되는 것 같아요.

자연인 상태로 저쪽 작업실에서 작업하는 거군요. 구경해도 되나요?

그럼요. (작업실에 놓인 캔버스를 가리키며) 이건 곧 발표할 대파들이에요. 코로나19가 처음 막 발발한 시기에 작업한 건데, 이때 유난히 대파가 많이 보이더라고요. 온라인

쇼핑이나 배달에 차질이 생기니까 이웃들이 직접 대파를 키우기 시작한 거죠. 매일 산책하던 동네인데 갑자기 여기저기서 대파가 자라나니까 묘하더라고요. '왜 다들 대파를 심었지?' 싶어서 관찰해 봤는데요. 그때 대파 값이 7천 원까지 올랐다는 사실을 알게 됐어요. 저는 정원에 심어지는 대파를 보면서 코로나19를 실감한 거예요. 마침 그때 살던 집 창문으로 옆집 정원이 보여서 매일 부엌에 앉아 옆집 대파를 그리기 시작했어요. 갓 심어진 모습도 그리고, 엄청 크게 자란 모습도 그리고. 어느 날 뎅강 잘린 걸 보면 '드셨구나.' 생각도 했고요(웃음). 가끔 대파가 엄청 많이 자라서 꽃이 피거나 시들어서 축 늘어질 때도 있어요.

흙이 전부 다르게 표현된 게 재미있어요. 단순히 갈색인 것도 있고, 다른 색이 섞인 것도 있고, 벌레가 있기도 하고요.

대파를 그릴 때 흙을 표현하는 게 유독 어려웠어요. 자연스럽게 어우러져서 그려졌음 싶은데, 제가 흙을 배경이라고 생각하니까 그리는 데에 소홀해지는 것 같았어요. 흙이라는 형태를 곰곰이 생각해 보는데, 흙에 대해 아는 게 없구나 싶더라고요. 그래서 집 밖으로 나가서 흙을 손으로 한 줌 떠봤어요. 그런 경험은 난생처음이었죠. 생각해 보면 그래요. 우리는 뭐든 잘 안다고 생각하지만, 그걸 자세하게 관찰한 경험이 얼마나 있을까요? 자세히 보지도 않고 '안다'고 생각하는 경향이 있는 것 같아요. 근데 오래 들여다보면 내가 아는 것 이상이 보여요. 흙이 그랬어요. 자세히 보니 갈색 안에 흰색도 있고, 붉은색도 있고, 초록색도 있더라고요. 갈색도 모두 같은 갈색이 아니에요. 어디는 흙이 빨갛고, 어딜 가면 굉장히 밝은색이기도 해요. 그래서 그날그날 제가 본 흙들을 다르게 표현해 봤어요. 유리 입자가 섞인 흙을 보면 흙 안에 유리를 그리기도 했고요. 그때 흙이나 비처럼 형태를 정확히 인지할 수 없는 것들을 공부했고 그런 걸 그리는 게 재미있었어요.

대파 그림들 보면 볼수록 오묘하네요. 소재가 뭔가요? 크레파스 느낌도 나고….

아크릴인데 많이들 아크릴로 안 보세요. 아마 바탕이 생천이어서 그럴 거예요. 캔버스가 아니라 동대문에서 사 온, 코팅이 안 된 천이거든요. 어떨 때는 매니큐어처럼 붓 자국이 그냥 올라가길 바라고, 어떨 때는 스며들거나 번지게 하고 싶거든요. 그런 여러 질감 표현을 위해서 천을 바꿔봤어요. 이불이나 소파 커버를 바꾸려고 동대문에 가면 천을 이것저것 보게 되는데, 그러다 보니 그게 다 재료로 보이더라고요. 그래서 이것저것 천을 사서 그려 봤어요. 처음엔 번지고 스며들기를 바라서 캔버스 천을 뒤집어 뒷면에 그렸는데요. 앞면에선 붓 자국 그대로 올라가던 천이 뒷면에선 싹 스며드는 거예요. 그때부터 동대문에서 천을 본격적으로 탐색했어요. 어떤 건 빛이 투과될 만큼 얇고, 어떤 건 촘촘하고 두꺼워서 물감이 잘 안 올라가기도 하고….

소재도 그렇고, 재료도 그렇고 계속 새로운 걸 찾아 나가네요. 또 재미있던 재료 있어요?

종이죽이요. 감정적으로 좀 지쳐서 한두 달 페인팅이 안 나온 적이 있었는데, 그때 마음이 계속 불안하더라고요. 그때도 기분을 환기하려고 단순노동이라도 한번 해보자 싶어서 주변을 둘러봤는데, 작업실 공사하고 남은 목재들이 보였어요. 캔버스에서 볼 수 없는 크기와 비례가 재미있더라고요. 작업도 안 되는데 재료라도 만들자 싶어서 무작정 톱으로 잘라서 그 위에 종이죽을 붙여봤어요. '여기에 그림을 그리면 재미있겠다.' 싶었죠. 캔버스는 규격이 호수로 정해져 있어서 그림 그리는 사람들은 캔버스만 봐도 몇 호인지 다 보이거든요. 그때는 캔버스 호수가 읽히는 게 싫었어요. 지금 생각해 보면 호수가 읽히는 게 싫은 게 아니라 매일 보던 비례가 아닌 곳에 그리고 싶던 것 같아요.

(작은 작품을 가리키며) 저 작품이 혹시 종이죽인가요?

맞아요. 크기도 작고, 질감도 새로워서 재미있게 작업했어요.

오밀조밀 모여 있으니 귀엽네요. 새로운 재료에 그림을 그린다는 건 결과를 예측하기 어렵다는 의미이기도 해요. 겁이 나진 않으세요?

전혀요. 망하면 버리면 되니까요. 오히려 예상과 다른 걸 더 좋아해요.

규화 씨는 하나에 머무는 걸 좋아하지 않는 것 같아요.

제가 하나로만 설명되는 게 즐겁지 않아요. 지금 그리는 것에 대해 더 그려야 할 이유를 느끼지 못할 때, 흥미를 잃을 때 소재나 재료를 바꾸는데요. 생각 없이 지금 하는 작업을 수량만 늘리는 식으로 그려나가는 걸 경계하려고 해요. 이를테면, 청운동 작업실을 그릴 때도 '다음엔 이렇게 바꿔 그려봐야지.'라는 생각이 꼬리에 꼬리를 물어서 같은 포맷에서 계속 다른 그림이 나온 거거든요. 그러면서 배우는 게 분명히 있는데, 이다음으로 나아갈 이유가 딱히 없을 땐 멈춰야겠다고 생각해요. '지붕을 빨갛게 바꿔볼까.' 같은 건 그냥 작품 수를 늘리기 위한 방편인 것 같아서요.

예술은 창작과 긴밀한 관계이기도 해요. 그러다 보니 예술이란 말이 아닌 걸로 소통하는 거라는 생각도 들더라고요. 규화 씨는 작업으로 어떤 방식의 소통을 이어가고 있다고 생각해요?

감정과 날씨 작업을 해나가면서 새롭게 알게 된 건 있어요. 저는 제 얘기를 하거나 저를 드러내는 걸 즐기지 않는 사람이었어요. 어느 정도냐 하면, 남들이 볼 일 없는 일기장에도 그날 뭘 했는지, 어떤 감정이었는지, 유추할 수 없게 쓰곤 했어요. 불편한 감정을 느낄 때도 굳이 이야기하지 않기도 했고요. 근데 그게 작업에도 투영되더라고요. 지난 작업들을 보면, 그 그림 속에 제 감정은 없어요. 근데 이번에 감정과 날씨를 그리면서 자연스럽게 제 경험과 감정을 표현하게 되었는데요. 제 경험과 감정을 이렇게 온전히 드러내는 게 처음이어서 좀 발가벗겨진 기분이라고 해야 하나(웃음), 낯설게 느껴지기도 하더라고요. 그리면서도, 그리고 나서도 생각이 많아져요. 제가 바뀌고 있다고 생각해요. 제 감정은 담지 않고 경험한 것만 그릴 땐 보는 사람들이 각자 느끼고, 각자 생각하기를 바랐어요. 근데 지금은 좀 다른 생각을 하게 돼요.

다른 생각이라 함은요?

최근에 공감이 굉장히 어려운 일이라는 걸 알게 됐어요. 우리는 타인에게 동감하는 건 쉽지만, 공감은 잘 못 하는 것 같아요. 비슷한 경험을 한 사람들만이 기분이나 감정을 이해할 수 있다고 생각하게 됐거든요. 어릴 때 뜨거운 것에 손을 덴 적이 있어요. 그때 어른들이 "물에 닿으면 쓰라리겠다."라고 하시는데, 그 '쓰라리다'라는 게 무슨 느낌인지 모르겠는 거예요. 그래서 공감이 잘 안 갔는데, 데인 데 물이 닿는 경험을 하고 나니까 비로소 알겠더라고요. '아, 이게 쓰라린 거구나.' 그래서 저는 소통이라는 게 실은 각자 경험에 따라 깊이나 정도가 달라지는 게 아닐까 싶어요. 그러니까 제 작업을 보고도 다들 자기만의 경험에 뿌리를 두고 생각했으면 좋겠어요. '내 그림은 이런 거고, 이런 감정을 느끼면 좋겠어.' 하고 정해주는 게 아니라, 저는 생각할 거리를 건네고, 사람들은 저마다 무언가를 생각하는 거죠. 마치 시처럼요. 공감이 된다면 더없이 좋을 거고요.

저는 이번에 〈PLAY PAUSE REWIND〉 전시에서 베이킹 페인팅을 보고 저를 위해 빵을 만들어 준 사람을 생각했어요. 이제는 사이가 틀어져 보지 않게 된 사람이죠. 그러니까 저는 베이킹 페인팅을 보고 인간관계의 덧없음을 생각한 건데, 이렇게 자기만의 무언가를 떠올리면 좋겠다는 거죠?

맞아요(웃음). 다들 저마다의 이야기가 있을 거고, 각자 다른 경험을 하면서 살아왔을 테니까요.

앞으로 규화 씨가 건넬 생각할 거리들을 기대하고 있을게요. 마지막 질문으로 어떤 게 좋을까 하다가 이걸로 골랐어요. 예술, 예술이라는 단어에 가장 먼저 떠오르는 게 뭐예요?

할머니요. 돌아가실 즈음 요양원에 계셨는데 코로나19가 한창일 때라 면회가 어렵던 때였어요. 식구들도 그렇지만, 할머니한테 가족과의 단절은 무척 큰일이었어요. 긴 시간을 오로지 혼자서, 무료하게 보내야만 했으니까요. 그래서 종이랑 색연필, 그리고 꽃과 민화 사진을 여러 장 보내드렸는데요. 할머니가 틈날 때마다 그림을 그려서 모아두셨더라고요. 그걸 요양병원 직원분을 통해 보내주셨는데, 정말 아름다워요. '이런 게 진짜 예술이구나.' 싶었죠. 그걸 모아서 할머니가 돌아가시기 전에 할머니 이름이 새겨진 책을 만들어 선물해드렸어요. 할머니가 직접 이룬 성취감을 선물해 드리고 싶었거든요. 할머니만을 위해 만든 책인데 그 책 덕분에 아직도 살아 계신 것처럼 느껴져요. 이런 게 예술 같아요. 만나본 적 없는 작가지만 이 세상에 없어도 작품을 통해 계속 영향을 받고, 위로받고, 감동하게 되잖아요. 저희 할머니 그림이 지금 저한테 그래요. 이틀 만에 만든 책이라 엉성하긴 한데, 한번 보실래요? 정말 아름다운 그림들이 담겨 있거든요.

판형이 조금 큰 책을 꺼내서는 테이블에 가만히 둔다. 색연필로 그린 듯한 그림과 또박또박 적힌 할머니 손 글씨가 눈에 박힌다. 건드리면 흩어질 것처럼 연한 그림들이 꼿꼿한 자태로 장장이 담겨 있는 책이다. 아름다운 색들의 향연을 물끄러미 바라보는데, 규화 씨가 말한다. 매일 그림을 그리시던 할머니가 어느 날엔 색이 더 많은 색연필을 보내달라셨다고. 한 번도 뵌 적 없는 분을 감히 사랑스럽다 여기면서 어쩌면 그것이 예술 그 자체 아닐까, 잠깐 생각해 본다.

SENNELIER
R&F

현실 속 가장 찬란한 순간으로의 초대

장-미셸 오토니엘—현대미술가

에디터 양윤정
포토그래퍼 Jean Lim

지난여름 많은 이들을 덕수궁 정원으로 모이게 한 작품을 기억하는가? 프랑스 현대미술가 장-미셸 오토니엘Jean-Michel Othoniel의 〈정원과 정원〉 전시는 덕수궁 작은 연못에 핀 황금 연꽃을 2022년 여름 서울의 풍경으로 기억되게 만들었다. 반짝이는 구슬과 자연의 조화가 일군 동화 속 세계로 빠져들게 한 장본인을 만나기 위해 파리 외곽 몽트뢰유의 작업실을 찾았다. 대형 작품들과 수많은 유리구슬이 모여 있는 탄성이 절로 나오는 공간에서 우리를 따뜻하게 맞아준 그는 촬영을 위해 불편한 내색 하나 없이 카메라 앞에서 붓을 들고 그림을 그리기 시작했다. 그림 한 장이 완성되는 짧고도 긴 시간 동안 마법사 같은 손동작에 시선이 고정됐고, 카메라 셔터 음은 마치 햇살이 유리에 닿아 부서지는 소리인 듯 찰칵찰칵 귀에 부드럽게 맴돌았다. '오토니엘'이라는 마법의 세계로 여행이 시작된 순간이다.

ARCHES

인터뷰 첫 질문으로 꼭 묻고 싶었던 것이 있어요. 지난여름 덕수궁에서 열린 전시에 관한 소감 말이에요. 올해 한국에서 대중적으로 가장 큰 성공을 거둔 전시 중 하나이자 '장-미셸 오토니엘'이라는 이름을 전 국민에게 알리는 기회가 되었으니까요.

맞아요. 국제갤러리와의 오랜 인연으로 한국의 컬렉터들에게는 작품이 제법 알려지기는 했지만 미술계 내부로만 국한되던 인지도가 이번 기회로 넓어진 것은 사실이에요. 〈정원과 정원〉 전시는 코로나19 이후 처음으로 열린 해외 작가의 대형 전시라는 점, 그리고 서울시립미술관의 관람료가 무료인데다가 덕수궁이라는 특별한 공공 장소를 활용한 덕에 대중의 관심을 얻게 되었다고 생각해요. 뮤지엄이나 갤러리 전시도 좋지만 그곳을 직접 찾는 사람들의 범위는 한정될 수밖에 없거든요. 미술계는 아직 지극히 '그들만의 리그'니까요. 그래서 퍼블릭 아트 프로젝트에 개인적으로 애착이 많아요. 시민과 대중을 염두에 두고 예술에 대한 비전을 훨씬 넓게 펼칠 기회이기 때문이죠. 미술계 밖의 사람들에게도 작업을 소개하고 관심을 받는 기회는 흔치 않거든요. 특히 이번 한국 전시는 기존 컬렉터들과 미술계 관계자들이 SNS에 사진을 적극적으로 찍어 올리면서 관심이 급증된 분위기도 느낄 수 있었는데 개인적으로도 너무 행복한 경험이었어요. 한국인들의 친절함과 예술에 대한 관심과 존중은 대단하더군요. 그래서 수천 장의 사진 요청이 있었지만 전혀 불편하거나 피곤하지 않았어요. 오히려 그 순간을 즐겼지요.

한국에서 찍고 찍힌 사진들을 저도 SNS에서 많이 봤어요. 즐겼다는 말은 정말 사실이죠?

정말이에요! 한국인들의 작품을 대하는 태도는 훌륭했고 긍정의 기운이 늘 느껴졌거든요. 그 긍정적 에너지에 보답하고 싶었어요.

전시 기획과 마케팅의 도움도 물론 중요했지만 작업이 가진 타고난 외적인 아름다움 역시 성공을 이끈 요소라고 생각해요. 전시를 본 누구나 아름다움에 매료되어 사진을 찍을 수밖에 없었으니까요.

내 작품은 관람객을 반겨주는 역할을 해요. 반기고, 애지중지하고, 그리고 다른 문화나 종교 또한 새롭게 바라볼 수 있는 통로를 만들기도 하죠. 코로나19로 힘든 시간을 겪은 다음이라 작품이 전달하는 이런 따뜻한 메시지가 시기적으로 잘 맞았던 것이 아닐까요? 덕수궁 정원에 설치된 작품들을 통해 한국 전통 문화와 작품 간의 연결 고리가 만들어졌고, 사람들은 장소가 가진 한국의 역사와 현재의 풍경을 연결 지으면서 애정을 느끼게 되고, 그런 이유가 사람들을 이끌어 모은 것 같아요.

전시 준비를 하면서 따로 한국사를 공부하기도 했나요?

한국의 건축과 정원에 대해 공부했어요. 특히 정원은 나의 가장 큰 관심사인데 한국의 전통 정원에서 전시를 열게 되어 무척 행복했죠.

덕수궁이라는 장소를 직접 고른 것으로 알고 있어요.

이 전시는 2021년 파리의 프티 팔레Petit Palais를 시작으로 전 세계를 순회하는 트레블링 쇼로 기획됐어요. 프티 팔레의 전시가 동화처럼 아름답게 연출된 이유는 뮤지엄 내부에 위치한 아름다운 정원 덕분이었죠. 그래서 아시아에서 진행되는 다음 전시 장소 조건에도 정원이 포함되어 있어야 했어요. 그런데 서울시립미술관은 내부에 정원이 없기 때문에 거리상 아주 가까운 덕수궁 정원을 이용하는 것이 실현 가능한 아이디어로 떠올랐죠. 물론 전통과 역사를 간직한 장소에 현대미술을 들이는 것은 쉽지 않은 결정이기 때문에 궁 측을 설득하기 위해 미술관과 갤러리 측에서 많이 수고해 주셨어요. 감사하게도 우리 제안을 아름답게 봐주고 적극적으로 협업에 동참해 준 덕분에 전통과 현대의 아름다운 만남이 전시로 성사될 수 있었어요.

수련이 가득한 전통 정원에 놓인 구슬 연꽃 작품은 환상적이었어요. 연꽃이라는 모티프 또한 우리 정서와 잘 어울렸고요.

방대한 사이즈의 정원을 둘러보며 어디를 전시장으로 활용할지 정해야 할 때 이 연못 자리가 마치 작은 연극 무대 같아 보였어요. 머릿속에서 구상한 이야기를 전달하기에 가장 적합한 장소라는 걸 한 번에 알아차렸죠. 세상이 바쁘고 여유가 없는 요즘 현대인에게 정원 산책이란 큰 노력이 필요한 일이잖아요. 그래서 전시를 위해 잠시 짬을 내어 방문한 사람들에게는 부담스럽지 않게 느껴지는 사이즈여야 했고, 평소 자주 정원을 찾는 사람들에게는 이전에 보지 못했던 광경을 발견하는 즐거움과 더불어 작품이 전달하는 메시지를 느끼며 평소보다 길게 머물 수 있도록 하고 싶었어요. 실제로 사람들은 연못을 천천히 돌며 빛의 반사와 변화를 느끼고 정원에서 일어나는 작은 소리들에 귀 기울이는 경험을 하게 되었는데, 작지만 이런 다양한 상호작용이 일어난다는 게 감동적이었어요.

맞아요. 여러 번 와봤지만 황금 연꽃이 핀 장면을 마주하는 순간 새로운 시선으로 정원을 바라보게 돼요.

마치 처음 이곳에 와본 것처럼요.
작품을 직접 보지 않고도 SNS의 수많은 이미지들로 전시를 경험할 수 있어요. 하지만 실제 장면을 목격하는 순간 눈앞의 이미지는 추상에서 현실로 바뀌게 되죠. 자연에 문화가 접목되면 우리는 현실의 눈으로 그것을 바라보게 돼요. 단순히 아름답다는 표현을 넘어 다양한 심경의 변화도 느끼는데 그래서 예술이 세상을 바꾼다는 말을 믿어요. 왜냐면 작품을 통해 느긋해지고 결국 자연의 진가를 인정하게 되거든요. 관람객과 작품 간의 교류가 일어나는 것, 그 순간을 기억하게 되는 것, 이것은 간접 경험으로 취득할 수 없는 부분이에요. 그런 이유 때문에 실제로 와보고 싶어 하는 사람들이 많았고 심지어 여러 번 방문하는 관람객도 많았다고 전해 들었어요.

전시와 관련된 활동 외에 한국에서 보낸 시간들이 궁금해요.
다양한 건축물과 정원을 관찰하는 시간을 보냈어요. 그리고 이미 여러 번 방문한 경험 덕에 이제는 제법 다양한 음식을 접했다고 자신할 수 있는데 점점 한국 음식에 매료되고 있어요. 계절마다 특정 식재료를 사용하는 음식이 있다는 점이 흥미로웠죠. 파리에서 일 년 내내 거의 같은 음식을 먹는다는 게 슬프게 느껴질 정도로요. 계절이 변할 때마다 꼭 먹어야 하는 음식이 따로 정해져 있다는 건 계절과 자연의 습성을 따라가는 전통이 아직 남아 있다는 증명이라 인상적이었어요.

그렇다면 가장 좋아하는 한국 음식을 안 물어볼 수가 없는데요.
서울보다 지방의 소박한 밥상을 좋아해요. 지난번 시골에서 먹은 버섯 요리가 건강에도 좋고 맛있었던 걸로 기억해요. 대부분의 유럽인들처럼 매운 음식들은 아직 어렵네요.

미술 시장에 관한 질문을 해볼게요. 최근 한국 미술 시장이 뜨거운 감자로 떠올랐어요. 아티스트로서 바라보는 한국은 어떤 시장인가요?
아시아에서 해외 아티스트에게 가장 열려 있는 시장이요. 작가로서의 의견을 떠나 미술계의 전반적인 시선이 그래요. 한국의 갤러리와 컬렉터들의 관심은 국내를 넘어 전 세계로 뻗어 나가고 있고 그 점이 자국의 작가들에 더욱 집중하는 일본이나 중국과는 확연히 다른 점이에요. 홍콩의 갤러리들이 서울로 이전하고 유럽 갤러리들이 한국에 지점을 내려고 하는 현상은 어찌 보면 당연해요. 거기에 전반적인 한국 사람들의 예술에 대한 높은 호기심도 중요한 요소 중 하나죠. 한국이 아시아 미술 시장의 중심으로 자리 잡으려는 시기에 맞춰 전시를 치른 것은 행운이 아닐까요. 전시 이후 바로 〈FRIEZE SEOUL〉이 열렸고 지금 유럽 미술계가 한 입으로 한국 이야기를 하고 있으니까요. 아시아의 '새로운 엘도라도'라고 하면서요.

엘도라도요? 내년의 상황이 그 기대심리를 떨어뜨리지 않았음 좋겠네요.
다양한 해외 작가들과 작품, 국제 미술 시장을 향해 열려 있는 한국 컬렉터 특유의 특성과 시장 분위기 때문에 열기가 순식간에 사그라지지는 않을 거라 기대해요. 한국 미술 시장만이 가진 특수한 가치로 보이거든요.

한국과 다른 아시아 컬렉터 간의 차이점이라면 해외 시장에 열려 있는 관심과 태도라고 정의할 수 있을까요?
개인적인 생각을 말하자면 전쟁 이후 빠른 사회적·경제적 발전과 함께 해외 문화를 신속하게 받아들이고 습득하려는 습관이 미술 시장에까지 적용된 걸로 느껴져요. 한국인 특유의 호기심과 빠른 움직임이요. 최근 들어 발견한 한국 컬렉터들만의 새로운 특징이라면 전 세계 아트 페어를 직접 발로 뛴다는 점이에요. 한국에 처음으로 작품을 선보였던 10년 전만 하더라도 해외 페어에서 한국인들을 만나는 것은 쉽지 않았어요. 하지만 10년 뒤인 지금은 관광을 위한 해외여행이 아닌 아트 페어 관람을 위해 전 세계를 누비는 한국인들을 쉽게 만날 수 있으니까요. 컬렉터라서가 아니라 정말 미술 자체가 좋아서 멀리까지 찾아오는 사람들이 있다는 건 놀라운 일이에요.

작품 활동 외에 오늘처럼 인터뷰 스케줄도 있고, 하루 일정이 무척 바쁠 것 같아요. 보통 몇 시에 일어나세요?
이상하게 점점 일찍 일어나게 돼요(웃음). 상황에 따라 불가능할 때도 있지만 오전에는 아틀리에에서 그림을 그리고 오후에는 사무실에서 팀들과 함께 일을 해요. 많은 인원으로 구성된 팀과 작업의 비전을 공유하고, 작품 설치부터 전시 홍보, 이벤트 준비 등 여러 가지에 대해 커뮤니케이션하면서 서로 에너지를 나눠요. 그리고 프랑스 미술 아카데미Académie des Beaux-Arts 활동으로 매주 수요일 모임에 나가기 때문에 그 외의 날들은 무조건 작업에 집중하고 있죠. 그렇다고 밤늦게까지 시간을 늘려가면서 일하는 것은 저한테는 물론 팀원들에게도 안 좋기 때문에 저녁 6시가 되면 작업을 멈추고 밖으로 나가 전시나 영화 또는 공연을 보면서 외부에서 일어나는 문화계 일들에 대해 알아가죠. 현재 작업실 밖에서 무슨 일이 일어나는지 알고 있는 것도 오늘날의 아티스트에겐 중요하거든요.

여행하며 얻는 경험도 중요하지 않나요? 여행도 많이 다니는 편이지요?
출장으로 다니는 여행이 전부고 따로 휴식을 위한 휴가는 가져본 적이 없어요. 남프랑스에 있는 작은 집에 내려가 작업하는 시간이 나에겐 바캉스나 마찬가지예요.

남프랑스의 별장이 매우 아름답다고 들었어요.
세트Sète라는 지중해를 끼고 있는 작은 마을의 아담한 집이에요. 여기 거대한 작업실과는 비교할 수도 없는 작은 작업실이 있어요. 그림 그리기에 딱 좋은 사이즈예요. 그곳에서 그림을 그리는 시간은 휴식 시간만큼 행복해요. 아, 이 이야기를 해야겠네요. 프랑스 정부와 세트시 공동으로 제안을 받아 조만간 마을에 분수 설치 프로젝트가 착수될 예정이에요. 내가 머무는 지역 사회에 보답할 수 있는 의미 있는 작업인 만큼 개인적으로 고취되어 있어요. 무척 아름다운 결과물이 기대되거든요.

방금 대답에서 공공미술에 대한 애정이 느껴지네요. 갤러리 전시보다 다양한 시도가 가능한 퍼블릭 아트 프로젝트를 더 선호하는 것처럼 들렸어요.
둘을 완전히 다르게 나누지는 않아요. 어떤 프로젝트이든 독창적인 아이디어를 펼칠 수 있는 작업이 가능한 환경 조성이 가장 중요하고, 갤러리에서 이 요구를 받아들인다면 작가는 어디서든 행복하게 작업할 수 있죠. 늘 똑같은 전개의 전시는 개인적으로 원치 않기 때문에 갤러리 전시 또한 공공미술과 마찬가지로 매번 새롭게 기획하고 다른 스토리를 전달하려고 고민해요. 다만 덕수궁 전시 때처럼 불특정 다수의 관람객과 소통할 수 있다는 점이 공공미술 프로젝트만의 특수함이라고 할 수 있어요. 물론 다양한 이들의 시선 속에서 작품이 어떻게 받아들여지는지에 대한 위험 요소를 고려해야 하지만 그들을 현대미술의 세계로 끌어들일 수 있는 모험은 오히려 매력적이고 흥분되는 과제예요.

도전을 위해 작품과 안성맞춤인 장소를 고르는 특별한 안목을 짚고 넘어가고 싶어요! 우체부 슈발의 꿈의 궁전Palais Idéal du Facteur Cheval에서 열린 전시 〈물의 꿈Le rêve de l'eau〉은 지난해 세계에서 가장 아름다운 열 개의 전시에 포함됐을 만큼 멋졌으니까요.
예술 전시에서는 공간과 작품, 그리고 관객 간 다양한 감각을 통해 서서히 터득하는 삼투현상 과정 같은 상호작용이 일어나야 해요. 그래서 작품 규모와 상관없이 서정적인 분위기 조성을 점점 중요하게 여기고 있는데 그동안 적합한 장소들과 협력적으로 전시를 진행했던 건 행운이었어요. 물론 아름다운 장소에서 먼저 불러주신 경우도 있지만 콩쿠르 당선으로 참여하게 된 사례도 많아요. 베르사유 궁 정원 분수에 설치한 '아름다운 춤Les Belles Danses'과 카타르 국립 박물관의 대형 설치작 'ALFA'도 그런 경우죠.

파리 지하철 개통 100주년을 기념하여 팔레-루아얄 메트로 역Station de métro des Palais-Royal 입구에 무라노 유리와 알루미늄으로 작업한 '야행자들의 키오스크Le Kiosque des Noctambules' 작품 역시 경쟁을 통해 당선된 결과물이었죠?
첫 콩쿠르 당선작이었어요. 그때부터 경쟁에 꾸준히 도전해 오는 이유는 새로운 모험에 모든 에너지를 다 쏟아붓는 경험을 이어 가고 싶기 때문이에요. 나의 제안이 최고라고 설득하기 위해 최선을 다하는 긴장되는 프로세스와 몰랐던 공간에 대해 꿈꾸고 장소가 가진 역사를 새롭게 공부해야 하는 학문적 접근이 필요한 것도 좋아하는 점이에요. 예를 들어 파리 지하철 입구와 1킬로미터가 넘는 규모의 설치물을 완성해야 했던 카타르 국립 박물관 프로젝트는 완전히 다른 성격과 다른 역사를 가지고 있어 각각 새로운 역사에 대해 공부하고 몰랐던 문화를 배우기도 하죠. 어떤 경우는 긴 여행을 해야 할 만큼 시간을 들여야 하기도 하고요. 그런데 이런 과정을 거치는 걸 좋아해요. 난 아직도 배우고 싶은 게 많은 사람이거든요. 퍼블릭 아트는 이런 배우고자 하는 욕망을 충족해 주고요.

갤러리, 뮤지엄, 공공미술을 모두 아우를 만한 아티스트는 많지 않아요. 그런 점에서 오토니엘이라는 아티스트는 더 특별해 보이고요.
함께 일하는 팀이 존재하기 때문에 가능한 일이에요. 퍼블릭 아트 프로젝트와 대형 커미션 작업들을 진행하기 위해 팀을 꾸리기 시작했는데 이들의 존재 때문에 뮤지엄 전시를 기획할 때 대형 사이즈 작업들도 쉽게 구상할 수 있게 되었어요. 콩쿠르 지원도 팀의 역량이 뒷받침되니 가능했던 일이죠. 모든 구현이 문제없이 가능한 인적 인프라가 있으니 어떤 아이디어든 자유롭게 낼 수 있으니까요.

팀워크를 얘기하니 함께 일하는 장인들 이야기도 듣고 싶어요. 장인정신과 그들과의 협업 또한 작품에서 매우 중요한 요소니까요.
유리 공예가는 세 팀이 있고, 그러니 유리 공예가만 모두 스무 명 남짓이네요. 그 외에도 철강 주조 전문가와 자수 전문가하고도 협업하고 있어요. 아티스트를 혼자 묵묵히 그림을 그리는 로맨틱한 비전으로 바라보는 대중에게 얘기하고 싶은 부분이기도 한데, 오늘날의 아티스트는 혼자 일하는 사람이 아니고 여러 전문가와 협업하는, 경제적 매개체 역할을 하고 있어요. 지금 작업실의 팀과 국내외 장인들 수를 모두 합치면 백 명 정도 인원이 나와 함께 일할 거예요. 여기 백 명이 하는 작업의 과정을 전부 상세히 알고 제대로 컨트롤하는 게 내 역할이에요. 디자이너처럼 드로잉을 보내고 프로토타입을 받아서 체크하는 식의 프로세스는 절대 존재하지 않아요. 직접 작업실을 찾아가 장인 옆에서 과정을 전부 지켜보죠. 저도 유리 공예 기술을 잘 알고 있기 때문에 이 소재를 어떤 방식으로 최대한 상세히 다룰지 진지한 토론이 가능해요. 나만큼 기술에 대해 많은 정보와 테크닉을 습득하고 있는 아티스트 또한 흔치 않을 거예요.

어떻게 유리라는 소재를 발견하고 작업에 적극적으로 사용하게 됐나요?

직접 몰딩을 해서 만들 수 있는 소재, 자유롭게 형태가 변하는 소재를 찾던 중 유리에 대해 알게 됐고 마르세유에 있는 유리 리서치 센터 C.I.R.V.A(International Center Of Glass And Plastic Arts)에서 장인들을 만나 아티스트 초기 시절부터 유리 작품을 구상하기 시작했어요. 유리를 자유자재로 다룰 수 있는 경지에 이르기까지는 너무 많은 시간이 걸리기 때문에 직접 기술을 연마해 장인의 길을 가는 것은 불가능하다는 결론을 내렸고, 대신 장인들과 한 팀이 되어 한 몸으로 작업하기 시작했어요. 초기부터 작지만 팀워크를 다지며 일하게 된 계기가 현재 큰 규모의 팀을 거뜬히 이끌게 된 기반이 되어 주었지요. 유리 공예 장인들하고는 현재 20년째 협업하고 있고, 철강 장인 역시 20년, 자수 장인들도 2004년부터 함께했으니 18년이나 되었네요. 이렇게 오랜 시간 협업해 오면서 끈끈한 유대관계가 형성되었고 이들을 통해 마치 내 신체와 정신이 점점 확장되어 간다고 느끼고 있어요.

오토니엘의 예술가적 성장과 동시에 장인들의 작업실도 성장하고 있는 셈이네요.

맞아요. 나와 협업을 시작으로 현재 다른 아티스트들과도 작업하고 있고 그렇게 장인의 작업실 또한 확장되었어요. 물론 나와 일하던 장인이 다른 아티스트와 일하는 걸 보면 가끔 질투가 나기도 하지만(웃음) 한 명이 아닌 여러 작가와의 작업은 공예가에게 기술적 시야를 넓힐 기회가 되어 주기 때문에 필요한 동시에 긍정적인 발전 방법이라고 생각해요.

마지막으로 좀 어려운 질문 두 가지만 할게요. 스스로 아름다움에 대한 정의를 내린다면 그것은 무엇일까요?

아름다움이란 밝고, 늘 에너지와 움직임을 가지고 있고, 보는 사람의 시각을 받아들일 수 있도록 열려 있는 것. 거기에 서정적인 세계를 창조하기 위한 우아함을 담고 있어야 하고요. 이런 요소들이 다 합쳐졌을 때 아름다움이 창조된다고 봐요. 하지만 이게 말처럼 쉽지는 않은데, 정원에 비유해 얘기하고 싶네요. 내가 정원을 좋아하는 이유는 닫힌 세상이기 때문이에요. 안으로 들어오는 순간 현실에서 탈출하고 그 덕에 오히려 현실을 더 정직하게 바라보게 되죠. 정원 안으로 들어오면 보호를 받는 것 같지만 그 안에서 정원을 사실적으로 바라보고 아름다움에 도취하게 돼요. 예술 또한 같은 이치라고 생각해요. 아름다운 작품을 마주했을 때 작품의 수호를 받는 느낌과 동시에 현실 속 몸의 반응을 느낄 수 있어요. 유리라는 소재를 좋아하는 이유가 이거예요. 빛에 의해 색이 변하고, 빛이 없는 밤에는 오히려 자신만의 반짝임으로 묘한 아름다움을 뽐내기도 하니 우리는 그 모습에 실컷 반응하게 돼요. 아름다움을 표현할 수 있는 최상의 재료는 유리라고 생각해요.

그렇다면 예술에 대한 정의는 어떨까요?

하… 예술과 예술가들이 특별한 이유는 모두가 다 다르기 때문이에요. 하나만의 비전이 존재하는 것이 아니라 다양한 비전으로 활짝 열려 있지요. 그 덕에 예술은 강한 영향력을 행사할 수 있게 되었어요. 모두가 같은 그림을 그리던 과거와 달리 다름을 보여줘야 하는 오늘날의 미술 시장은 정말 환상적이지 않나요. 반면 이 시대의 예술가로서 민감하게 생각하는 점 중 하나는 세계화에 발맞춰 여러 나라의 문화와 잘 호환될 만한 작품 활동을 고려해야 한다는 것이에요. 지극히 프랑스적인 사람인 내가 이런 말을 하는 게 부끄럽지만(웃음) 그런 이유에서 오늘날 내 작품들이 전 세계인과 소통한다는 점이 자랑스러워요.

예술과 삶의 간극이 좁아진 오늘날, 우리는 예술적 삶을 꿈꾸고 예술가는 그것을 실현하기 위해 대중의 삶에 깊숙이 들어왔다. 그래서 현재를 사는 아티스트는 아름다움을 볼 줄 아는 안목과 표현하는 능력을 넘어 그것을 실현시킬 수 있는 인프라, 그리고 팀을 이끄는 리더십까지 필요한 덕목으로 요구되는 것이 아닐까.

뉴 웨이브 초현실주의

제네시스 벨란저—현대미술가

에디터 양윤정
포토그래퍼 Jean Lim

페로탕에서의 두 번째 전시회를 준비하기 위해 뉴욕 브루클린에서 파리로 도착한 제네시스 벨란저Genesis Belanger는 무척 긴장되어 보였다. 직접 전시 디자인까지 참여한 개인전의 오프닝을 하루 앞두고 있었기 때문이다. 아직 뉴욕에서 도착하지 않은 작품 한 점을 제외하고는 전부 자리를 잡은 이곳은 이상한 나라의 앨리스 연극 무대 같았달까. 검은색 옷을 입은 내 모습이 이질적으로 느껴질 정도다. 첫 번째 방에서 만나는 롤빵과 핫도그, 조미료, 잘 손질된 예쁜 손은 건강한 생활과 멀어 보이지만 아이러니하게도 제목은 '건강한 삶Healthy Living'. 비꼬는 듯한 제목과 아이러니한 작품들, 누구나 숨기고 있는 인간의 낡은 야망이 군데군데 보이지만 이상하게 이 방을 떠나고 싶지 않다. 초현실적으로 어여쁜 꽃, 샴페인 병과 반지, 심지어 바람 빠진 풍선과 깨진 거울까지 소유하고 싶을 만큼 눈에 밟히니 말이다.

파리에 언제 도착했어요?

5일 전이요. 전시 디자인에 직접 참여하기 때문에 조금 여유 있게 도착했고, 도착부터 지금까지 전시장에 머물면서 설치 작업만 했어요. 머릿속에 전개되어 있는 장면을 그대로 연출하고 나니 만족스러워요.

뉴욕에서는 얼마나 지냈어요? 아티스트로 활동하게 된 계기도 궁금하고요.

18년 전부터 브루클린에서 살기 시작했어요. 작업실도 이곳에 있고요. 뉴욕에서 학교를 다녔고, 도자기 공방 바로 옆에 작업실이 있었어요. 그래서 학교를 다니면서 우연히 종종 공방에서 조각 작업을 했던 게 흥미가 붙으면서 작은 개인용 가마를 구입하게 됐고, 그러면서 꾸준히 혼자서 작업을 발전시켜 왔어요. 전문적으로 도예 과정을 배운 적은 없죠.

아티스트가 되기 이전에는 패션 공부를 했다고 들었어요.

학부에서 패션 디자인을 공부했어요. 졸업 후에 디자인 어시스턴트로 일하다가 광고 부서로 옮기면서 광고 촬영용 세트 디자인 어시스턴트로도 일을 했는데 그때 경험이 지금 활동의 초석이 되어 주었어요. 패션과 광고에서 보이는 특수한 미학적 특징이 작품에 녹아 있다고 생각해요.

이번 전시의 타이틀이 남달라요. 문장에 임팩트가 있기도 하지만 긍정과 부정의 양면을 가진 '블로 아웃Blow Out'은 여러 생각을 하게 해주니까요.

여러 의미를 가지고 있기 때문에 타이틀로 정하게 됐어요. 과장, 불 끄기 말고도 파티를 의미하기도 하고 구멍 난 타이어를 말하기도 하죠. 아티스트가 말하고자 하는 메시지를 오브제만 사용해 전달할 수 있다면 그것은 훌륭한 시각 언어라고 생각해요. 하지만 한 가지가 아닌 다양한 의미를 담을 수 있다면 훨씬 흥미롭죠. 보는 이의 관점과 경험에 따라 다른 해석이 될 수 있잖아요. 그래서 '블로 아웃' 전시엔 세 가지 방에 세 가지 상황을 상상해 연출했어요. 텅 빈 할인점, 파티의 잔해, 성형외과 의사의 사무실 이렇게요. 관람객은 각 방에서 벌어지는, 혹은 이미 벌어진 사건을 상상하게 될 거예요.

이 세 구성에는 시작과 끝이 정해져 있나요? 왠지 쇼핑을 하고 난 후 방탕한 파티에 갔다가 병원으로 이송되는 이야기로 연결되는 것 같아서요.

아니요. 스토리텔링 성격이 강하지만 전시를 위해 시나리오를 미리 짜진 않아요. 이야기를 만들어 가는 것은 관람객의 몫이지요. 첫 방은 파티가 끝나고 난 뒤 모습인데 테이블 위에 놓인 요소 하나하나에서 의미를 찾아볼 수 있어요. 성공을 상징하는 값비싼 물건들 옆에 바람 빠진 풍선과 코 박고 엎어진 머리 형상은 좀 허무하지 않나요? 초자본주의가 주는 고통이란 이런 게 아닐까 싶어요. 하지만 이 역시 관람객 마다 다른 생각을 할 수 있다고 생각해요. 저는 제 생각을 그대로 강요하고 싶지 않거든요.

일반적으로 아티스트는 자신들의 개인적 경험을 작품에 반영하는 경우가 많은데 작업에 사적인 이야기를 담는지도 궁금해지네요.

대중의 공감을 얻을 수 있는 주제를 찾기 때문에 개인적 이야기는 도입하지 않아요. '내가 공정하다고 생각하는 부분을 남들도 똑같이 공정하다고 생각하나?'라는 질문을 늘 하는 편이고, 세계적으로 또는 일반적으로 공감되는 경험을 찾고 있어요. 사실 세계적이란 단어가 가진 표현 자체의 오류에 대해서도 생각하지만요.

다루는 주제가 가볍지는 않아요. 하지만 유머러스한 표현법 때문에 심각하게 받아들이지 않게 되네요.

그게 살아 있기 때문에 느끼는 감정이라고 답하고 싶어요. 우리 인생은 좋은 일과 나쁜 일이 곡선을 그리며 평생 벌어지고, 인생에서 가장 어두웠던 순간에도 동시에 짧은 기쁨이 공존하기도 하고요. 그래서 어둠과 밝음, 슬픔과 기쁨이 작품에 함께 있어요.

2015년 이전 작품에서는 지금과는 전혀 다른 소재와 표현법이 보여요. 훨씬 추상적이고 소재 또한 거칠고요. 그러다가 갑자기 부드럽고 섬세한 소재와 표현법으로 전향한 이유가 궁금해요.

초기에 과학에 접근했던 시절이 있었어요. 예를 들어 '하늘에서 떨어지는 눈을 모르는 사람이 눈을 표현한다면 어떨까.'라는 가정 아래 가공되지 않은 원자재를 사용해 조각품을 만들었는데 지금 작업과는 접근법이나 소재 사용에서도 큰 차이가 있죠. 당시 묘사도 서툴렀고 원하는 이야기를 표현하는 데 한계가 있었어요. 결국 그보다 나의 경험과 사회적 이슈를 사람들과 공감하고 싶었고 마침 작업실에 작은 가마를 하나 들이게 된 것이 세라믹 작업을 본격적으로 시작하게 된 계기가 되었어요.

파스텔 톤 컬러만 사용하는 이유도요

햇빛에 바랜 것처럼 채도가 낮은 컬러를 좋아해요. 색을 만드는 데 사용하는 일종의 나만의 컬러 레서피북 같은 게 있어서 그걸 보고 늘 같은 방식으로 색을 꾸준히 만들어 왔고 그 색만 작품에 사용해요. 도자기 작업을 완성한 후

색을 위에 칠하는 방식이라고 생각하는 분들이 많은데 그렇지 않고 염료를 바로 흙과 반죽해 사용해요. 그렇기 때문에 매트한 질감 표현이 나올 수 있었어요.

자세한 작업 과정에 대해 들을 수 있나요?
모든 작업은 드로잉에서부터 시작해요. 아침에 일어나면 가장 먼저 드로잉을 하죠. 그 그림들을 작업실 한 공간에 모아놓고 각 아이템들이 어떻게 서로 어울리는지 구성해요. 그다음 패션 디자인 수업에서 배운 옷 패턴 제작 방식으로 드로잉을 패턴화하는 작업을 거쳐요. 전시장에서 보이는 꽃들의 형태가 다 일정한 이유는 패턴이 존재하기 때문이에요. 다음은 핸드믹서로 안료와 점토를 섞는 과정을 거치고, 점토를 평평하게 시트로 만든 다음 패턴대로 잘라내 조립하듯 만들어요. 시간이 정말 많이 걸리죠. 종종 기존 가구들 혹은 다른 물체와 결합해야 할 때를 제외하고는 이렇게 전부 제 손에서 탄생해요. 원하는 작품을 위해 세라믹 외의 소재를 쓸 때도 있는데 현재는 나무, 메탈, 섬유 이렇게 사용하고 있어요. 그래서 메탈을 다루는 어시스턴트와 바느질 어시스턴트 두 명이 작업실에서 함께 일하고 있고, 나머지는 혼자서 다 하는 편이에요. 후가공을 통해 세라믹 작품과 이질적이지 않고 어울릴 수 있다면 소재에 대해선 열려 있는 편이에요.

그럼 이 전시를 위해 들인 시간은 얼마나 되나요?
꼬박 1년이요.

오브제들이 종이접기 장난감처럼 초현실적인 동시에 만화에서 튀어나온 듯한 형태가 친근해요. 만화를 자주 보는 편인가요?
어릴 적 굉장히 많이 봤어요. 지금은 보지 않아요. 지금은 아무것도 화면으로 보지 않아요. 책을 읽고 오디오북을 듣는 일이 전부예요.

그렇다면 작업 아이디어는 주로 어디서 어떻게 얻나요?
일상생활의 이미지들이요. 1950년에서 90년대 사이의 광고들을 특히 좋아해요. 요즘 광고엔 그다지 관심이 안 가는데, 왜 현재보다 과거에 더 관심이 있나 생각해 보니 지금이 존재하게 된 이전의 과정에 더 흥미를 느끼는 사람이라고 결론 내렸어요.

《AROUND》는 '새로운 시선으로 주변을 발견하다'라는 콘셉트를 가지고 콘텐츠를 제작하는 잡지예요. 작품을 통해 전달하고자 하는 의미 또한 잡지 콘셉트와 비슷하다고 생각해요. 지금 전시장에 보이는 일상생활 속 오브제들이 각자의 시선에 따라 다르게 보이니까요.
새로운 시선으로 주변을 발견한다는 표현이 정말 좋은데요! 내가 의도하는 바를 잘 설명해 주는 문장이에요. 예를 들어 정치적인 메시지를 담은 작품을 두고 누군가는 전혀 정치적으로 해석하지 않을 수도 있잖아요. 하지만 이런 주관적이고 창의적인 해석은 서로에게 새로운 관점을 발견하게 해주니 공감대가 형성된다면 전혀 상관없어요. 오히려 이런 생각의 전환의 기회가 발생하는 것이 좋아요.

개인적으로 인상적인 것 중 하나는 신체를 표현한 작품들이 매우 관능적으로 묘사되었다는 점이에요. 제가 제대로 본 것이 맞나요?
네. 관능적 표현은 시각적 효과가 강하잖아요. 관객을 유혹하고 원하는 대로 끌고 갈 수 있는 능력이 있어요. 여기 절단된 여성의 신체가 눕혀져 있는 병원 침대를 보세요. 전 이 작품을 개인적으로 '바비의 여행Barbie Journey'라고 불러요. 실제 제목은 '병원으로의 여행Hospital

Journey'이지만요. 현재 우리 사회에서 이상적인 여성의 신체란 어떤 모습인지 생각해 보면 획일화된 이미지가 떠오르지 않나요? '이상적인 여성상이란 이런 것'이라고 착각을 심어주는 버젓하고 그럴싸한 몸매의 여성들. 저는 그들을 작품 소재로 사용했는데 여기 수술용 침대에 누워 있는 잘려진 신체를 보면 어떤 생각이 들어요? 프랑켄슈타인이 성형 수술을 통해 바비 인형으로 탈바꿈하는 과정 같은 스토리가 떠오를 수도 있고요. 그리고 침대 건너편 커튼 뒤에 서 있는 발만 보이는 여성 네 명은 자신들의 수술 차례를 기다리는 거죠. 아니면 수술 결과를 궁금해하는 중일 수도 있고요.

그리고 기다리는 여성들은 멋진 신발을 신고 있어요.
오, 그럼요. 어떤 차림의 여성일지를 알려주는 힌트가 여기에 있거든요. 옷차림이 상상이 되죠?

요즘은 전시장에서 사진을 찍어 올리는 일이 많으니 인스타그래머블이 전시 디자인의 키워드가 되기도 했어요. 이번 전시는 특히 SNS 속 흥행이 이미 예상되고요. 전시 디자인을 구상할 때 포토제닉한 면도 고려하나요?
사진 각도에 원하는 오브제들이 한꺼번에 다 나오는 걸 고려해서 공간을 구성해요. 제가 공간을 볼 때 사진 프레임을 떠올리면서 보기 때문일 거예요.

그래서 한 편의 광고, 연극 무대의 한 장면 같다는 착각도 들어요. 미술, 공예, 디자인의 경계를 옮겨 다니는 작품은 대중의 공감을 살 수 있어 훌륭하다고 생각해요.
그렇게 생각해 주니 고마워요. 디자이너가 되고 싶은 소망은 없지만 디자인이 가진 접근성을 좋아해요. 그리고 순수미술과 디자인을 사이에 두고 아주 가는 선을 왔다 갔다 하는 느낌의 오브제를 보면 항상 흥미롭다고 느껴요. 이번 전시에서 선보인 램프의 경우 조명이라는 명확한 기능을 가진 덕분에 예술 작품이 가진 목적성을 잊게 만들 수도 있어요. 하지만 이를 통해 우리가 삶에서 당연하게 여기는 다른 것들에 대해 질문하게 만들 수도 있지 않을까요?

작품을 통해서 힐링받는 느낌이 들기도 해요. 마시멜로 촉감의 예쁜 컬러의 작품들을 바라보면 불편하기보다는 편안한 느낌이거든요. 그런 피드백을 받아본 적이 있나요?
아니요. 그래서 지금 이 피드백은 환상적이네요. 치유에 대해서는 생각해 본 적이 없어요. 하지만 내 작품을 통해 그런 느낌을 받았다면 앞으로 그 부분도 생각해 보고 싶어요.

뉴욕에서 성공한 아티스트로 살아가는 건 어떤가요? 아티스트로서 뉴욕만이 가진 장점이 있을 것 같아요.
뉴욕은 매우 재미있고 많은 영감을 주는 도시예요. 아티스트로서 이보다 더 좋은 곳이 있을까 싶기도 하고요. 다른 곳에서는 만나기 어려운 예술가 친구들이 주변에 많아서 생활이 즐거워요. 그리고 훌륭한 전시들을 쉽게 접할 수 있는 장점도 중요하죠. 아무 때나 미술관을 가면 세계에서 가장 훌륭하다고 하는 예술 작품들을 만날 수 있으니까요. 일을 사랑하고 어떤 분야든지 열정을 불태우는 뉴요커의 에너지가 아티스트들을 불러 모으고 있어요. 여기서는 작품을 통한 수입이 없어도 열정적으로 일하는 것이 전혀 이상하지 않아요. 그렇게 생활하는 아티스트가 너무 많은 곳이니까요.

뉴욕 외의 도시에 두 번째 작업실을 오픈한다면 어느 도시로 정하고 싶어요?
사실 다른 도시들을 많이 가보지 않아서 비교 상대가 별로 없긴 하지만 현재로서는 파리요. 파리는 어메이징하니까요. 파리를 걷다가 가끔 화가 나는데 그 이유를 말해줄까요? 왜 뉴욕은 이만큼 아름답지 않을까 싶어서요.

파리에서 작업한다면 어떤 영감을 받을 것 같아요?
건축물이 가진 디테일이 매우 아름다워요. 외관도 아름답지만 커튼이 드리운 창문과 문을 닫은 매장들을 보고 내부가 어떤 모습일까, 어떤 이야기가 저 뒤에 존재하고 있을까 상상하는 것 자체가 나에게 영감이 돼요.

앞으로 해보고 싶은 드림 프로젝트가 있다면요?
건축물의 파사드 작업이요. 마치 건물의 앞면을 뜯어낸 것처럼 내부가 보이는 인형의 집 같은 구조를 만들고 방마다 이야기를 담고 싶어요. 만약 뮤지엄의 아트리움을 이런 식으로 만든다면 매우 쿨할 것 같아요.

젊은 컬렉터들이 선호하는 작품들은 심오한 이야기를 심오하지 않게 하는 것이라고 누가 그랬는데, 풋풋한 대답과 아트리움 작업을 꿈꾼다는 구체적인 희망까지 솔직하게 내비친 제네시스의 말투가 딱 그랬다. '세상은 심각해도 난 그걸 그대로 받아들이지 않을 거야.' 라고 귀엽게 받아치는 듯 들렸다.

유리의 태도

김은주-유리 편집

에디터 이주연
포토그래퍼 Hae Ran

오랜 시간 에디터와 편집자로 일하며 책을 꾸려온 김은주 작가는
이제 말이나 글이 아닌 유리를 편집한다. 유리와 유리 사이를 읽고,
유리에서 생명을 끌어내고, 유리를 매달거나 눕히면서 유리의 태도를
관찰한다. 작품들 곳곳에 사연이 숨어 있어 자꾸 귀 기울이게 되는
그의 유리는, 감히 말해보건대 사랑스럽다. 웅장하고 거대한 예술
세계에서 작고 귀여운 걸 마주하며 안심하게 되는 건 어떤 연유일까.

만나서 반가워요.

머리에 모빌이 닿는데 괜찮으세요? 모빌은 튼튼해서 괜찮은데, 불편하시면 조금 앞으로 옮기셔도 돼요.

아니에요. 유리끼리 부딪는 소리가 너무 예쁜걸요(웃음). 새해 어떻게 보내고 있나요?

수많은 토끼를 구우면서 보냈어요. 2019년부터 흑토끼로 짬짬이 작업해 왔는데 마침 올해가 흑토끼의 해더라고요. 검은 유리 파우더로 토끼를 그리듯 작업하는 건데 회화 느낌을 좋아해서 자주 시도하고 있어요. 유리는 회화 느낌을 내긴 힘든 재료잖아요. 근데 유리 파우더를 뿌리니까 수채화 분위기에 번지는 듯한 느낌도 있어서 마음에 들더라고요. 이 작은 유리방 안에도 토끼가 곳곳에 숨어 있어요. 진짜 토끼와 함께 보내는 해네요(웃음).

작은 유리방이라는 말이 참 귀여워요. 이 공간은 작업실인 거죠?

네. 제 첫 작업실이에요. 그 이전에는 다른 분들 작업실에서 얹혀 지내듯 작업해 왔는데, 집 근처에 작업실을 만드니 생활이 훨씬 좋아졌어요. 투룸을 구해서 하나는 작업실로, 다른 하나는 유리방으로 만들었어요. 종종 오픈도 해보려고 해요. 아주 자그마한, 귀여운 전시를 꾸리는 거죠. 갤러리나 미술관에서 하는 정제된 전시보다는… 사랑스럽고 작은 전시. 작업실을 구할 때 살림살이나 가구도 좀 있고, 사람 온기도 배어 있는 공간이면 좋겠다고 생각했어요. 그래야 제 유리 작업이 누군가의 집에 놓여도 어색하지 않을 것 같아서요.

안 그래도 누군가의 집에 초대받은 것 같다고 생각했어요. 저는 이 작은 전시장이 마음에 쏙 드는데, 왜 우리는 전시라고 하면 자연스레 조용한 갤러리나 웅장한 미술관부터 떠올리는 걸까요?

아트라는 게 생활과는 다른, 한 차원 위에 있는 거라고 생각해서일까요? 갤러리는 보통 일상의 소음을 제거한 분위기를 만드는데, 저는 물리적으로 잡음을 다 벗겨내고 작품에 집중하도록 만드는 것도 중요하다고 생각해요. 일상의 나와는 다른 차원의 무언가를 경험하는 거니까요. 예술의 가장 중요한 점은 아름다움일 거예요. 그 아름다움이란 꼭 잘 정제된 반짝거리는 것만을 이야기하는 건 아닌데요. 음, 이를테면 현대미술은 우리가 흔히 생각하는 고전적인 아름다움을 주는 게 아니라 어떤 충격이나 질문을 던지는 식이잖아요. 그러면 보기 싫은 현실과 마주할 때도 있는데, 그걸 감상하는 데서도 아름다움이 생겨난다고 봐요. 저는 제 작업을 좀더 편하게 보여줄 수 있는 이 공간이 만족스러워요. 여기서라면 제 작업이 더 아름다워 보인다고 생각하거든요. 작업을 계속해 나가다 보니 무엇보다 자기만족이 가장 중요하다는 걸 알게 됐어요.

이번 주말에 오픈 스튜디오를 앞두고 있죠?

네. 작년 12월에 처음 오픈해 봤는데 청소할 게 진짜 많더라고요. 12월에 한 번 정리하고, 오늘 손님맞이를 위해 또 청소해서 이 정도지, 정말 어수선했어요. 평소에는 유리 조각이 완전히 저를 감싸고 있거든요. 작업방에서 실컷 작업하다가 유리방으로 건너와 이 자리에 앉아 창밖 보는 걸 좋아하는데… 저기 나무 보이시나요?

겨울이라 잎이 없네요.

제가 좋아하는 나무예요. 사계절 내내 여기 앉아서 보곤 하는데, 저 감나무를 볼 때면 쉬는 듯한 기분이 들더라고요. 그래서 이 방에 뭔가를 놓고 누군가에게 보여주고 싶다고 생각하게 됐어요. 언어가 무언가를 지배할 때가 많으니까 갤러리라는 말은 좀 벅차고, 작은 유리방이라 부르고 싶었죠.

여기 놓인 유리 작품들을 보면 기분이 조금씩 귀여워져요.

제 작업을 보고 귀엽다고 해주시는 분들이 많은데 전 또 그런 걸 좋아해요(웃음). 사실 그런 표현은 예술과는 거리가 멀잖아요.

왜요, 예술도 귀여울 수 있죠.

음… 맞아요. 귀엽다는 말이 나오는 예술, 사랑스럽다는 말이 나오는 전시를 해나가고 싶어요.

작업실이 반지하인데도 해가 잘 드네요. 유리가 빛을 만나 한층 영롱해 보여요.

아침 8시 30분부터 11시까지 해가 예쁘게 들어요. 계절에 따라 빛 드는 각도가 다른데, 겨울엔 좀 깊숙하게 들어오는 편이에요. 유리라는 물성은 빛이 완성해 주는 부분이 있어서 지난 오픈 스튜디오가 참 좋았어요. 크리스마스 오너먼트를 만들어서 선보였는데, 빛이 유난히 예쁘게 들어서 방문해 주신 분들이 유리 물성을 다각도로 감상할 수 있겠다고 생각했거든요.

여기 있는 작품들은 제가 알던 유리랑은 조금 달라요. 따듯하달까요.

왜 그런 느낌이 나는지는 저도 설명할 길이 없는데, 아마 취향이 반영되는 것 같아요. 제가 좋아하는 분위기가 그러해서 만들 때도 저절로 그런 느낌이 나는 게

아닐까요? 스스로 따듯한 작업을 한다고 말하기 멋쩍은데 누군가 그렇게 말해 주니까 참 좋네요(웃음).

어느 인터뷰에서 나무나 섬유처럼 따듯한 소재를 좋아한다고 이야기하셨죠. 유리는 차가운 느낌이 들어서 처음에 손이 잘 안 갔다고요. 말씀하신 그 따듯함이 어떤 느낌이에요?

정확하게 설명하기 어렵지만… 질감이 있는 것? 섬유로 말하자면 보풀 같은 느낌, 나무로 이야기하자면 거친 나뭇결이 살아 있는, 샌딩되지 않은 상태의 나무라고 볼 수 있을 거예요. 유리는 아무래도 보편적인 이미지가 차갑고 매끈한 느낌이잖아요. 대놓고 반짝이는 소재라서 저랑은 잘 안 맞는다고 생각했어요. 꼭 작업 재료가 아니더라도 너무 정제되고 깨끗한 건 좋아하지 않는 편이거든요. 새 옷을 사면 빨아서 일부러 조금 헐게 만들어서 입을 정도로(웃음).

쭉 작가로 지내오셨을 것 같은데, 사실 긴 시간 책을 만들면서 살아오셨죠.

에디터와 편집자로 25년 넘게 일해왔어요. 하는 일이 바뀌면서 변한 게 참 많아요. 우선 시간을 쓰는 게 그래요. 회사에 다닐 땐 일 위주로 시간을 써야 했는데, 지금은 거의 비어 있는 시간이라 여유가 많아졌어요. 시간 쓰는 법이 달라져서 그런지 여기저기 눈길도 많이 가고, 동네를 둘러보는 일도 생겼죠. 옛날엔 걷기 바빴던 길인데 지금은 쪼그리고 앉아 작은 꽃이나 화단을 보기도 하고요. 투두리스트를 만들어서 체크하는 대신 '오늘 이거 만들까? 몇 개나 만들어 볼까?' 하면서 지내고 있어요. 못 하면 내일의 나에게 미룰 수 있다는 게 제일 좋아요(웃음).

마감 있는 삶에서 벗어난 거네요.

평생 마감 있는 삶을 살아왔지만 사실 마감이 매번 힘들었어요. 물론 마감 덕분에 성과를 내기도 했고, 에디터라는 직무는 저를 표현할 수 있는 직업이라 생각해서 좋았는데요. 전 아주 느슨한 사람인데 일정에 맞추려고 하니까 몸도 마음도 지치더라고요. 잡지 마감이 점점 힘들어져서 단행본 편집자가 되었고, 책을 만들며 지내오다 자연스럽게 다음 스텝으로 유리 작업을 시작했어요. 우연히 시작한 일인데 이렇게 직업이 될 줄은 몰랐어요. 저는 뭐든 느리고 성격도 물러서 주변 사람들이 다 걱정하는 유형이었거든요. "나 잘할 수 있어!" 하고 말하는 성격도 아니어서 저 또한 제 인생을 걱정했죠. 앞길을 생각하면 막막하더라고요.

엄청 부지런하신 줄 알았어요. 에디터, 편집자로 일하실 때도 계속 뭔가를 배우셨다고 들었거든요. "다른 사람 책을 내지 말고, 너의 취미 생활 변천사를 내라."는 이야기를 들을 정도로 취미가 많으셨다던데.

이상하게 작업하는 사람에 대한 동경이 컸어요. 그래서 작가 인터뷰를 유독 좋아했죠. 꼭 예술 분야가 아니더라도, 목공소나 철물점처럼 뭔가를 만들어 내는 공간이나 사람을 멋있다고 생각해 왔어요. 그런 의식들이 차곡차곡 쌓여 이런 사람이 되었나 싶기도 하고요. 취미는 회사 생활이 힘드니까 숨구멍으로 찾은 거였어요. 정말… 살려고(웃음). 취미 생활을 해나가면서 손을 많이 쓰면 머리가 맑아진다는 걸 알았어요. 처음 그걸 알려준 건 나무였죠. 저는 나무가 저랑 굉장히 잘 맞는다고 생각했어요. 특히 나무가 생명이 있는 재료라는 게 좋았어요. 에디터 직업병인지, 뭔가에 이야기를 덧대는 걸 좋아하는데요. 나무에도 인간적인 의미를 덧붙이다 보니 재료가 더 좋아지더라고요. 샌딩을 100방, 200방, 400방, 600방, 800방… 천몇 방까지 가면 사람 살결보다도 부드러워지는데, 그 순간을 위해 무념무상으로 샌딩하는 시간을 좋아했어요. 그때 처음으로 '너무 좋다….' 생각한 것 같아요. 작은 보드를 만들어서 사람들한테 선물도 많이

했죠. 그러다 스툴에 도전하면서 느꼈어요. '아, 오래는 못 하겠다.'

왜요?

스툴은 구조적이잖아요. 1밀리 차이로 너무 많은 게 틀어지더라고요. 저는 치밀한 사람이 아니라 계산이 잘 안 됐어요. 스트레스도 많이 받았고요. 한 단계 더 나아갈 동력이 있어야 계속하고 싶다는 마음이 생기는데 주춤거리게 되더라고요.

유리 작업에는 계산할 일이 없나요?

온도 조절이 좀 세밀한 편인데, 제 작업엔 온도가 절대적이지 않아요. 오히려 적절한 온도를 찾기 위해 매번 실험하는 편이죠. 유리는 과열되면 투명성을 잃어요. 그걸 '실투'라고 하는데요. 보통 사람들이 유리가 불투명해지면 실패한 거라고 여기지만 저는 결과물에 따라 그 과열된 느낌도 좋더라고요. 투명성을 잃은 반투명 상태. 유리 작업에 정답이 있는 것도 아니고, 제 작업을 누가 평가하는 것도 아니어서 매번 하는 실험이 정말 재미있었어요. 아마 전공한 분들이 보면 제 작업이 황당해 보일지도 몰라요. 그렇지만 저는 전통적인 유리를 하려는 건 아니니까, 제 마음대로 할 수 있다는 게 가장 좋아요. 보통은 유리의 투명함을 지키기 위해 노력하는데 저는 그걸 깨는 것도 재미있다고 생각해요.

반투명함에서 귀여운 느낌이 생기는 것 같아요. 유리를 배웠다가 잘 맞지 않아서 그만둔 걸로 알아요. 그러다가 부모님이 편찮으시고, 개인적으로 좀 힘들었을 때 '유리는 깨진다'는 사실에 위로받아 다시 관심을 갖게 되었다고요.

그 당시엔 모든 상황이 감당하기 힘들었어요. 제가 정신을 못 차리고 있으니까 유리 공예가 김기라 교수님이 작업실로 오라고 하셨어요. 가르쳐 주신다고요. 지금 생각하면 엄청난 일이죠. 근데 그땐 무게감에 짓눌려 푹 가라앉은 상태여서 그게 어떤 의미인지도 몰랐어요. 그때 선생님이 그러시더라고요. "나도 힘들게 지낸 시절이 있었는데 작업을 통해 다시 나를 찾았어요." 처음엔 '무슨 소리지?' 싶었는데, 한 달, 두 달, 세 달… 시간이 지나니까 어떤 의미인지 알게 됐어요. 작업하다 보면

완벽하게 몰입하는 순간이 와요. 그럼 유리와 나, 딱 둘만 남아요. 걱정은 보통 과거나 미래와 연관되어 있잖아요. 오롯이 지금에만 집중하니 걱정이나 상념 같은 게 서서히 사라지더라고요. 현재에 집중하는 게 나를 지키는 거란 걸 유리 작업하면서 알게 됐어요. 아마 그때 선생님을 만나지 않았더라면, 유리를 다시 시작하지 않았을지도 몰라요.

어떤 순간이 특히 좋아요?
가마에서 구워져 나온 유리를 볼 때요. '어떻게 이렇게 따듯해지지?'라는 생각을 처음 했을 때 유리가 정말 좋아졌어요.

유리 작업은 상상이 잘 안 돼요. 어떻게 작업하는지 들어볼 수 있나요?
유리라고 하면 대부분 "불어요?"라고 물으세요. 영화나 매체에서 블로잉 기법을 자주 보여주니까요. 저는 불어서 하는 기법은 사용하지 않고, 공예용 판유리를 잘라서 사용해요. 잘라서 만들고 가마 안에 넣는 거죠. 그러다 보니 평면 작업이 많아요. 유리 자르는 거 보실래요?

(작업방에 들어서며) 낮과 밤처럼 옆방이랑은 분위기가 정말 달라요.
여기가 훨씬 지저분하죠(웃음). 유리는 '자른다'기 보다는 '쪼갠다'는 표현이 더 맞는 것 같아요. 기본적으로 유리를 쪼갤 때는 유리칼과 오일 그리고 플라이어가 필요해요.

유리 편집이라는 이름을 쓰고 있지요. 유리로 무언가를 만들어 내는 데만 집중하는 것이 아니라, 거기에 색을 입히고 그림을 그리면서 이야기를 덧대는 것 같아요. 그게 편집처럼 보이고요.
저는 색유리를 겹치거나 섞어서 작업하는 걸 굉장히 좋아하는데 그 작업을 하면서 편집하고 비슷하다고 생각했어요. 굽기 전의 색유리는 색지랑 다를 것 없어 보이는데 가마에서 어떤 온도에 이르면 서로 스며들거든요. 그게 정말 마법 같아요. 이게 연금술인가, 싶을 정도로요. 색을 쓰기 시작하면서 유리에 깊이 빠져들었어요. 정말 미친 듯이 색을 조합하면서 지냈죠.

이렇게 유리칼에 오일을 묻혀 자를 부분에 길을 내듯이 슬쩍 선을 한 번 그어주고 다시 힘을 주면 자를 흔적이 남아요. 그리고 이 펜치같이 생긴 플라이어를 그 흔적 중앙에 대고 누르면 '쩍' 하고 유리가 잘라져요. 그래서 곡선이나 타원처럼 자유로운 도형을 자르기가 쉽지는 않아요.

쪼갠 유리를 가마에 넣으면 어떻게 변해요?
젤리 같아져요. 흘러내리지 않고 말랑말랑해지는 지점이 있는데, 그 온도일 때 따듯함이 만들어진다고 생각해요. 한 번 구우면 색도 조금 변하고요. 나이가 들면 뇌가 익숙한 거에 흥미를 느끼지 못해서 설렐 일이 잘 없거든요. 근데 가마를 여는 날은 엄청 설레요. 가마에 넣기 전에

새로운 걸 꼭 하나씩 만들어 넣고 있는데, 매번 가마 열 때마다 어떤 결과가 나올지 궁금해요. 오늘이 바로 가마 여는 날이네요(웃음).

설레는 상태겠군요! 유리 작업에는 늘 이야기가 함께인 것 같아요. 저는 '검은 새' 작품에 붙여 쓰신 글이 유독 좋았어요.

"어릴 때 연필 깎는 걸 좋아해서 친구들 것까지 일부러 깎아주는 아이였는데, 그때 연필심을 사각사각 깎아서 모아놓은 검은 연필 가루가 참 좋았어요. 고운 재 같기도 하고 검은 모래 같기도 해서요. 검은 새는 화사한 다른 돌 위의 새들보다 유난히 애정이 가는데 아마도 연필 가루가 곱게 내려앉은 듯한 느낌 때문에 그런 것 같아요."

이것도 직업병이에요(웃음). 편집자로 오래 살았기 때문에 의미를 부여하는 게 거의 생활이 됐어요. 저는 처음 유리를 배울 때, 학생들이 쓰고 남은 유리들로 작업을 하곤 했어요. 남은 것들을 모아 제 것으로 만드는 게 꼭 편집 같다고 생각했죠. 편집자 또한 누군가의 이야기를 저라는 필터를 통해 재구성하는 일이었으니까요. 같은 이야기여도 어떤 편집자를 통과하느냐에 따라 다른 시각이 나오거든요. 유리 역시 제 감각, 선택, 취향이 담긴다는 점에서 편집 같다고 생각해요.

유리와 다른 재료를 섞어 작업하는 것도 어떤 측면에선 편집일 수 있겠네요. 재료를 섞는 작업은 모빌을 만들 때 시작되었다고 들었어요. 평면인 유리 작품에 입체감을 불어넣고자 공중에 띄우는 방법을 생각하셨다고요.
모빌 작업 이후로 재료 섞는 걸 더 좋아하게 됐어요. 재작년인가, 요령 없이 하루 열 시간 이상을 작업만 하고 지내다 보니 어깨를 완전히 못 쓰던 시절이 있었어요. 그때 유리를 투과하던 빛이 눈에 띄었고, 모빌을 만들어 보고 싶다는 생각이 들었죠. 제 작업이 워낙 평면 형태다 보니 공중에 띄우면 좀더 입체감을 갖지 않을까 생각했거든요. 여러 가지 재료로 매달아 봤는데 금속선이 가장 잘 맞더라고요. 탄성이 있다는 것도 좋았죠. 한층 풍성한 공간감을 만들어 주었거든요.

왜 유리와 빛을 연결하고 싶었어요?
빛은 유리에 생명력을 불어넣어 줘요. 왜, 그림자가 없으면 귀신이라는 이야기가 있잖아요. 빛이 유리를 통과하면 그림자가 생겨요. 그런 모든 게 생명이 생기는 과정처럼 보였어요.

유리가 업이 된 데는 갤러리 우물에서 한 첫 전시가 큰 역할을 한 것 같아요.
맞아요. 회사를 그만두고 무언가를 해야겠다는 생각 없이 유리 작업만 하며 지내고 있었어요. 그 당시 재미있는 게 오직 유리밖에 없었거든요. 그러다 보니 작업이 꽤 쌓였는데, 어느 날 갤러리 우물 대표님이 "막연하게 작업만 하지 마시고 내년 3월에 전시하실래요?" 하고 제안해 주시더라고요. '날 뭘 믿고!' 생각할 겨를도 없이 "그럴까요?" 하면서 시작된 전시였어요. 비전공자에 경력도 없는 제가 전시라니, 아는 것도 없으면서 덜컥 하겠다고 하다니(웃음). 근데, 한 번 하고 나니까 계속해 보고 싶다는 생각이 들더라고요. 첫 전시니까 응원 차원에서 지인들이 제 작품을 많이 사주었거든요. 근데 그게 단순히 기념품으로 남으면 안 되겠다는 생각이 들었어요. 저를 믿고 응원해 준 사람들에게 나아지는 모습을 보여주고 싶었고, 제 유리 작업이 소장하고 싶은 물건이 되기를 바랐어요. '계속해 보자.'라는 단순한 마음으로 여기까지 왔어요.

전시가 일종의 촉발제가 된 거네요.
동기 유발이 된 거죠. 전시는 참 특별한 기회예요. 주제에 맞춰 이것저것 해보고, 흐름과 강약도 생각해 볼 수 있는 자리니까요. 이를테면 토끼가 주제인 전시라면 토끼로 수많은 것에 도전해 볼 수 있어요. 이 토끼, 저 토끼, 색깔도 형태도 다르게 마음껏 해볼 수 있죠. 전시라는 게 누군가에게 보여주는 자리다 보니 부담도 많이 되는데요. 앞으로도 제안이 오면 제 깜냥이 어떻든 무조건 한다고 할 거예요. 하다 보면 생각이나 작업이 좀더 확장되고 '이런 거 만들면 좋겠는데….' 하는 생각이 들어서 기법에도 점점 깊이가 생기거든요. 그러면 자연스럽게 기술도 늘고요.

작년에 《AROUND》도 10년이 되어서 사옥에서 기념할 만한 자리를 마련했거든요. 기획까지는 재미있었는데 그걸 공간에 풀어놓는 게 책이랑은 달라서 좀 헤매게 되더라고요.
잘 알죠(웃음). 텍스트는 사이사이 맥락을 생각하면 되는데 이건 실물이잖아요. 그래서 저도 설치가 가장 힘들어요. 전시할 때 가장 당황한 지점이 설치였어요. 한 번도 생각해 본 적 없던 일이어서요. 근데 보여준다는 건 결국 설치가 다라는 생각도 들어요. 지금도 제일 어렵고 고민을 많이 하는 게 설치예요. 그래도 요즘은 작은 유리방에서 아무 때나 연습을 해볼 수 있어서 감이 조금씩 생기고 있어요.

계속 눈길이 가는 작품이 있는데, 저 작은 화분에 꽂아둔 유리 작품은… 열매인가요?

맞아요. 실제 화분에 꽂고 자갈로 덮어두었어요. 요즘 식물을 모티프로 작업을 하나씩 해보고 있어요. 원래 저는 자연을 좋아하거나 식물을 관찰하는 편은 아니었거든요. 그러다 이 동네에 오고 나서 관심 가지는 분야가 좀 달라졌어요. 처음 눈여겨본 식물이 저 담벼락 아래 있는 화단인데요. 지금은 눈이 쌓여서 식물이 안 보이지만 봄, 여름, 가을에는 담벼락 아래 작은 식물이 옹기종기 모여 있어요. 이름표도 하나씩 꽂혀 있죠. 누군가의 작은 보살핌으로 여러 사람이 기쁨을 누리는 게 좋더라고요. 여기 작업실을 얻은 이후로 쪼그리고 앉아 화단 보는 일이 많아졌는데, 식물 형태가 매번 달라지는 게 신기했어요. 식물의 생장을 유리로 표현해 봐도 재미있겠다 싶어서 시작한 작업이에요. 작년 12월에 크리스마스 오너먼트를 만들면서 나무를 많이 만들었거든요. 겨울엔 색이 별로 없으니까 붉은 열매 같은 걸 함께 만들어도 좋겠다 싶어서 붉은 열매로 시작했고, 그 뒤엔 봄의 시작을 표현하고 싶어서 산수유 같은 노랑을 만들어 보았어요. 봄의 환희, 기쁨, 들뜸을 담았죠. 하다 보니까 잎도 만들어 보고 싶고, 큰 열매도 해보고 싶어서 점점 발전해 나가는 단계예요. 이것저것 만들고 이 유리방에 쭉 펼쳐놓은 다음 저만을 위해 전시를 열고는 스토리텔링을 해나가고 있어요. 처음엔 유리만 두었는데, 다른 유리와 조합해 보고 진짜 식물과도 배치해 보고, 이렇게 화분에도 꽂아보고…. 여유가 생기면서 주변을 둘러보게 되니까 식물에도 눈길이 가고 작업으로 이어지기도 해요.

생활의 여유가 관찰을 가능하게 해준 거네요.

데이비드 호크니는 회화의 생명력은 '나를 통과할 때 나오는 것'이라고 이야기해요. 실물을 비슷하게 그리는 게 전부가 아니라 나의 해석이 필요하다는 거죠. 그렇게 하기 위해서는 오래 바라보기가 핵심이라고 하고요. 무언가를 오래 바라본다는 건 현재에 집중한다는 이야기 같아요. 호크니는 "예술은 현재다."라고도 이야기하는데요. 처음엔 무슨 말인지 잘 몰랐는데, 유리에 집중할 때 저와 유리만 남는 것과 같은 맥락이란 생각이 들더라고요. 지금 이 시간과 온전히 마주할 수 있는 게 호크니가 말한 예술이 아닐까, 그게 여유에서 비롯되는 게 아닐까….

요즘은 여유가 생겼을 때 어떤 걸 관찰하면서 지내요?

유리요(웃음). 저는 작업이 노동이라는 생각을 잘 안 해요. 종일 유리를 관찰하고 작업하면서 지내고 있죠. 아, 근데 유리 주문을 받는 건 좀 다른 문제예요. 주문받고 나면 작업이 노동처럼 느껴지더라고요. 주문받아서 작업하고, 판매해서 수익이 생기는 건 분명히 좋은 일인데 어떤 의미에서는 이 작업을 일로 받아들이고 싶지 않아서 재미에 더 집중하게 되는 것 같아요. 그렇다고 수익 없이 작업만 할 순 없으니까 그걸 보완하기 위해 작업실을 주기적으로 오픈하려고 하는 거고요. 그럼 제 작업을 직접 보신 분들이 마음에 드는 걸 한 점씩 가져갈 수 있지 않을까요? 이 자리에서 유리를 보고 느낀 감정과 기분도 함께 가져가시면 좋겠어요. 유리를 볼 때마다 여기서의 기억이 떠오르면 더 좋을 거고요.

혹시… 저도 구매할 수 있나요?

어떤 거 갖고 싶으세요? 일하러 와서 괜히 지갑 열지 마세요(웃음).

새해 선물로 좋을 것 같아서요. 저기, 포토그래퍼도 눈독 들이는 게 있는 것 같은데요(웃음)?

대화와 촬영을 마친 뒤, 한껏 올라간 어깨를 내리며 입을 모아 말했다. "와, 이제 긴장이 풀리네요." 우리는 손에 쥔 모든 장비를 내려두고 서랍을 칸칸이 열며, 선반 위에 가볍게 놓인 유리들을 매만지며 유리의 태도를 유심히 살폈다. 마음에 드는 유리를 몇 개씩 집어 들고 적당한 금액을 지불한다. 간단한 포장을 기다리면서 이토록 작고 귀여운 예술이 곁에 있음이 기껍다고 몇 번이나 생각했다. 누군가의 애씀이 내게로 와 다시 따듯해지는 일, 그것이야말로 예술이 할 수 있는 멋진 순환이 아닐까. 집에 돌아와 흑토끼 접시를 엄마에게 내밀었다. "이걸 어떻게 쓰니!" 하고 말씀하시는 엄마 입꼬리가 유난히 예쁘게 올라가 있는 것 같아 금세 기분이 좋아진다.

회현동 언덕배기에 묵묵히 자리한 피크닉은 바쁘게 흘러가는 도심 속에서 소풍 같은 휴식을 즐길 수 있는 공간이다. 루프탑에 올라, 계절이 스며있는 밤을 등지고선 우뚝 솟아있는 옥외 간판을 마주할 때 이에 대해 실감하게 된다. 전시 테마에 맞춰 자유자재로 모습을 바꾸는 루프탑은 재스퍼 모리슨의 가구를 직접 체험해보는 라운지가 되기도, 마음을 다스리는 차 한 잔을 마시고선 멀리 보이는 풍경을 감상하는 중정이 되기도 한다. 공간을 한껏 누린 뒤 무구한 빛을 내는 'piknic' 아래 서서 회현 일대를 굽어보고 있자면 형용할 수 없는 아득함이 밀려온다. 그 순간, 우리는 어렴풋이 짐작하고야 만다. 계절마다 걸음을 옮겨 이 풍경을 보러 오게 될 것만 같다고. 자리에 서서 계절이 바뀌는 모습을 바라보게 될 것이라고.

루프탑에서 만나요

에디터 오은재
자료 제공 피크닉

옥상으로 향하는 여정

피크닉에 가려고 지하철역 입구로 빠져나오자마자 삶의 흔적이 오롯이 묻어나는 풍경이 펼쳐진다. 피크닉이 이곳에 터를 잡기 전까지, '회현'은 종착지가 아닌 경유지에 불과했다. 정겨운 향취가 배어 있는 시장과 서울의 랜드마크인 남산으로 향하는 순환로.
그 사이를 채우고 있는 오래된 주택과 사이사이 위치한 작은 가게들. 잠시 들렀다 갈 곳이라곤 주민들과 상인들이 막간을 이용해 끼니를 때우고선 그릇의 바닥이 보일 때쯤 자리를 뜨는 식당이 전부인 그곳. 2016년 가을, 〈ECM: 침묵 다음으로 아름다운 소리〉와 〈즐거운 나의 집〉을 통해 전시기획자의 자력을 보여준 김범상 대표는 감도 높은 기획을 담아낼 만한 공간을 찾고자 이곳을 방문했다. 잠깐의 머무름이 전부인 동네에서 그를 사로잡았던 것은 옛 골목에 서려 있는 고즈넉한 정취였다. 골목 사이에 숨어 있는 전시장으로 통하는 쪽문을 찾기 위해 동네 구석구석을 헤매다 보면 그 짧은 사이에 매력을 알아차리게 된다. 그는 한 매체에서 접근하기 어려울수록 사람들의 호기심을 자극한다는 이야기를 전했다. 동네 지리가 익숙지 않은 초행길에는 다소 각박한 경사의 비탈길을 오르게 되는 일이 다반사다. '이렇게까지 해야 하나?'라는 생각이 불쑥 치밀어 오르다가도 오기가 생겨 걸음을 무를 수도 없다. 그 끝에 마주하게 되는 1970년대 제약회사의 사옥이었던 붉은 건물은 온 마음을 뺏기게 될 정도로 아름답다. 그가 이곳에 터를 잡게 된 결정적인 이유는 바로 옥상에서 바라본 풍경 때문이기도 하다. 피크닉의 루프탑은 서울의 낭만을 만끽하기에 더할 나위 없이 좋은 공간이다. 로고를 기준으로 왼편을 바라보면 웅장한 건물 숲이 만들어낸 차분한 감각을, 고개를 돌리면 남산이 전해주는 푸릇한 기운을 받을 수 있다. 르코르뷔지에가 빌라 사보아에 옥상 정원을 만들어 사람들에게 휴식을 선물했듯, 그는 빼곡한 일상의 풍경에 몇 평의 틈을 내었다. 그렇게 회현 하면 피크닉, 피크닉 하면 단숨에 루프탑 풍경과 로고를 떠올릴 정도로 상징적인 공간이 되었다.

전시의 여운을 느끼기 좋은 피크닉의 옥상

한국 조경의 선구자로 불리는
정영선 소장의 손길이 닿은 조경

차곡차곡 쌓인 서사를 읽어 내리며

피크닉의 전시는 한 권의 책처럼 읽힌다. 혹은 공들여 만든 다큐멘터리처럼 장면마다 질문을 남긴다. 이러한 비유가 성립하는 데엔, '서사'가 스며 있기 때문이다. 화이트큐브가 작품 감상에 최적의 환경을 선사한다면, 피크닉의 공간들은 단순히 작품들을 보여주는 데에서 끝나지 않는다. 그 너머의 이야기를 읽게 만든다.

"장르를 횡단하며 자신의 예술적 영역을 확장해 가는 예술가를 동경해 왔습니다." 피크닉의 첫 전시로 '류이치 사카모토Sakamoto Ryūichi'의 삶과 예술을 다룬 것은 이러한 이유에서였다. 빔 벤더스Wim Wenders 감독의 다큐멘터리처럼 한 사람의 일생을 면밀하게 들여다보는 작품들을 추종했던 김범상 대표는 '기획자의 글'에 적은 첫 문장을 주축으로 삼아 각 분야에서 큰 획을 그은 예술가들의 궤적을 진득하게 선보였다. 한평생 좋은 물건에 대해 고찰한 재스퍼 모리슨Jasper Morrison의 철학을 보여주고자 전시장 내부에 길고 긴 목재 프레임을 설치했다. 그 위에 그가 발표한 100여 가지 제품을 빠짐없이 진열하고 아이디어 스케치, 비하인드 스토리가 담긴 작업 노트를 발췌했다. 독일의 현대 무용가 피나바우슈Pina Bausch의 무대를 디자인한 페터 팝스트Peter Pabst와 함께한 전시에선 공간마다 그의 무대를 본떠 재현해 놓았다. 관람객은 무용수가 되어 자작나무가 펼쳐진 눈길을 헤매고, 카네이션이 가득한 너른 들판을 걸으며 한 예술가의 일대기를 온몸으로 경험하게 된다.

다음은 어떤 인물을 지독하게 파고들까. 이러한 기대와 예상을 뛰어넘고 돌연 다음 전시의 주제로 '명상'이란 단어를 내건다. 확고한 예술관을 지닌 인물들을 다루다, 다소 실험적인 노선을 택한 것은 피크닉이란 공간 이 관람객의 감정에 집중하기 때문이다. 개별적인 작품들을 충실히 감상하는 것을 넘어, 전시장에 입장하여 출구로 빠져나올 때까지의 호흡과 한 사람의 내적 리듬이 조화를 이루기 위해서는 기획자의 선택과 배열이 중요하다. 어두운 공간을 걷고 숨 쉬며 내면을 들여다보게끔 구성한 '명상'은 관람객들의 인원수를 조정하고 핸드폰 촬영 또한 제한을 두었다. '정원 만들기'에서는 몇 평의 땅을 가꾸는 일의 가치와 수고로움을 이야기하고자 피크닉 안팎을 거대한 정원으로 만들기에 이른다. 하나의 주제를 깊이 있게 풀어낼 방법을 줄곧 고민해 온 그는 유례없는 팬데믹 시대 속에서도 관람객들이 공간을 충분히 누리도록 시의성 있는 주제에 '피크닉'만의 관점을 더해 조명했다.

드리스 반 노튼 패션쇼에서 영감을 받아 만든 카페 피크닉

카페 피크닉 전경

피크닉 입구로 들어오자마자 보이는 외관

차분한 계절을 밝히는 예술의 빛

계절마다 피크닉이 그려내는 색다른 풍경들을 사랑한다. 그중 가장 기다려지는 것은, 단연코 겨울이다. 사계절을 돌아 남산의 빛이 부쩍 차분해질 때쯤, 피크닉을 꾸려가는 이들은 추운 계절에만 만날 수 있는 특별한 풍경을 준비하느라 분주해진다. 스크린에서 흘러나온 빛과 선율, 담담한 목소리가 밤을 밝히면 앙상한 가지만 남은 남산 풍경 위로 피크닉의 온화한 불빛이 스며든다.

음악 감상회

지금의 피크닉이 있기 이전, 김범상 대표가 처음으로 기획을 맡았던 〈ECM: 침묵 다음으로 아름다운 소리〉는 음악을 주제로 한 전시였다. 당시 그는 ECM의 음악을 감상할 수 있는 최상의 환경을 조성하고자 전시장 메인홀에 오디오와 빈백을 배치하였다. 듣는 것에 진심인 사람이 만들어낸, 기존의 전시장에서는 만나볼 수 없던 풍경은 관람객들을 감응하게 했다. '음악 감상회'는 이 연장선에 있다. 특별한 수고를 들이지 않아도 쉽게 음악을 들을 수 있는 요즘, 선곡한 이의 취향과 그에 담긴 이야기를 헤아리며 플레이리스트를 훑는 경험은 공들여 음악을 들을 때만 느낄 수 있는 감동을 준다.

편안한 분위기 속 선율에 몰입할 수 있는
음악 감상회

무성영화 극장

음향과 대사가 배제된 조건 속에서도 무성 영화는 당대 관객을 매료시켰다. 그들을 사로잡은 건, 지루한 적막을 메우는 음악가의 생동감 넘치는 연주 덕분이었다. 소리 없이 흐르던 영상에 연주자 고유의 에너지가 스민 사운드트랙이 더해지면 인물의 격한 몸짓은 이전과는 다른 리듬을 지닌다. 더불어 사람들의 반응부터 음악에 맞춰 까딱이는 고개, 다음 장면을 위해 악보를 넘기는 연주자의 잔 기척까지도 흑백 화면에 생기를 더한다. 매회 다른 오케스트라가 모여 저마다의 화음을 연주할 때, 비로소 영화는 완성되고야 만다.

버스터 키튼 〈카메라맨〉(1928)과
재즈 뮤지션 윤석철의 연주가 함께한 무성영화 극장

소설 극장

침침한 공간을 나직하게 밝히는 핀 조명 아래, 작가가 모노드라마의 배우처럼 자리에 앉아 있다. 그들의 손에 쥐어진 대본은 다름 아닌 자신이 집필한 소설이다. 숱한 밤을 지새우며 고심해서 적어나간 첫 문장이 그의 입에서 흘러나올 때, 스크린에서는 활자로 적힌 장면들을 이미지화한 영상이 재생된다. 그곳에서 작가는 이야기를 전달하는 화자가 되거나 이 극을 끌어나가는 배우가 되기도 하고, 공간의 분위기를 지휘하는 연출가가 될 수도 있다. 작가의 호흡에 발맞춰 오감을 사용하여 텍스트를 읽는 동안 새로운 감각들이 마구 틈입한다.

황정은 작가의 〈낙하하다〉를 들을 수 있었던 소설 극장

여운을 오래도록 간직하며

순간을 붙잡아 둘 사물

작품을 감상하는 동안 느낀 아찔한 감각은 전시장을 벗어나자마자 거짓말처럼 휘발되고야 만다. 그것이 못내 아쉬워질 때면, shop piknic에 들러 그 순간을 오래도록 기념할 만한 굿즈를 구매한다. 내 방 책상 위 사울 레이터의 시선이 담긴 문진과 류이치 사카모토의 [Three] 앨범은 그날의 기분을 고스란히 간직하고 있다. 둥근 유리 속 눈 내리는 풍경과 낮은 화음을 감상할 때마다 어둑한 전시장에서 삼킨 감정들이 생생하게 살아난다.

느적느적 소월길 산책

좋은 작품을 보고 난 뒤에는 오래도록 걸으며 생각을 정리하고 싶어진다. 전시장에서의 걸음을 이어 나가고 싶은 날엔 소월로로 향한다. 사람이 없어 한산한 소월로는 여운을 소화하기에 딱 좋은 산책 코스이기도 하다. 숨이 찰 때까지 걸어 올라 남산도서관을 돌고선 다시 느릿하게 회현역으로 내려오는 길엔 어쩐지 꿈속을 걷는 것처럼 몽롱하고도 충만한 기분에 사로잡히고야 만다.

혀끝에 남은 이야기

마음 잘 맞는 친구와 함께 전시를 보는 날엔 무언의 규칙이 있다. 작품을 보는 도중엔 침묵할 것. 입을 굳게 다물고 각자의 박자대로 전시를 보고 나와서는 밀린 대화를 나누기 위해 bar piknic으로 향한다. 마음에 머문 감상들을 꺼내어 본 후, 그날의 여운을 갈무리 해 줄 와인 한 모금을 머금어 본다. 이루 다 말할 수 없이 완벽한 마침표구나, 싶어진다.

강요배, 쳐라 쳐라, 캔버스에 아크릴,
520X194cm, 2021, 피크닉 〈국내여행〉 전시 중에서

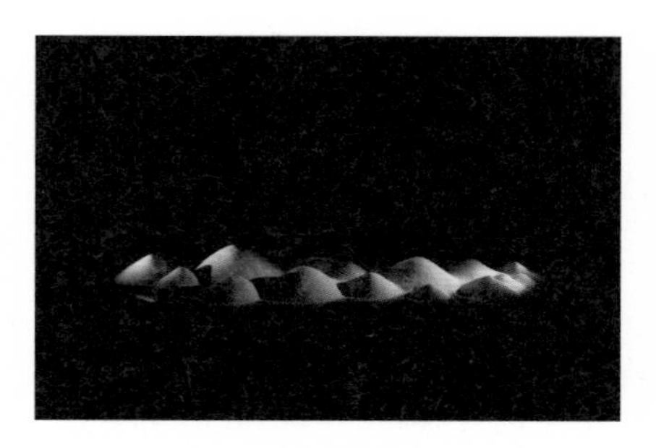

여신동, 고분 명상, 혼합 매체, 가변 설치,
2022, 피크닉 〈국내여행〉 전시 중에서

식물 곁에 가면 자연스레 자세가 꼿꼿해지고 온몸이 맑아진다.
식물관PH의 창을 통해 하염없이 쏟아지던 햇볕은 따스했고
그 아래 선 식물들은 바깥의 추위를 잊고선 무성하게도 펼쳐져 있었다.
싱그러운 풍경을 배경 삼아, 시종일관 미소를 머금고 있던 유민예는
울창한 기운을 지녔다. 그런 그가 엮어 만든 초록 줄기들은 부지런히
꿈틀거리며 '밍예스' 유니버스 너머로 뻗어나가는 중이다.

돌진하는 식물의 자세로

유민예—아티스트

에디터 오은재
포토그래퍼 최모레

작년 한 해 동안 숨 쉴 틈 없이, 치열하게 지냈다고 들었어요.

감사하게도 한 해 동안 작업물을 선보일 기회가 많았어요. 그렇다고 해서 숨 쉴 틈 없을 정도는 아니었고요. 잡생각할 겨를 없이 계속 작품 활동을 이어왔어요. 제가 한 해를 정리하면서 살펴봤는데, 확실히 2022년 작업량이 제일 많더라고요. 제가 작업한 기간이 2년 반에서 3년 정도 되는데, 많은 분과 작업하며 도약할 수 있었죠.

그러게요. 신진 작가들에겐 이런 기회가 흔치 않잖아요.

맞아요. 작년에는 팬데믹 이슈가 극심하기도 했고, 제 작업의 키워드인 '정원'이 이와 맞아떨어져서 기회가 많았죠. 올해는 상황과 관계없이 제 작업물만 보고 많이 찾아주셔서 마음이 좋았어요.

이제 민예 씨만의 흐름이 생긴 거네요. 아, 그렇다면 이렇게 된 김에 민예 씨 소개를 해볼까요?

안녕하세요. 저는 '밍예스' 프로젝트를 꾸려나가고 있는 유민예입니다. 식물과 예술의 경계에서 다양한 작업들을 이어나가고 있어요.

본명에 'yes!'라는 단어를 덧붙여 밍예스라는 이름을 지었다고 들었어요. 이름에 작품을 통해 긍정적인 기운을 전달하고자 하는 포부를 담았다면서요.

저는 항상 'Good Vibe'를 추구하거든요. 인생을 최대한 즐기면서 지내고 싶어요. 애초에 우울한 감정을 오래 담아두려고 하지 않고요.

민예 씨가 생각하는 좋은 기운이 뭘까요?

사실은 질문지를 받고선, 이 질문에 대한 답을 되게 오래 고민했어요. '무엇이 나에게 긍정적인 기운일까?' 하고요. 어쩌면 명확하게 정의를 내려본 적이 없는 것 같기도 해요. 저는 귀여운 걸 되게 사랑하거든요. 그래서 제가 뭔가를 볼 때 '귀엽다'는 감정이 들면 그 순간부터 기분이 좀 좋아져요.

그런 감정은 즉각적으로 찾아오는 것 같아요.

좋은 걸 보면, 바로 '좋다!'고 생각하게 되잖아요. 제가 생각하는 좋은 기운도 딱 그 정도예요. 그런 즐거운 감정에 저만의 스토리와 철학을 녹여내서 전달하고 싶어요. 관람객들도 제 작품을 보며 긍정적인 기운을 받아 가시길 바라고요.

최근에 좋은 기운을 느낀 적이 있나요?

지난여름에 덕수궁 시립미술관에서 장-미셸 오토니엘Jean-Michel Othoniel 작가님 전시를 굉장히 즐겁게 보았어요. 평소에 소재를 통해 자신의 정체성을 구축해 나간 작가들의 작품을 좋아해요. '장-미셸 오토니엘' 하면 유리를 가공해 만든 블록이나 구슬 연작 시리즈가 먼저 떠오르잖아요. 기존 작업 방식에서 확장된 작품들을 이번 전시에서 선보였더라고요. 무엇보다도 이를 덕수궁 정원 연못에 알맞게 배치하여 자연스럽게 녹여낸 게 흥미로웠어요. 한 작품을 공감각적으로 경험할 수 있어서 인상 깊었죠. 아, 그리고 지금도 좋은데요(웃음). 오늘 날씨도 정말 좋고, 대화도 재미있고요.

매사에 긍정적인 편인가 봐요. 가만 보니, 민예 씨랑 작품 모두 산뜻한 에너지가 느껴진다는 점이 정말 닮은 것 같아요.

오, 정말요? 감사합니다. 자연을 주제로 한 작업을 계속해 오면서, 줄곧 제가 좋아하는 것과 멋있다고 생각하는 것들을 작품으로 만들었거든요. 그러다 보니, 저라는 사람에 대해서 자연스럽게 생각하게 되더라고요. 종국에는 나란 사람 그 자체를 작품으로 치환하는 느낌을 받을 때도 있고요. 관심사부터 시작해서 좋아하는 색이나 느낌을 시각화하려고 노력하고 있어요.

밍예스 프로젝트의 첫 시작은 카페 한구석에서 시작되었지요.

학부 시절, 각자 하고 싶은 프로젝트를 진행하는 수업을 들은 적이 있어요. 당시 저는 산업 디자인을 전공했는데, 예술적인 오브제나 공간 연출에 관심이 많았거든요. 텍스타일 작업을 해서 일주일 정도 전시를 하고 마무리 짓는 걸로 계획했죠. 다만 전 학생이다 보니, 갤러리 섭외가 어려울 것 같았어요. 어떤 공간이 좋을지 고민하다 한 카페를 찾게 되었어요. 그즈음이 갤러리뿐만 아니라 문화 공간이나 상업 공간에도 작품이 전시되기 시작하던 때였거든요. 저도 그런 작품을 만들고 싶었어요. 사람들 곁에 툭 놓인 채로 좋은 감정을 불러일으키는 오브제요. 제 작품이 적당한 자리를 찾았을 때, 정말 설렜던 기억이 나요.

지금 인터뷰를 하는 식물관PH 또한 민예 씨 작업과 너무나도 잘 어울리는 공간이에요. 이곳에서 연말 동안 개인전을 진행했죠?

원래 이곳을 알고 있었어요. 제 노트에는 전시해 보고 싶은 공간 리스트가 빼곡하게 적혀 있어요. 식물관PH도 그중 하나였는데 딱 올해 초에 제안이 와서 너무 기뻤어요. 전시장 내부에는 통창이 크게 나 있어서 빛이 환하게 들어와요. 그 풍경을 보며 어떤 주제로 전시를 꾸릴지 고민했어요. 제 작업은 다른 조형물들처럼 고정되어 있지 않고, 실을 엮어 작은 소재를 만들어서 입체 작품으로 합치거나 평면 작업으로 해체하며 재조립하는 방식으로 진행이 돼요. 그래서 전시가 잡히면 공간의 특성과 잘 맞는 주제를 선정해요. 작업하고 싶은 주제들도 미리 적어놨거든요. 그중에서 '식물의 성장'과 연관된 단어를 발견해서, '아 이 공간에서 이 이야기를 하면 되겠다!' 싶었죠.

평소에 기록을 엄청 많이 하시나 봐요.
작업 노트라고 부르는 공책이 있어요. 식물을 소재로 작업하다 보니 관련된 책이나 논문을 시간 날 때마다 틈틈이 읽어요. 마음에 든 문장이나 단어를 발견하거나 나중에 활용하고 싶은 동사들이 생각나면 적어둬요. 그렇게 적립해 두었다가 전시 제안이나 협업 문의가 오면 노트를 펼쳐보곤 해요. 이 공간이나 브랜드랑 어울릴 만한 단어가 있나, 이번 전시에 쓸 만한 이야기가 있나 찾아내죠.

실을 엮듯이 아이디어들을 조합해서 하나의 이야기를 만들어 내는 거군요.
그렇게 느껴질 수도 있겠네요. 최대한 유연하게 작업하려고 해요. 어떤 공간이나 브랜드가 가진 특성과 내 이야기를 알맞게 엮었을 때 희열감이 느껴지거든요. 이전에 '원형들'과 협업하면서 팝업 스토어를 연 적이 있어요. 어떻게 하면 원형들 특유의 독특한 디저트들과 텍스타일 작업이 잘 어우러질 수 있을까 고민하다가 공책을 펼쳐보았어요. 목록 중 '시드볼Seed ball'이란 단어를 발견했죠.

시드볼이요?
한국어로 직역하면 '씨앗공'이라는 뜻인데, 40개 이상의 씨앗을 종 구분 없이 뭉쳐서 만든 것이라고 해요. 그걸 땅에 툭 던져 놓으면, 거기서 각종 풀이 자라나는 거죠. 일종의 농작법 중 하나인데, 작은 공 하나에서 시작해 정원이 탄생하는 게 신기해서 적어둔 기억이 나요. 그걸 보고 원형들 측에 시드볼 형태의 케이크를 제작해 달라고 의뢰했어요. 제 작업은 그 케이크에서 탄생한 미지의 이끼인 셈이죠.

이후 프로젝트에선 점점 식물들이 자리를 확장해 나가죠. 그 식물들은 이내 우리 몸보다 크게 자라 공간을 장악해 버리기도 하고요.
이끼는 성장하면서 증식하잖아요. 그런 식물의 속성이 제 작업에 스며 있기도 해요. 항상 지속 가능성을 고민하면서 작품을 만드는 편이에요. 매번 조각 하나를 제작하고 나서 '나중에 다른 작업이랑 합쳐서 또 사용해야겠다.'는 마음으로 보관해 두거든요. 와중에 제게 우연한 기회가 많이 찾아오면서 작업량이 늘어났고, 끝나고 나니 재사용할 수 있는 패널들이 어마어마하게 많이 쌓였더라고요. 그걸 다 이어 붙이다 보니 자연스럽게 커진 거죠.

그렇다면 큰 조형물은 민예 씨가 지나온 시간을 고스란히 담고 있겠네요?
'Stem series'의 줄기 윗부분엔 초기 작품들도 뭉쳐져 있어요. 시간이 갈수록 실 색이 바래가고, 올이 풀리면서 촉감도 좀더 몽실몽실해지거든요. 그걸 보면 감회가 새롭죠. 그렇다고 해서 회상에 젖는 건 아니고요(웃음). '나 작업 진짜 많이 했구나.' 실감해요. 조각 하나 만드는 데 대략 한 시간 반 정도 걸리거든요. 줄기 하나당 들인 시간을 가늠하다 보면 '고생했다!' 싶죠.

나보다 몇 배는 큰 작업물을 만드실 때 작업물이 나를 압도해 버릴 것 같다는 생각이 들진 않나요?
이 질문을 보고 기분이 좋았던 게, 이런 물음을 던진 사람이 처음이에요(웃음). 앞서 언급했듯이, 사람들이 설치 미술을 보며 공감각적 경험을 할 수 있는 데엔 작품 크기도 한몫한다고 생각해요. 이번 개인전을 꾸릴 때도, 전시장에 들어오자마자 즉각적으로 '우와!' 하고 탄성을 내지르게 되길 바랐어요. 실은 저는 제 작품을 마주할 때보다 전시를 준비할 때 실감하곤 해요. 큰 줄기 하나가 40킬로에 육박하거든요. 절대 혼자서 못 옮겨요. 그래서 예전에는 보통 설치를 하면 아버지랑 함께 하거나 친구들이 도와주었거든요. 이제는 업체를 꼭 동원해야 해요. 어쨌든, 이런 질문을 해주시니 제가 의도한 바가 잘 전달되었구나 싶어서 기뻤어요.

이번 전시는 '식물의 성장'에 주목했어요. "중력이라는 균형 에너지 속에 빛이라는 목표를 향해 돌진하며 꿈틀거리는 줄기는 인간의 삶과 닮아 있다."고 설명하며 이를 인간의 성장과 연결시켰지요.
이번 전시를 꾸리면서 그간 해오던 평면 작업들을 입체 조형물로 제작해 봐야겠단 결심을 했어요. 이를 줄기의 속성과 연결하면 재미있을 것 같았죠. 마침 제 동생이 농대를 다니거든요. 식물생산과학부에 속해 있어서, 생물에 대한 지식이 필요할 땐 자문을 구하는 편이에요.

와, 동생과 대화 거리가 넘쳐나겠네요.
이번에도 제가 하고 싶은 작업을 이야기하며 대화를 나눴는데, 흥미로운 키워드를 알려주더라고요. 식물은

자라면서 빛을 향해 뻗어나가고, 중력에 의해 땅에 뿌리를 내리게 되잖아요. 전자를 '굴광성', 후자를 '굴중성'이라고 한대요. 이 두 과정을 거치면서 자신만의 위치를 잡아간다더라고요. 그 이야기를 듣는데, 인간이 자기 삶 속에서 성장하며 자리를 만들어 가는 과정과 닮았단 생각이 들었죠. 거기에 힌트를 얻어서 스토리텔링을 구상하기 시작했어요.

"인간의 삶 역시 창조적 긴장의 과정이 역설적으로 꿈틀거리는 성장을 당겨온다."고 했죠. 대부분 긴장이나 불안을 부정적인 감정이라고 여기는데, 민예 씨는 다른 차원에서 접근했더라고요.
사람들이 삶의 균형을 찾고자 고군분투하는 걸 보면 긍정적인 긴장감이 느껴져요. 우리는 늘 무언가를 시도하기 위해 갈등하고, 생각을 거듭하고, 노력하죠. 저도 작년에 작업을 하면서 좀더 나은 방향을 찾고자 열심히 고민했던 시기를 보냈어요. '치열함'이 성장의 발판이 되어주었죠. 긴장감은 성장을 위해 꼭 거쳐야 하는 감정 같아요. 마냥 부정적으로만 느껴지진 않아요.

민예 씨는 그 '긴장의 시기'를 어떻게 지나왔어요?
힘들긴 했지만, 이 시기를 지나면 분명히 성장할 걸 아니까 할 수 있는 선에서 열심히 고민하고 탐구하려 했어요. 저는 그런 과정이 좀 재미있기도 해요. 삶에 목표가 없을 때 더 지루해하는 편이라 최대한 열정적으로 지내려고 노력해요.

고통을 즐길 수가 있다니(웃음).
피할 수 없으면, 즐겨라(웃음)!

그렇다면 민예 씨를 성장하게 만든 자극제가 궁금해요. 민예 씨만의 햇빛은 무엇이었을까요?
돌이켜봤는데, 아무래도 사람들에게 작품을 선보일 기회가 많았던 게 큰 몫을 했어요. 저는 어쨌든 운이 좋은 사람이에요. 작가들에게 그런 기회가 자주 찾아오진 않잖아요. 이번 전시에도 많은 분들이 찾아와 주셨고, 작품을 보고 이런저런 피드백을 나눠 주셨어요. 그런 만남에서 얻는 자극이 커요. 앞으로도 제 작품을 마주하는 분들께 새로운 미감을 전해드리고 싶어요. 그러기 위해선 다음 작업의 방향성을 생각해 봐야겠죠.

혹시 떠올린 것이 있나요?
오, 한번 말해볼까요? 과학적인 이론 중 하나인데, 정확한 단어가 생각이 잘 안 나요. 일단 이야기해 보자면요, 식물이 자랄 때 무조건 원형 운동을 하면서 성장한대요. 그런데 생각해 보면 저희의 삶도 다를 바가 없잖아요. 지구가 돌고 있으니, 그곳에 살고 있는 우리도 같은 궤도를 그리고 있겠죠. 그렇다면 우리 또한 원형 운동을 하며 자라는 것이 아닐까, 하고 생각하면서 작업을 해나가고 있어요. 지구도 돌고, 식물도 돌고, 우리도 돌고….

재미있는 발상이에요. 어떤 작업으로 탄생할지 궁금해요.
제 머릿속에만 존재하는 생각을 멋지게 풀어내고 싶어요. 저는 관람객들에게 자유롭게 만지면서 촉감을 느껴보시라고 권해요. 실제로 만져보고 앉아보는 행위를 통해 눈앞의 작품을 탐구하고 소통할 수 있잖아요. 이왕이면 재미있게 관람하시길 바라며, 제 작품에도 유희적인 요소를 첨가하려 해요. 긍정적인 에너지는 인간이 느끼는 솔직한 즐거움에서 탄생한다고 생각하거든요.

작업을 위해서 식물을 관찰하다 보면 자연에서 배우게 되는 점들이 있겠죠.
배운다기보단 신기하다 싶은 것들이 몇 개 있었어요. 최근에 《숲은 고요하지 않다》는 책을 읽었거든요. 겉보기에 숲은 매우 조용할 것 같잖아요? 그런데 실제로 기계를 통해 숲의 소리를 들어봤더니 엄청 시끄럽다는 거예요. 자세히 살펴보면 숲에 있는 나무들끼리 서로 신호를 보내면서 긴밀하게 소통하고 있대요. 심지어는 나무들도 자기 자식을 인지한다고 하더라고요. 그런 대목을 읽으며 자연은 역시 방대하구나 하고 고개를 끄덕였어요. 공부할수록 '자연을 주제로 작업하는 이상 소재가 떨어질 일은 없겠다.' 싶어요. 지금은 이끼에 초점을 맞추고 있지만, 나중엔 버섯이나 잎맥에 관한 이야기를 집중적으로 해보려고요.

안 그래도 요즘 버섯에 관심을 기울이고 있다면서요.
이끼나 버섯이 이상적으로 예쁜 식물은 아니잖아요. 징그럽다고 느껴질 수도 있고요. 그런데 전 둘 다 기묘하면서 귀엽게 느껴져요. 무엇보다 야생 버섯은 사람들이 안 보는 틈이나 구석에서 툭 튀어 오르듯 자라서 끈질기게 번식을 해나가죠. 그런 생명력에 관심이 생겨서 연구해 보고 있어요. 남들이 관심을 두지 않는 숨겨진 이면을 발견할 때 흥미를 느끼거든요.

여행을 다니며 자주 영감을 얻으시죠? 지역이나 국가마다 나고 자라는 식물의 종류가 모두 다르니까, 마주치게 되는 자연의 모습 또한 천차만별일 텐데요. 이에 많이 감응하시는 것 같더라고요.
맞아요. 원래는 해외여행을 많이 다녔는데 팬데믹

이후에는 국내를 자주 여행했어요. 정말 아름다운 곳이 많더라고요. 최근에 광고 촬영 차 내셔널 지오그래픽 팀과 함께 울릉도에 갈 일이 있었는데 4박 5일 정도 머무르며 지형 탐사도 다녔거든요. 숨겨진 분지나 폭포 안쪽까지 탐험해 보았는데, 제겐 너무나도 소중한 기회였어요. 울릉도는 지형 특성상 어둡고 습한 원시림이 분포되어 있어서 이끼가 굉장히 많이 자라요. 직접 가서 만져보고 탐사할 수 있어서 무척 영광이었죠. 작업을 시작한 후부터 여행 가면 땅에 있는 풀들을 자주 보면서 다녀요. 예상치 못하게 이름 모를 식물을 발견할 때 기쁨이 두 배로 느껴지곤 하죠. 여행의 기억들이 쌓여서 어느 순간 작업으로 탁 발아하는 것 같아요.

산책도 자주 해요?

겨울에는 밖에 자주 안 나가요. 저는 햇빛을 정말 사랑하거든요. 그래서 울릉도도 여름에 다시 한번 가보고 싶어요. 2주 정도 지내면서 바다 수영도 하고 태닝도 하면서 한적하게 지내고 싶어요.

활동적인 성향인 것 같아요. 집에 있는 경우가 거의 없겠네요.

요즘에는 작업을 해야 하니까 집에 자주 머무르는데요. 여유 시간이 날 땐 최대한 바깥으로 나가려고 노력해요. 많이 걸어야지 작업 소스를 얻을 수가 있거든요.

어느 인터뷰에서 "오브제의 주요 타깃을 공간이 가지는 의미를 중요하게 생각하는 사람이나, 인테리어에 관심이 많은 사람으로 삼았다"고 이야기했어요. 민예 씨는 집 안을 잘 가꾸며 지내나요?

저는 잘 꾸며진 공간에서 머무르며 시간 보내는 걸 더 좋아하지, 공간을 꾸미는 덴 엄청 관심이 많진 않아요. 제가 타깃을 명확하게 잡았던 건 이전 전공에 영향을 받은 게 아닐까 싶어요. 제 성향을 구분해 보자면 반은 디자이너, 반은 예술가나 다름없거든요. 디자이너는 디자인을 하면서 타깃 분석하고 사람들에게 얼마나 알맞게 제안할지 고민하잖아요. 그걸 제 오브제에도 적용한 게 한몫했죠.

그렇다면 의외의 용도로 사용하고 계신 분을 만나본 적도 있어요?

작품을 커스터마이징해서 구매하는 분들이 많아요. 어떤 분께선 강아지 방석으로 쓰고 있기도 하고, 촉감이 재미있다면서 머리맡에 두고 애착 인형으로 삼은 분도 있어요. 콘센트를 가리기에 딱 좋다거나 화분 밑에 깔아두었다는 후기도 봤고요. 용도가 명확하지 않다 보니 필요한 곳에 자유자재로 사용하고들 계시더라고요.

'의외'라는 이야기하니까 생각난 건데, 전자음악을 좋아한다고 들었어요.

저 테크노 음악 정말 좋아해요. 사실 저는 식물을 소재로 한 작업을 하면서, 자연이 가지고 있는 서정적인 이미지에 파묻힐까 봐 좀 무섭기도 했어요. '그렇다면 나는 좀더 다른 스타일로 보여줘야겠다.' 싶은 마음에 과감하게 제 취향을 섞고 있어요. 전시장 내부 음악도 DJ 믹스세트로 깔아두고, 포스터도 징그럽게 만들고요. 제 작품 형태도 자연을 한 번 더 재해석한 거나 마찬가지여서 다각도로 접근하는 편이 더 재미있어요.

편견을 깨고 싶었군요.

네. 저는 경계를 넘나들고 싶어요. 남들과는 다른 방향에서 바라보고 싶고요. 그렇다고 해서 제가 의도한 대로만 전달하고 싶은 건 아니에요. 관람객분들이 어떻게 생각해 주시던 그 나름대로 존중하고 싶어요.

'위빙'이란 장르가 이전보다 많이 대중화되었잖아요. 그럼에도 민예 씨의 작업을 찾는 이유가 뭐라고 생각해요?

제가 꾸려나가는 세계관 때문이 아닐까요? 사실 이 위빙 오브제 하나만 있었다면, 매력이 크지 않을 것 같은데 제가 부여하는 스토리텔링이 큰 힘을 발휘한 것 같아요. 앞으로도 많은 작업을 하게 될 텐데, 지금은 텍스타일에 집중하고 있지만 3D 아트나 여러 매체를 통해 미감을 전할 수 있다면 더할 나위 없이 기쁘겠죠. 경계를 두지 않고 유연하게 작업하면서 사람들에게 다양한 이야기를 선보이고 싶어요.

민예 씨의 정원에는 무엇이 자라고 있을까요?

아마, 제 정원에는 제 작업이 자라나고 있지 않을까요(웃음)?

언젠가 일기에 이런 문장을 적었다. 어떤 환경에서도 기어코 뿌리를 내리는 나무처럼, 내가 서있는 자리에서 무럭무럭 자랄 수 있는 사람이 되고 싶다고. 유민예와의 대화를 나누고 나니, 그제야 그 방법에 대해 조금 알 것도 같다. 가장 어두운 곳에서 왕성히 자라는 이끼들처럼. 어디에 던져놔도 자신만의 정원을 만들고야 마는 시드볼처럼. 돌진하는 식물의 자세로 세상에 존재하는 법을.

마음이 묘해지는 순간이 있다. 신비로운 색상이 경계없이 얽혀들 때 그렇다. 누군가 내게 꿈을 표현해 보라고 한다면 말없이 '피에르'를 내밀 것이다. 피에르를 바라보는 건 마치 꿈결을 거니는 것과 같다.

그저 아름다운 것

보설—화가

에디터 이주연
포토그래퍼 최모레

무심코 지나치거나 밟고, 또는 던지는 돌의 기능적 변화를 통해
우리가 쉽게 보지는 못하는 것들을 발견하고 표현하고자 합니다.

잠시 멈추어 돌의 단면을 깊게 들여다보며 돌의 가장 본질적이고 고유한 성질을 느껴보기를 바랍니다.

"장르와 소재의 경계가 없는 다양한 작업 방식을 실현합니다. 주로 그림을 그리고 책과 같이 아름다운 것을 만듭니다. 무용한 것들에 관심이 많습니다."라고 소개하고 있어요.

눈앞에서 그 글을 읽어주니 머쓱하네요(웃음). 만나서 반가워요. 간간이 책을 만들고, 피에르Pierre라는 이름으로 돌에 그림을 그리는 김보설이에요. 소개 글은 주기적으로 업데이트하고 있는데, 1-2년 전에 쓴 글을 지금도 사용하고 있어요. 그걸 쓸 당시엔 제 작업이 제 눈에도 아름다워 보이던 시기였어요. 작업하다 말고 "아름답다…." 그러던, 자신감이 넘치던 시기였죠. 지금도 물론 저는 그런 마음으로 작업하는데, 누군가 '뭐가 아름답다는 거야?' 하고 생각할까 봐 조금 조심스러워지기도 해요(웃음).

아니요, 아름다워서 계속 작업대를 바라보게 돼요(웃음). 보설 씨는 특히 어떤 걸 아름답다고 생각해요?

맑고 깨끗한 거요. 이를테면 유리, 도자기 같은. 자연적인 깨끗함도 좋아하고요. 아! 요즘은 조카를 보고 아름답다는 생각을 자주 해요. 갓 일곱 살이 되었는데, 쿼터 혼혈이라 아랍어랑 영어를 먼저 배우고 이제 한글을 떼기 시작했거든요. 요즘 겨우 더듬더듬 대화가 되는데, 조카랑 이야기하면 시간 가는 줄 몰라요. 때 묻지 않은 순수함을 바라보면서 아름답다는 생각을 자주 하며 지내요.

곳곳에 있는 어린아이 흔적이 조카의 자취였군요. 보설, 이름이 특이해요. 활동명 같기도 하고, 본명 같기도 하고.

본명이에요, 김보설. 정확히는 제 두 번째 이름이죠. 원래 이름은 김민지였는데, 어딜 가나 꼭 한 명씩은 있는 이름이잖아요. 심지어는 중학생 때 전교 1등 이름도 김민지였어요. 저는 거의 뒤쪽에 있던 학생이어서 종종 비교당하곤 했죠(웃음). 너무 평범한 이름이고, 어디서나 볼 수 있는 이름이라는 게 은근히 콤플렉스여서 스무 살이 되면 이름부터 바꾸겠다고 벼르는데, 언니도 나름대로 스트레스가 있었는지 먼저 개명을 하더라고요. 언니 이름이 '보빈'이 되어서 '보' 자는 돌림자로 쓰기로 하고 작명소에 갔어요. "특이한 이름을 갖고 싶다."고 했죠. 이름 여러 개를 주셨는데 보자마자 '내 이름이다!' 싶던 게 보설이었어요. 클 보 자에 셀 설 자를 써요. 뭔가를 크게 불러들인다는 뜻인데, 이름대로 살고 있는지는 아직 잘 모르겠어요(웃음).

발음했을 때 참 부드럽고 안정적인 이름이에요. 보설 씨는 무용한 것들에 관심이 많다고 했는데 어떤 의미에서의 무용함이에요?

'관심사가 아닌 것'이라고 이야기해 볼 수 있을 것 같아요. 저는 돌로 작업을 하니까, 제 관심사는 돌이거든요. 그래서 어딜 가든 땅만 보면서 다녀요. 근데 제가 그러고 다니면 사람들이 허리 휜다고, 목 늘어난다고 한마디씩 하거든요. 타인에겐 돌이 관심사가 아니니까 제가 쓸데없는 짓을 하는 것처럼 보이는 거죠.

아, '다른 사람 시선에서' 무용한 것에 관심을 둔다는 의미군요. 피에르도 그 작업의 일환이고요.

맞아요. 요즘은 '사람들 관심 밖에 있는 돌을 어떻게 구매하고 싶게 만들까.'라는 생각을 하고 있어요. 피에르 작업은 어떤 의미에선 사람들을 풍자하는 작업이기도 해요. 사람들이 자연을 너무 당연하게 여겨서 함부로 대할 때가 있잖아요. 훼손하는 사람도 많고요. 얼마 전에는 길을 걷는데, 앞서 가던 아저씨가 담뱃불을 나무에 짓이겨서 끄는 걸 봤어요. 충격적이었죠. '어떻게 저럴 수 있지?' 싶더라고요. 사실 돌도 그런 대상인 것 같아요. 필요로 하는 사람보다도 걸어 다니면서 발로 차거나 던지고, 길에 나와 있으면 안 보이게 치워두는 존재죠. 그래서 여기에 역으로 아름다움을 담아 사람들이 사게 만들고 싶다는 생각을 하고 있어요. 다만, 너무 과하게 의미를 부여해서 주객전도가 되지 않도록 조심하면서요.

피에르 작업은 어떻게 시작된 거예요?

저는 한 손에 쉽게 잡히는 필름 카메라를 항상 들고 다니면서 사진을 찍고, 그 사진을 모아 책을 만들고 있는데요. 스캔한 사진을 보면 유난히 나무랑 돌이 많더라고요. 한창 언리미티드 에디션을 준비하던 시기여서 돌 사진을 모아 책을 만들어 봐야겠다는 생각이 들었어요. 피에르 작업을 하기 전에도 묵직한 돌을 주워다가 문진으로 쓰곤 했는데, 돌 책을 만들어서 문진이랑 같이 팔아보면 어떨까 싶더라고요. 그래서 돌에 그림을 그린 게 시작이었어요. 그땐 일차원적으로 이 돌이 놓여 있던 장소를 그렸죠. 계곡에서 주운 돌이면 돌 안에 계곡을 담는 식으로요. 그러다 색을 칠하는 작업으로 발전한 건데, 처음엔 크레용을 썼어요. 근데 돌 위에선 크레용이 제대로 굳질 않더라고요. 며칠을 말려도 만지면 묻어나서 물감으로 재료를 바꿨어요. 지금은 아크릴 물감으로 작업하고 있고요.

피에르를 "돌의 영원성을 다루는 프로젝트"라고 소개하고 있어요. 문득 영원한 게 뭘까 싶더라고요.

세상에 절대적인 건 없다고 생각해요. 그러니까 영원한 것도 없다고 생각하죠. 특히 인간을 이루는 많은 게 영원하지 않다고 생각하거든요. 그래서 인터뷰하는

게 항상 조심스러워요. 제가 뱉은 말이 언제든 변할 수 있다는 걸 아니까요. 당장 몇 분 뒤에 '내가 왜 그런 말을 했지?' 하고 생각할 수도 있고요. 저는 그런 순간이 정말 많아서 친구들을 만나도 말을 많이 하지 않아요. 그때그때 떠오르는 생각이나 감정은 영원하지 않잖아요. 매번 말로 꺼내다 보면 바뀌는 일도 있을 텐데, 그럼 제가 가벼워 보일 것 같아요. 번복하는 걸 좋아하지도 않고요. 그래서 최대한 말하지 않으려 하는데, 침묵 때문에 오히려 오해가 생기기도 해요. 친구랑 대화하다 다툴 기미가 보이면 그때부터 말을 안 하거든요. 그럼 친구는 답답해하죠. 이제부터 대화가 필요한 시점인데 왜 대화를 안 하려고 하냐 묻고, 저는 이제 대화를 그만하고 싶다고 하고.

말이라는 게 새삼 어렵게 느껴지네요. 다시 작업 이야기를 해볼게요. 피에르는 몇 개 에디션으로 작업되고 있어요. Mont(산), Jardin(정원), Melting Mont(녹아내리는 산), été pourri(춥고 비가 많이 오는 여름), Forêt(숲), Flot(파도)…. 전부 자연에 기반한 이름이에요.

그중에서도 제가 좋아하는 자연의 모습을 담고자 했어요. 가장 먼저 선보인 시리즈가 '정원'인데요. 집에 있던 꽃을 보고 칠한 게 시작이었어요. 그다음이 '산'인데, 찍어둔 사진을 보면서 그때그때 색감을 정해서 입혔죠.

'녹아내리는 산', '춥고 비가 많이 오는 여름'은 좀 다르게 느껴져요. 설명적인 이름이기도 하고요.

어, 맞아요. 산, 정원, 숲, 파도 에디션은 무얼 어떻게 칠할지 정하고 작업한 거라면, '녹아내리는 산'과 '춥고 비가 많이 오는 여름'은 칠하면서 정해진 거였어요. 산 에디션 작업을 하고 있다가 눈이 녹는 형상을 만들어보면 어떨까 싶어서 하얀색 물감을 올려 녹아내리는 산을 완성하는 식이었죠.

처음 돌에 그림을 그릴 때 이렇게 본격적인 작업이 될 거란 예감이 들었나요?

아뇨, 전혀요. 처음 돌에 그림을 그리기 시작했을 땐 회사 생활을 하던 때라 쉬는 날에만 작업할 수 있었어요. 그런데 작업이 너무 재미있는 거예요. 회사 생활로 지친 마음이 돌에 그림을 그리면서 풀리니까 종일 작업만 하기도 했어요. 작업들을 혼자 보기 아깝다는 생각이 들어서 SNS에 업로드를 시작했는데요. 점점 양이 쌓이고 업로드 횟수도 많아지니 판매 문의가 들어오더라고요. 마침 감당할 수 없을 정도로 돌이 많아진 상태라 한번 판매해 볼까 싶었죠. 처음에는 입점처 없이 홈페이지에서 판매하기 시작했어요. 예쁘게 만들어질 때마다 친구한테 하나씩 선물하던 건데, 누군가 구매를 원한다는 게 신기하고 좋더라고요.

저는 누군가 힘을 쏟아서 만들어낸 작업물이 정당한 금액을 받고 필요로 하는 사람에게 가는 구조가 참 좋다고 생각해요. 예술은 순수하고 고귀하다는 이유로 상업과 연결 짓는 것에 유난히 예민한 시각도 있잖아요.

작가가 작품을 판매하는 건 당연한 일이고 활동하는 데 엄청나게 필요한 일이에요. "예술가는 가난해야 해."라는 말이 저는 정말 이해가 안 되거든요. 가난한데 어떻게 예술을 할 수 있지, 싶어서요. 그래서 브랜드와 작가의 협업이 점점 더 많아지는 것도 좋은 현상 같아요. 꼭 협업이 아니더라도, 어떤 식으로든 작가와 브랜드가 만나는 지점에선 시너지가 생기는 것 같아요.

지금 판매하는 피에르는 두 종류지요. 드롭 피에르Drop Pierre와 프티 피에르Petit Pierre. 드롭 피에르가 문진 용도라면 프티 피에르는 향꽂이로 만들어졌어요. 용도를 부여했지만, "그냥 가만히 봐도 아름답다."라고 소개하는 걸 보면 굳이 용도나 목적을 제한하는 건 아닌 듯해요.

맞아요. 결국 사람들을 위하기보다는 제가 구분하기 쉽게 지칭하는 건데요. 드롭 피에르는 제가 돌을 문진으로 사용하곤 해서 드롭이라는 단어를 넣어서 만들어야겠다고 생각했고, 프티 피에르는 향꽂이로 좋을 것 같아

개인적으로 사용했는데 판매 문의가 와서 본격적으로 작업하게 된 피에르예요. 똑같은 이름을 쓰기에는 용도가 다르다는 생각이 들어서, 또 사이즈도 작기 때문에 프티라는 이름을 붙였죠. 사실 이름은 중요한 게 아니어서 입점처에서 잘못 기재해 놓아도 굳이 정정하지 않아요. 어떤 판매처에선 피에르 드롭이라 순서를 바꾸어 써두기도 하고, 그냥 오브제라고 써놓은 곳도 있어요. 어떤 피에르든 사용하는 사람이 스스로 쓸모를 부여하면 좋겠어요.

기억에 남는 피에르의 쓸모가 있나요?
누름돌이 된 피에르요(웃음). 밥솥 위에 두고 뚜껑을 누르는 용도로 피에르를 사용하시는 분이 있었어요. 냄비 위에 올라가 있는 모습이 재미있어서 왜 하필 밥할 때 사용하시는지 여쭤봤더니, 우연히 올려 봤는데 딱 알맞았대요. 무게감이 있어서 안정적이기도 했다고(웃음).

엄청 아름다운 풍경인걸요? 무쇠 뚜껑 위에 신비로운 피에르라니(웃음). 책 작업도 꾸준히 해왔는데, 피에르 작업을 담은 《Pierre》라는 책도 만들었죠. "사진집이면서 화집이 될 수 있다."는 소개 글이 적확하다고 생각했어요. 다른 장르의 작업이 만나는 경험은 어땠어요?
재미있지만 너무 힘들었어요. 스트레스를 많이 받았죠. 그 당시에는 제 피에르 작업이 아름답다고 생각해서 많은 사람에게 알려야겠다 생각했고, 직접 찍은 사진들을 확대하거나 크롭하는 방식으로 이미지를 보여주고자 한 건데요. 편집 디자인을 배워본 적이 없어서 이전 책들은 교재를 보면서 공부하듯 만들어 왔거든요. 근데 《Pierre》는 이전 작업과 달리 욕심이 나더라고요. 기교도 부려보고 싶고, 남들이 안 하는 것도 해보고 싶었죠. 이것저것 해보려다 결국에는 다 덜어내고 깔끔하게 완성했는데, 오히려 배운 적이 없기 때문에 하고 싶은 대로 해보자는 생각도 할 수 있었던 것 같아요. 이것저것 해보면서 스트레스를 받긴 했지만요(웃음).

《Pierre》의 아무 페이지나 펼쳐 들여다보면 질감이 살아 있어서인지 여러 생각이 들어요. 아이스크림 같기도 하고, 콘크리트 바닥 같기도 하고요.
맞아요. 돌에 작업하면 입체감이 생겨요. 종이랑은 다르게 이야기를 더 많이 담을 수 있죠. 돌 안에는 굴곡도 있고, 그림자 진 부분도 생겨서 깊이감을 담을 수 있다는 게 가장 큰 장점이에요. 제일 좋은 건 실수해도 덮을 수 있다는 거(웃음). 종이는 조금만 실수해도 종이가 울어서 새 종이에 다시 시작해야 하는데요. 돌은 그 위를 물감으로 덮으면 되니까 색이 별로다, 싶으면 다른 색으로 덧칠하는 일도 많아요. 단점은 딱 한 가지인데, 너무 무거워요. 전시 한 번 하면… 어휴. 이거 들어 보실래요?

(돌이 담긴 박스를 든다.) …너무 무거워요.
작년에 연희동 그로브에서 전시할 때가 정말 힘들었어요. 엘리베이터가 없는 4층 공간이거든요. 돌을 하나씩 포장해서 캐리어에 넣고 옮기는데, 하필 그때가 또 한여름이었어요. 땀에 흠뻑 젖어서 힘들게 옮긴 기억이 나요. 무겁다는 것만 빼면 돌에 작업하는 건 항상 재미있어요. 약간, 종이를 구겨서 작업하는 거랑 비슷하다는 생각도 들고요.

아까 돌에 작업하면 "종이랑은 다르게 이야기를 더 많이 담을 수 있다."고 하셨는데요. 그 이야기라는 게 어떤 거예요?
이 돌의 이야기, 돌의 사연을 생각해요. 데굴데굴 구르다가 어딘가 깎였을 수도 있고, 엄청 커다란 돌인데 잘려 나온 걸 수도 있고…. 그런 이야기를 좀더 입체감 있게 전달하고 싶어요. 특히 이야기가 보이는 돌들이 있거든요. 제가 좋아하는 돌이 해구석인데요. (박스에서 돌을 꺼내며) 이렇게 구멍이 많은 돌이에요. 보통 어항에 넣는 용도죠. 물고기들이 구멍 사이로 지나다니면서 놀 수 있게 하는 거예요. 저는 돌을 직접 수집도 하지만 구입도 하는데, 해구석을 주문하면 보통 큰 돌이 와요. 어쩌다 작은 아이가 딸려 올 때면 '넌 어디서 잘려 왔니.' 그런 생각도 하고요.

저는 해구석이라는 단어도 처음 들어보는데, 돌을 가지고 작업하면서 새롭게 알게 되는 것들이 있을 것 같아요.
의외로 생각보다 사람들이 돌을 많이 산다는 거요. 그래서 찾아보면 돌을 파는 곳도 많아요. 물고기나 조경을 위해 사는 경우가 많더라고요. 돌 구입 후기를 보면 "우리 아이들이 좋아해요."라는 이야기가 자주 보이는데 그 '아이들'이 물고기더라고요(웃음). 수석이 아니더라도 돌을 좋아하는 사람들이 이렇게나 많다는 걸 알게 되는 게 좋아요.

돌은 형태가 정해져 있지 않으니까 구입하더라도 어떤 돌이 나한테 올지 정확히 알 수 없지 않나요?
맞아요. 그래서 망할 때도 있어요. 아름다운 돌이라고 생각해서 많이 샀는데 제가 생각한 모양과 엄청 다른 경우도 있고, 제가 보기에 예쁘지 않은 돌들이 올 때도 있죠. 무엇보다 제대로 서지 않는 돌이 가장 아쉬워요. 그건 어떻게 해도 작업할 수가 없거든요. 그런 돌은 보통 실험용으로 쓰는 편이에요. 한번은 잘 바스러지는 돌을 다 깬 다음에 그 돌가루들을 물감이랑 섞어서 위에 올려 보기도 했거든요. 재미있는 시도였죠. 돌로 할 수 있는 여러 가지를 해보려고 해요.

계속해서 재료를 발견해 가는 거네요.

앞으로 계속 발견해 나가고 싶어요. 작게 칠하던 돌이 점점 더 커지고, 크레용에서 지금 물감이 재료가 되었듯 범위나 영역은 계속 변할 것 같아요. 이다음엔 무슨 일을 하고 있을지 저도 궁금해요. 돌이 아닌 다른 데다 그리고 있을지도 모르고, 그림을 그리지 않을 수도 있겠죠.

그 이야기는 좀 아쉬운데요.

겁이 많아서 당장은 그만두지 않을 거예요(웃음).

얼마 전에 새 작업이라고 하면서 '마음에 돌멩이' 시리즈를 소개했어요.

한창 마스크를 철저하게 쓰고 다니던 시절인데, 처음엔 다들 마스크 쓰는 걸 불편해했잖아요. 근데 어느 순간 벗는 게 불편해진 상황을 보면서 궁금해졌어요. 마스크를 썼을 때 불편한 게 많은데 왜 다들 벗기 싫어할까, 곰곰이 생각해 보니 마스크를 벗으면 감정이 다 드러난다는 생각이 들더라고요. 표정이 확실히 보이니까 다들 가리고 싶어 하는구나, 생각이 들었어요. 그 시절엔 시멘트에 박힌 돌들을 볼 때마다 주웠는데요. 그게 꼭 우리 감정 같더라고요. 안에 숨겨진, 마스크 속에 감춰둔 표정이나 감정. 그걸 색깔로 표현해 보자 싶어서 해본 시리즈예요.

피에르 작업이 지극히 개인적이라고 말씀하신 적이 있어요. 매 순간 느끼는 감정이랑 생각을 작업에 녹인다고 했는데요. 저라면 할 때마다 매우 다른 색깔이 나올 것 같은데 보설 씨 작업엔 비슷한 결이 녹아 있어요. 감정에 기복이 없는 사람일까 싶었죠.

저, 기복 엄청 심해요. 특히 슬픔에 잠길 때가 많은데, 그럴 땐 작업하지 않아요. 그래서 비슷한 분위기가 유지되는 것 같아요. 슬플 땐, 그냥 슬픔에 잡아먹힌 채로 가만히 있어요. '언젠간 날 뱉어내겠지.' 하면서요.

슬픔에 잡아먹힌 채 작업한다면 어떤 작품이 나올 거 같아요?

검정색을 가장 먼저 집겠죠. 조용하고 우울한 돌멩이가 될 거예요.

피에르엔 자연스럽게 보설 씨가 스며들어 있는 것 같아요.

특히 제 취향. 근데 요새는 점점 더 취향을 모르겠다는 생각을 해요. 옷차림에서 취향이 많이 드러난다고 하는데, 저는 까만 옷을 가장 많이 입지만 빈티지 숍에 가면 눈이 막 돌아가거든요(웃음). 체크 치마 너무 예쁘고, 떡볶이 코트 귀엽고…. 어떻게 보면 '세련된 촌스러움.' 그게 제 취향인 것 같아요. 그게 작업으로도 표현되는 것 같고요.

어? 저한테는 전혀 그런 느낌이 아니에요.

어? 그럼 어떻게 느끼세요?

신비로운 느낌. 해저 탐험이나 우주 같은 게 떠올라요.

와, 정말요? 너무 재미있네요. 저는 사람들에게 이런 이야기를 많이 들어보고 싶어요.

누군가 이 대화를 보고 보설 씨에게 자기만의 감상을 전해주면 좋겠어요(웃음). 마지막으로 '만약에' 질문을 드릴게요. 여기는 불가능한 게 없는 세상이에요. 무엇이든 할 수 있어요. 어떤 작업을 해보고 싶어요?

산의 돌을 칠해보고 싶어요. 산 전체를 칠하는 건 힘들 테니까 그중 가장 큰 바위를 골라서 마음껏 칠해 볼래요.

오늘 만남을 준비하다 피에르의 아름다움에 반해 나의 피에르를 찾아 헤맸다. 세상에 오직 하나뿐인 모양, 색깔…. 어떤 아이를 데려올까 고민하며 겨우 골랐는데, 인터뷰 당일까지 받아보지 못했다. 대화가 끝나고 보설 씨에게 물었다. "입점처에서 아직 제 피에르를 보내주지 않았어요." 그 순간 그의 눈이 흔들리며 "혹시 이거 주문하셨어요?" 묻는다. 작업대에서 한참 만지작댄 그 돌이 작업 중인 내 피에르라니. 이 돌이 아주 오랫동안 곁에 있을 것임을, 어쩐지 알 것 같았다.

화려하고 아름다운 것들이 넘쳐나는 시대 속에서 나만의 취향을 찾기란 여간 쉽지 않다. 그때마다 나는 갤러리에 간다. 보폭을 넓게 벌려 가며 작품 간의 여백을 뛰어넘어야 하는 거대한 미술관이 아닌 단숨에 끝과 끝을 오갈 수 있는 작은 갤러리로. 그곳에는 시선이 닿는 자리마다 예술적인 눈짓이 오가길 바라는 마음으로 빈 공간을 채우는 사람들이 있다. 클립, 워키토키갤러리, factory2는 독자적인 리듬으로 좋은 작품을 발굴하고, 고유한 감각을 전한다.

빈 공간을 채우는 사람들

에디터 오은재

자료 제공 클립, 워키토키갤러리, factory2

풍요로운 한 점을 택하는 마음

클립

"세상엔 우리가 미처 모르는 좋은 작가와 작품이 정말 많아요.
그런 의미에서 클립은 공예부터 사진, 그림부터 조각까지 경계 없이 다양한 작품을 소개하고 있어요. 필요한 경우 작가의 집에서도 작품을 소개하고, 토크를 진행하는 아트 플랫폼으로서의 역할도 하고 있죠."

집 내부 한 평 정도의 공간에서 작품을 선보이다 을지로에 본격적으로 오프라인 갤러리를 열게 되었는데요. 그 뒤 시간이 꽤 흘렀지요. 어떤 변화를 맞이하게 되었는지 궁금합니다.
집에서 전시할 때는 한 명씩 들어오실 수 있었는데 지금은 스무 명도 동시 입장이 가능해요. 공간 특성상 한 점만 집중해서 소개했지만 이젠 벽에 스물다섯 점까지도 걸 수 있고요. 실개천이 냇물이 된 느낌이지요. 아직 작고 갈 길이 멀지만요. 그래도 더 많은 사람들에게 좋은 작품을 보여줄 수 있어서 행복해요.

좋은 것을 하나씩 선보이겠다는 명목 아래 운영되고 있어요. 그렇다면 대표님이 정의하는 '좋은 것'은 무엇인가요?
집의 시간을 부드럽고 풍성하게 해주는 것들이요. 집은 인간에게 절대적으로 중요하지요. 그 안에서 쉬고, 꿈꾸고, 기약하니까요. 우리 집에, 우리 거실에, 우리 벽에, 우리 마당에 놓으면 정말 좋겠다, 싶은 작품들에 높은 점수를 매기며 라인업을 짜는 편이에요.

클립에서 선보인 작품 중 가장 인상 깊었던 작업을 소개해 주시겠어요?

일상을 소재로 따뜻한 그림을 그리는 고경애 작가는 클립의 시작과 함께 한지라 각별한 정이 있어요. 경기도 광주, 숲을 끼고 있는 집에서 홈 갤러리 형태로 전시했는데 반응이 뜨거웠지요. 김종학 화백이 그런 말을 한 적이 있어요. “좋은 작가는 내 주변의 것을 그린다.”
고경애 작가 또한 멀리 있는 관념을 좇지 않고 매일의 일상과 풍경을 그리는 작업인이므로 존경합니다. 스테인리스 스틸과 나무로 작은 건축물을 짓듯 구조적인 작업을 하는 황형신 작가도 애정해요. 클립에 있는 가구의 대부분을 이 작가 작업으로 채울 만큼 작업에 담긴 결과 기운을 동경하죠. 김동욱 작가 또한 빼놓을 수 없지요. 추상 회화를 그리는데 구사하는 색과 리듬의 조화가 선율의 종류만큼이나 많아요. 아름답고 세련됐지요. 지면 관계상 건너뛰었지만 클립에서 전시한 모든 분들께 큰 빚을 졌다고 생각해요.

클립 홈페이지에 게시된 전시 서문이 인상적인데요. 지극히 사적이면서도 작품과 작가에 대한 애정이 묻어나서 한 문장 한 문장 곱씹으며 읽게 되곤 해요. 어떻게 이런 이야기들을 적게 되셨는지요?
에디터 출신이라 그런지는 몰라도 스토리에 집착하는 편이에요(웃음). 관념, 자아 같은 단어는 쓰고 싶지 않아요. 스토리의 핵심은 개연성이라고 생각하거든요. 읽으면서 자연스럽게 고개를 끄덕일 수 있게끔, 작가와 작품을 왜 소개하는지, 클립에서 하고 싶은 것은 무엇인지 조금도 미련이 남지 않게 표현하려고 노력했습니다. 구체적으로 이야기할수록 읽는 이들 입장에서는 개연성에 설득이 될 거라 믿어요.

요즘 미술품을 소장하는 사람들이 점점 늘어나고 있는데요. 작품을 자신만의 공간에 들일 때, 어떤 점을 고려해야 할까요?
소품은 한눈에 반하는 걸로, 가격대가 좀 비싸고 큰 작품은

120퍼센트 마음에 들었을 때 구매하라고 강조해요. 100퍼센트는 부족하지요. 크고 비싼 작품은 자칫 향후에 '처치 곤란'이 될 수도 있으니까요. 모든 작품에는 유효 기간이 있어요. 평생을 한결같이 좋아할 수 있는 작품은 많지 않지요. 그렇게 흘러가는 대로, '끝'도 있을 수 있다는 마음으로 수집하면 오히려 더 마음이 편해지는 것 같아요. 조금 가벼운 맘으로 작품을 감상하면 더 자유롭게 미술을 누릴 수 있다고 생각합니다.

에디터 시절 여러 분야를 탐구하며 다져온 안목을 바탕으로 공간을 꾸려가고 있지요. '클립'을 통해 어떤 관점과 취향, 영감을 선사하고 있나요?
클립은 작은 갤러리이기 때문에, 제가 온전히 그 그림에 반하게 되는 것이 중요해요. 미온적인 입장이라면 글도 나오지 않고, 열정도 묻어나지 않아요. 특정한 관점과 취향을 중시한다기보다 저 스스로 떨리고, 설레고, 흥분되는, 그래서 글도 막 써지고 절로 추동력이 장착되는 작품만 소개하려 해요.

갤러리는 작품과 관람객이 함께 호흡하고 상호작용하는 공간이기도 하지요. 클립에 발걸음 해주시는 관람객들을 보며 어떤 마음이 들었나요?
너무 감사하죠. 갤러리 역시 옵션이 정말 많은 업인데 저와 클립의 선택을 믿고 찾아 주시는 거니까요. 인스타그램에 정성스럽게 리뷰까지 남겨 주시는 분들께는 더 고마운 마음이 들고요. 미술을 열심히 보러 다니는 관람객들은 자신을, 자신의 공간을 사랑하는 사람들이라고 생각해요. 더 행복해지고 더 풍성해지고 싶은 욕구가 있다고 믿고요. 그런 이들 곁에 클립이 있다고 생각하면 왠지 흐뭇하죠.

클립을 통해 어떤 메시지를 전하고 싶나요?
우리의 시공간이 점점 '생활 예술'과 가까운 쪽으로 흘러가면 좋겠다고 생각해요. 아름다운 것이 나를 '마음 부자'로 만들어 준다는 믿음을 가지고 클립의 모든 것들을 꾸려 나가고 있어요. 그 마음은 앞으로도 변치 않을 것 같고요.

안식을 불러일으키는

오는 봄, 갤러리 클립은 도예가 유태근 선생의 달항아리와 찻사발을 소개하며 따스한 계절을 맞이할 계획이다. '못'을 키워드로 가구와 오브제를 만드는 금속 공예가 이윤정 작가의 작업을 선보이며 집에 들였을 때 빛을 발하는 공예품을 소개한다. 또한 물을 숙성하고 발효하며 온화하고 신비로운 패브릭 작업을 선보이는 아이보리앤그레이 작가와도 함께 협업을 진행하여, 공간에 잔잔한 감각을 불어넣을 예정이다.

A. 서울 중구 퇴계로41길 39 H. clipclip.co.kr

애정이 담긴, 즐거운 신호

워키토키갤러리

"워키토키갤러리는 '컨템포러리 디자인 갤러리'예요. 워키토키갤러리의 아이덴티티는 '마스킹 테이프'에서 출발합니다. 사물과 아이디어를 구축할 때 가장 흔하고 편리하게 사용하는 이 간편한 도구는 디자이너의 생각을 상징하는 기호이기도 해요."

갤러리 이름을 '워키토키'로 짓게 된 계기가 궁금합니다.
워키토키는 전파를 이용해 음성을 수신하며 통신할 수 있는 작은 기기예요. 여기에서 영감을 얻어 워키토키갤러리 또한 디자이너, 기획자, 소비자, 사물 사이의 경쾌하고 즐거운 송수신을 추구하고 있지요.

워키토키갤러리는 홈 갤러리이기도 해요. 방문하려면 현관 벨을 누르고 입장을 해야 하고요. 어떻게 일반 가정집을 갤러리로 탈바꿈하게 되었나요?
워키토키갤러리가 있는 홍은동 277일대는 옛날에 교수촌으로 불리던 곳이에요. 택지 개발 과정에서 50평, 75평, 100평 이상의 세 가지 면적으로 분양되어 비슷한 면적이 반듯하게 구획된 형태죠. 대부분 1970-80년대 초에 지어진 주택들이며, 당시 주택법의 흔적을 품고 있는 아담한 동네예요. 서울에서 외딴곳 같은 이 지역 역시 아쉽게도 재건축 바람이 불었죠. 2022년 6월에 75퍼센트 이상의 동의율을 얻었기 때문에 재건축 사업이 진행될 예정이에요. 1981년 완공된 이 집에 대한 애정이 깊었는데, 언젠가 사라질 것이라 생각하니 아쉬웠어요. 사람들과 이 집에 대한 경험을 공유하고 싶어서 전시

기간에만 홈갤러리로 오픈하게 되었어요. 무엇보다 디자인은 실제 생활과 밀접한 영역이라 홈갤러리 형식이 잘 어울릴 것 같기도 했고요.

워키토키갤러리는 전시마다 하나의 테마 혹은 디자이너를 선정하여 그와 연관된 디자인 가구를 소개하고 있어요. 첫 전시는 공간의 색을 드러내기 마련인데요. 첫 작가를 '논픽션홈'으로 선정하게 된 연유가 무엇인지요?

재건축 지역의 주택이라 언제 어떻게 될지 모르니 붙박이장이 아닌 가구를 하고 싶었어요. 그래서 오랫동안 알고 지내던 플랏엠에게 주방 가구를 나중에 떼어갈 수 있도록 분리형으로 의뢰했지요. 이후 거실에 6인용 테이블, 그 다음에 이 테이블에 맞는 의자, 2층 거실에 놓을 의자, 사무실이 된 가장 큰 방의 가구들을 시간차를 두고 부탁하게 되었어요. 실제로 사용하며 아름답고 멋진 가구라는 걸 더 깊게 체험하게 됐지요. 무엇보다 판매에 치중하지 않고 자신들의 생각을 표현하는 도구로 활용했다는 점에서 나의 생활에 대한 태도도 점검해보게 되더라고요. 그런 점에 있어서 비슷한 스타일이 쏟아져 나오는 디자인 신에 의미 있는 질문을 던져줄 수 있지 않을까 싶었어요.

거주하고 있는 공간을 전시장으로 쓰다 보니, 일반 갤러리보단 작품 배치에 제약이 있을 듯 해요. 기존 공간을 어떻게 수용하고, 극복하면서 작품을 전시하나요?

가구가 들어온 날 첫 설치를 하고 좌절했어요. 집이라는 공간의 비루함 때문에요. 하지만 가구 외에 다양한 시각적, 언어적 이미지를 배치하고 나니 오히려 달라 보이더라고요. 워키토키갤러리의 주요한 콘텐츠는 '사물의 비주얼 에세이'인데요. 가구에 대한 에세이, 대화, 독백 등 전반적인 이야기를 엿볼 수 있지요. 이 콘텐츠가 집과 잘 어울리지 않았나 싶어요.

오랜 시간 에디터 일을 하시며 다양한 예술을 접해왔죠. 이 경험이 전시를 기획하고 운영할 때 어떤 식으로 발현이 되는지 궁금해요.

에디터 일을 하며 이미지와 글을 다루는 일, 여러 사람과의 커뮤니케이션 등에 훈련이 되어 있었어요. 책을 만들며 줄곧 해오던 일들을 공간을 운영하며 좀더 확장한 것뿐이죠. 두 일이 크게 다르게 느껴지지 않아요.

워키토키갤러리를 충분히 누리기 위해 관람객들이 염두에 둘 만한 부분이 있다면 무엇일까요?

주택을 활용한 홈갤러리인 만큼 집과 마당을 편안하게 즐겨주시면 좋을 듯해요. 또한 낯선 동네에 오시는 만큼 홍제천, 연희동을 방문해 보시는 것도 재미 중 하나일 테지요. 서대문구의 소박한 매력을 느껴보시길 추천하고 있어요.

끝으로, 워키토키갤러리에서 어떤 수신호가 오가길 바라나요?

관람객들 사이에 사물과 디자인에 대한 애정이 담긴 가볍고 즐거운 신호가 오가길 바랍니다.

WalkieTalkieGallery

미묘한 전파를 감지하며

워키토키의 올해 전시 라인업은 빈틈없이 준비되어 있다. 최근 다양한 공간 디자이너들이 등장하여 여러 작업을 힘차게 해나가는 모습에 영감을 받아 그와 관련된 이들을 선정했다. SNS에 예고했듯, 전산 디자이너를 시작으로 스튜디오씨오엠, 이광호 작가의 작품들을 선보일 것이라고. 이외에도 삼성전자와 LG라는 브랜드를 조명하는 산업 디자인 기획 전시 또한 준비 중이다. '디자인' 중심 갤러리로 동시대 디자인이 어떻게 사회, 문화, 예술, 산업 등에 영향을 미치고 있는지 살펴볼 수 있을 듯하다.

A. 서울 서대문구 모래내로17길 59-6 H. walkietalkiegallery.com

작은 공간에 쌓인 우정의 언어

factory2

"현재 명칭인 factory2는 2018년에 15주년을 맞이한 기념으로 사용하기 시작했어요. '갤러리 팩토리'(2005-2017), 더 이전에는 '팩토리 아트&크라프트'(2002-2004)를 거쳐왔죠. 전시와 교육을 진행하고, 아티스트와 자체 개발한 상품과 해외 협력 브랜드 작업을 판매하기도 해요. 팀 팩토리라는 이름 아래 퍼블릭 프로젝트, 아트 컨설팅, 스페이스 브랜딩 일도 하고 있고요. 한마디로 말하자면, 다양성과 경계를 사랑하는 예술 공간이에요."

전시와 프로젝트마다 다양한 이야기를 선보이고 있는데, 작품과 작가는 어떤 방식으로 선정이 되나요?

저희는 전시 기획을 할 때 우선 그 한 해에 집중하고자 하는 방향성을 탐색해요. '내러티브의 복원'과도 같은 한 해를 관통하는 주제어가 되기도 하고, '올해는 협업에 방점을 두자!' 하는 태도에서부터 출발하기도 하죠. 정해진 방식은 없어요. 전시 공간을 오래 운영하다 보니, 계획과 기획을 통해서는 가닿을 수 없는 즐거운 우연성을 기대하곤 한답니다.

작년 한 해 다양한 일들을 도모했죠. 그중 가장 기억에 남는 전시나 프로젝트가 있나요?

〈돌고 돌고 돌고〉라는 공공미술 프로젝트를 2021년부터 2022년까지, 약 2년에 걸쳐 진행했어요. 자연과 지역생태계 속에서 공생하며 살아가고 있는 우리들의 이야기를 예술을 통해 조명하고 싶었죠. 이 행사를 진행하고자 자생식물 텃밭과 유리 온실을 마련했어요. 크리스티나 킴과 안상수 디자이너가 함께 만든 캐노피 작품도 설치되었지요. 음식문화 활동가와 요리사들이 텃밭에서 기른 야채를 활용하여 성대한 만찬을 차렸고, 많은 사람과 함께 음식을 나눠 먹었죠. 공공미술을 통해 사람들과 교감했던 2022년 하지를 잊을 수가 없어요.

다채로운 전시와 프로그램을 잇고 있는 factory2만의 주요 화두나 키워드가 무엇이라고 생각하나요?

'예술적 순간과 기억'을 만들어내는 것에 집중해요. 기억에 남지 않으면 아무리 값진 기획이나 작품이라도 더 이상 의미가 발생하지 않으니까요. 물리적인 존재로서의 예술보다는 마음에 남는 아름다운 순간, 기억을 만드는 것이 중요한 화두이기도 해요.

factory2는 팩토리 콜렉티브라는 그룹을 필두로 다양한 분들과의 협업 하에 공간을 꾸려가고 있지요. 팩토리 콜렉티브에는 어떤 사람들이 함께하고 있나요?
그래픽 디자이너, 에디터, 기획자, 아티스트, 교육자, 요리사, 요가 마스터 등. 팩토리 콜렉티브 구성원의 주업만 보아도 정말 다양한 사람이 모여있다는 것을 알 수 있어요. 구성원 각자의 전문 분야가 다르다 보니, 회의하더라도 치열한 배움의 연속이었어요. 우연찮게도 구성원 모두 여성이라 저마다의 생애 주기를 공유하며 서로를 존중하고 의지하고 있지요.

서촌 골목길을 걷다 보면 factory2를 마주치곤 해요. '이곳은 어떤 공간이지?'하고 들어오게 되면서 우연히 factory2를 알게 되는 분들이 많을 것 같아요.
factory2는 작품 전시를 위주로 진행하는 갤러리와는 다른 점이 있어요. 저희는 미술 그 자체보다는 예술에 방점을 두고서, 시각 예술 전시뿐만 아니라 다양한 교육 프로그램, 워크숍, 디자인 제품 같은 예술 콘텐츠를 기획하고 제작하니까요. 예술이라는 단어는 품이 넓고, 크기도 유동적으로 변한다고 생각해요. factory2는 그 어떤 것이든 될 수 있어요. 우연히 지나치는 분들께선 그때그때 공간에서 진행되고 있는 것들이 무엇이냐에 따라 이곳을 다르게 인식하겠지요.

반면에 오래도록 factory2와 호흡한 이들도 있지요. 기나긴 역사를 자랑하는 factory2를 지탱하고 있는 것은 '관계'와 '연대 정신'이 아닐까 싶었어요.
factory2는 관계의 조합을 통해 굴러가는 곳이다 보니 하나로 정의 되기 어려운 생물처럼 느껴져요. 돌아봤을 때, 남는 건 언제나 아름다운 순간을 함께 만든 사람들인 것 같아요.

작년 연말, 20주년을 맞이했어요. 여기까지 오기 위해 무수한 변곡점들을 지나왔는데, 지난 시간을 돌아보니 어떤 마음이 들던가요?
그간 이곳의 명칭도 로고도 계속 바뀌었지만, 적어도 하나 변하지 않은 건 예술과 친구를 향한 사랑과 존경의 마음이에요. 이를 믿고 2023년에도 계속 나아가려고 해요.

30년 후의 factory2는 어떤 길을 걷고 있을지 궁금합니다.
알 수 없는 내일과 기억 속에 뒤엉켜버린 과거보다는, 오늘 여기 지금의 팩토리에서 만나는 사람들과 그 안팎의 예술적 순간을 만드는 창작활동에 집중하고 싶어요. 당장 다음 주, 다음 달, 내년, 그렇게 시간이 쌓여 또 생물처럼 그 시대의 맥락에 맞는 '예술적인 어떤 것'이 되어 있지 않을까 생각해요.

factory2

예술을 담는 깊고 넓은 그릇

factory2는 매해 시작마다 위시리스트와 투두리스트를 채우며 한 해의 전시를 꾸려나간다. 올해 또한 그들과 오랜 관계를 맺어온 이들과 변함없이 공간을 채워나가려 한다. 덴마크 듀오 란디 앤 카트린의 퍼포먼스와 mmmg 대표이자 디자이너인 유미영과의 팝업 전시뿐만 아니라 송지현 작가의 개인전을 통해 factory2가 중시해 온 예술적 태도를 다시 한번 짚어볼 계획이라고. 무엇보다 올해는 오랜만에 '마켓'을 열어 팬데믹 동안 잠들어 있던 물건과 사람들을 톡톡 깨워 보려 한다니, 기대해봐도 좋을 듯하다.

A. 서울 종로구 자하문로10길 15 H. factory2.kr

모르는 건 부끄러운 일이 아니라는 걸 잘 안다. 그럼에도 결정적인 순간 그 말을 내뱉기가 어려워서, 끝끝내 입을 다물거나 애써 아닌 척 굴다 들켰던 날들이 참 많다. 조심스러운 말투로 "잘 모르겠어요."라고 솔직하게 대답하는 최지원은 왠지 모르게 당당해 보였다. 그 한마디에는 모든 것을 감수하고서라도 기꺼이 알아가 보겠다는 태도가 스며 있었으니까. 이토록 신인다우면서도, 신인답지 않을 수가!

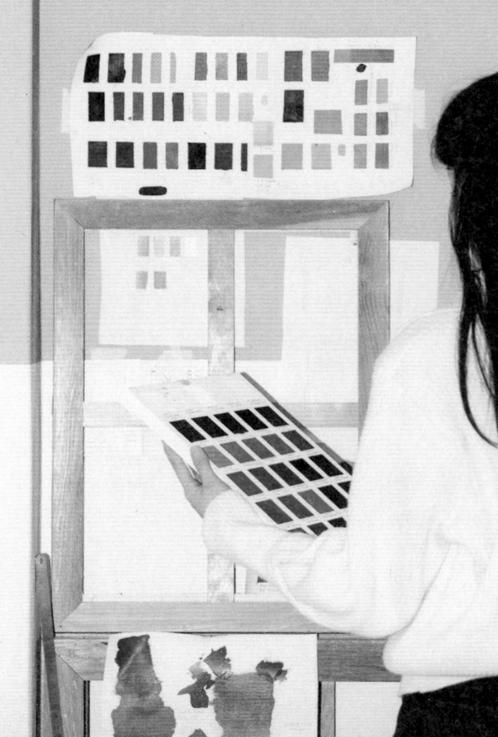

잘 모르겠어요. 아직까지는,

최지원—화가

에디터 오은재
포토그래퍼 최모레

우선 자기소개를 먼저 해볼까요?
안녕하세요. 회화 작업을 하는 최지원입니다.

'작가' 하면 연륜 있는 분들을 떠올리게 되는데 활발하게 활동하고 있는 또래를 만나니 반가워요. 공교롭게도 해가 바뀌는 시기에 마주하고 있네요. 먼저 2022년도를 돌아볼까요?
한 해가 마무리되는 시기에는 항상 생각이 많아지곤 하는데… 2022년에는 '진짜 바빴다.' 싶어요. 8월에 대학원 졸업을 했거든요. 1월부터 졸업 전까지 논문 쓰면서 하반기에 열릴 〈KIAF PLUS〉 준비를 같이 했어요. 두 작업을 동시에 진행하려니 정신도 없었고, 와중에 사이사이 그룹전까지 진행했으니 심적으로 많이 방전되었죠. 다 끝내고 나니, 또 개인전이 얼마 안 남아서 (웃음) 달려 나가기 위해서 노력 중입니다. 열심히 틈 없이 살았다는 생각에 뿌듯한 마음도 들어요.

너무 틈이 없어서 힘들진 않았나요?
그렇지만 지금은 감사한 마음이 더 커요. 작가 생활을 이제 막 시작한 단계라, 앞으로의 생활에 적응해 나가는 과정이라고 여기고 있어요. 학교라는 테두리 안에 있을 땐 몰랐던 것들을 체감하고 있거든요. '작가로서 살아남기 위해선 이런 일들을 계속 해나가야 하는 거구나.' 생각하니, 마음가짐이 달라지고 책임감도 생기더라고요. 그런 점에 있어서 이번 한 해는 참 알찼어요.

예술 고등학교, 미술 대학교, 미술 대학원 루트를 탔다고 들었어요. 어떻게 보면 미술인의 정석적인 행보를 거쳐 온 셈이죠. 인생의 3분의 1이란 시간을 그림을 그리며 살아왔는데, 그 시간을 돌아보면 어때요?
실은 제 친구들 대다수가 다 그런 삶을 살아왔어요. 주변에 미술 한 애들밖에 없거든요. 그래서 그런지 '내가 미술을 안 했다면 뭘 했을까?'라는 생각을 해봐도 잘 모르겠다 싶더라고요. 워낙 어릴 때부터 꿈이 화가였고, 미술이 너무나도 좋았거든요. 다행히 부모님께서도 반대하지 않으셨고 충분히 지원을 해주셨어요. 그러다 보니 자연스럽게 흘러오듯 그림을 그리게 되었어요. 오히려 다른 길을 가볼 생각조차 하질 않았달까요. 저는 그냥 어떻게든 이 일을 했을 것 같아요.

어릴 때라면, 언제부터 화가가 되길 원한 거예요?
저도 잘 모르겠는데, 할머니께서 말씀하시더라고요. 네 살 무렵부터 화가가 되고 싶다고 이야기하고 다녔다고요(웃음).

와… 네 살이요?
저는 정말 기억이 나지 않아요. 보통 유년기 기억은 사진처럼 편집돼서 남아 있잖아요. 그중 유난히 한 장면만 선명하게 기억나요. 어릴 때 심심해서 스케치북에 낙서하며 놀다가 무언가를 그리고 나서 마음이 좋았어요. 순간 차분한 감각을 느꼈달까요. 어떤 일에 몰입했을 때, 마음이 평온해지잖아요. 그런 맥락이었던 것 같은데, 그때 기억이 아직도 생생해요.

일종의 교감 아닐까요?
모르겠어요, 저도. 지금도 사실 작업을 하면서 몰입하는 순간이 제일 좋거든요. 잡념이 사라지고 그림에만 집중하게 될 때가 있는데 어린 시절에도 어렴풋이 느꼈나 봐요. 무엇보다 작품들과 작가들에 대해 공부하는 것도 너무나 좋았어요. 세상에 그림 그리는 분들이 정말 많은데 매번 신선한 작업이 나오는 것을 마주하면 가슴이 뛰어요. 그런 지점 때문에 이 일을 계속하게 된 것 같아요.

그야말로 천직이 아닐까 싶은데요. 학교라는 울타리를 벗어나 현장으로 나왔을 땐 어땠어요?
저는 정말 운이 좋은 케이스인 게, 대학원 재학 중에 디스위켄드룸 갤러리를 만나게 되었어요. 전속 작가로 활동하게 되는 기틀을 잡아 주셨고, 작업을 확장해 나가게 된 계기를 마련할 수 있게 되었죠. 사람에겐 누구나 다 기회가 찾아오는데, 저에게는 조금 빨리 온 것 같아요. 여러모로 감사한 마음이 크죠.

기회가 빨리 찾아왔다는 것이 무섭진 않았나요?
늘 그래요. 저는 제가 초반부터 이렇게 많은 주목을 받게 될 줄 몰랐어요. 제가 활동을 시작한 시점이 미술 시장이 활발하게 들끓던 시기였거든요. 그와 함께 찾아온 관심들이 언제든 사라져버릴 신기루처럼 느껴졌어요. 믿기지 않았고, 불안하고, 무서웠죠. 그런 감정을 품은 채로 작업을 하다가, '지금 내가 할 수 있는 건 열심히 작업하는 것뿐이다.'라는 생각을 했어요. 미래는 아무도 모르는 거니까요. 근데 워낙 제가 뭐 하나에 안주를 못 하는 성격이라서….

왜요?
불안함이 많아요. 그래서 좋은 일이 있어도, 이게 언제까지 이어질지 모른다고 생각해요.

이 시기를 거쳐 오고 있는 친구들이 모두 불안해하는 것 같기도 해요.

20대가 특히…. 저는 빨리 30대가 되고 싶어요. 물론 그때 되면 또 힘들겠지만, 빨리 나이를 먹고 싶어요.

이제 한 살 더 먹게 되는 거잖아요. 소감이 어때요?
별생각 없어요. 가끔 제가 몇 살인지 헷갈리거든요. 오히려 열심히 살다 보면 12월 31일이나 1월 1일이나 똑같이 느껴지더라고요. 하루 지나간다고 바뀌는 건 없으니까 크게 의미를 많이 안 두려고 해요. 아니, 더 좋은 것 같기도 해요. 더 많이 부딪히고 이런저런 경험을 하면서 성숙해지고 싶어요.

불안감이 크면 어떤 일이 닥쳐올 때 회피하게 되는데, 지원 씨는 오히려 직면하며 이겨내려 하나 봐요. 정말 성실한 사람….
"걱정하지 마, 버텨!"라고 말하다가도 "아 어떻게 하냐!" 하는 편이에요(웃음). 저 그리고 별로 성실하지 않아요. 작업할 때만 성실해요. 얼마나 게으른데요. 침대에 누워 있는 거 되게 좋아해요.

근데 하루의 대부분을 작업하는 데 쓰는 거 아니에요?
맞아요. 그게 제가 작업을 하고 싶었던 이유이기도 해요. 내가 뭐 하나에 제대로 올인 할 수 있다면 그게 그림 그리는 일이라고 생각했거든요. 잘하고 못하고를 떠나서 집중력 을 발휘할 수 있는 일은 이게 전부였으니까요. 이 마음을 대학원 재학 시절에 강하게 느꼈고, '이게 내 길인 것 같다.' 싶었어요. '혹시 나중에 잘 안 풀린다고 해도, 후회하진 않을 것 같다.'고도 생각했고요. 전 제가 진짜 작가가 될 줄 몰랐거든요.

지원 씨 작업 이야기를 조금 해보고 싶은데, 매끈한 도자 인형을 통해서 동시대의 장면들을 그려내고 있죠. "아름답고 찬란한 이미지로 각인된 채 익명의 관계망 안에서 고립된 일상을 영위하는, 자신과도 같은 오늘날의 초상을 기록했다."라고 이야기하시더라고요.
근데 사실, 이 내용들은 이젠 '과거의 이야기'처럼 느껴져요. 이 이야기를 많이 하던 때가 20년도쯤이었을 거예요. 작업을 해나가면서 생각이나 마음가짐이 조금은 달라졌다 보니, 당시 작업이 한참 전 일 같아요.

그럼, 우리 현재 이야기를 나눠 봐요. 요즘은 어떤 작업을 하며 무슨 생각을 하고 계신가요?
올해 상반기에 열릴 개인전에서 선보일 작업을 하고 있어요. 디스위켄드룸과 함께 기획 단계부터 여러 이야기를 나누며 전시를 준비 중이에요. 몇 달 전까지만 해도, 뭔가 해둔 게 없어서 막막했거든요. 그런데 또 시간이 지나면서 작업이 쌓이고 나니 마음의 평화를 되찾았어요. 지금은 진행 중인 작업을 잘 마무리하는 것이 목표예요.

작업실 이곳저곳에 미완성된 작품들이 걸려 있어요. 그림 속 인형들이랑 자꾸 눈이 마주치는 것 같기도 하고요.
이전까지만 해도 도자 인형의 무감각한 표정을 통해 메시지를 던졌는데요. 지금은 관심사가 그 뒤에 펼쳐진 공간으로 이동했어요.

어째서죠?
저도 잘 모르겠어요. 이전까지만 해도, 제 그림 속에 공간이라고 부를 만한 것이 크게 없었어요. 지금 작업 중인 작품을 그리게 된 계기부터 살펴보자면…. 제가 본가가 용인인데요. 이사한 지 얼마 안 되었거든요. 새로운 방에서 지내며 느꼈던 여러 감각들을 작업으로 풀다 보니 작품 군데군데 제 방의 이미지가 녹아 있더라고요. 물론 제 그림 속에선 저 공간은 'Room'이라기보단 'Chamber'에 가까워요. 보통 'Room'은 일반적인 방이나 비어 있는 공간의 이미지가 강한데, 제가 보여주고 싶은 건 그보다는 생명과 죽음이 교차하는 진공의 공간이거든요.

방 안에 있을 때 주로 그런 감각을 느끼는 건가요?
이를테면, 자기 전에 불을 다 끄고 눕잖아요. 제 방에 창문이 많다 보니 방 안으로 빛이 새어 들어오곤 해요. 그때 채도가 낮은 푸른빛이 감도는데, 그걸 보면 되게 묘해져요. 심해 한가운데에 있는 느낌이 들기도 하고요. 그런 감각들을 제 그림 속에 담고 싶었어요.

여운을 주던 장면들을 조금씩 화면으로 끌고 오는 편인가 봐요.
그런 것 같아요. 제가 앞서 삶과 죽음에 관해 언급했는데, 언젠가 이집트 무덤에 관한 다큐멘터리를 본 적이 있거든요. 죽은 누군가와 동물, 가족이 묻혀 있던 공간을 발굴해 보니 오히려 생명력이 넘쳐나는 거예요. 거기에서 큰 아름다움을 느꼈어요. 그렇게 우연히 본 이미지가 제가 현재 처해 있는 상황과 맞닿으면서 작업으로 탄생하는 것 같아요. 아마 다들 비슷한 방식으로 작업을 하시지 않을까요? 본인이 겪어온 환경과 자라면서 본 것에서부터 촉발하는 경우가 많으니까요. 근데 사실 저는 어떤 작품을 구상할 때까지만 해도 당시에는 이거에 왜 관심이 있는지 잘 몰라요. 구체적인 언어로 정의 내리는 것이 늘 어렵더라고요. 실컷 다 하고 나서 돌이켜 본 뒤에야 알아차리게 되곤 해요. 일단 먼저 손을 움직이는 편이에요.

Williamsburg
HANDMADE OIL COLORS
MONTSERRAT ORANGE
Rose Dianthus
DIANTHUS PINK
Dove
grey
gris pigeon
gris paloma
40 ml
OIL COLOUR
Made in Germany
PRUSSIAN BLUE

아무래도 이미지 작업을 하는 사람이다 보니 그런 걸까요?

미술 작가는 이미지를 다루는 사람이니까, 구태여 말하기보단 그림으로 보여주려 해요. 저는 공개된 장소에 어떤 의견이나 생각 내비치는 것도 조금 조심스럽게 느껴져요. 부끄러움이 많기도 하지만, 무언가가 활자로 남게 되는 일을 경계하는 것 같기도 해요. 이렇게 인터뷰하게 될 때도, 제가 저걸 저렇게까지 의도한 건 아닌데 이렇게 부각이 되는구나 싶기도 하거든요. 물론 애초에 염두에 두고서 작업을 한 건 맞지만, 작은 부분에 불과했던 것에 초점이 맞춰지게 되는 경우가 있었어요.

예술을 하다 보면 자신의 작업에 대한 이런저런 말들을 많이 마주치게 되기 마련이죠.

맞아요. 전 '동시대 청춘'에 관한 이야기를 좀 많이 들었어요. 물론 그것도 맞아요! 절대 틀렸다는 건 아니에요(웃음). 다만 저는 그 단어에만 집중하고 있진 않거든요. 제 그림 속엔 더욱 다양한 상상력을 불러일으킬 만한 요소들이 많다고 생각하는데, 한 부분에만 초점이 가는 것 같아서 조금 아쉽기도 했어요. 그리고 저도 아직 과정 중에 있기 때문에 이런저런 작업으로 확장해 보고 싶은 마음도 커요. 아직 너무 젊고, 작가로서 첫 발걸음을 뗀 지 얼마 안 되었기 때문에 조금 더 열린 마음으로 봐주셨으면 하는 바람도 있죠.

계속 같은 결로 읽히다 보면, 자신도 그 해석에 갇히게 될 수도 있으니까요.

맞아요. 그걸 되게 조심스러워하고 있어요. 저도 제가 10년 후에 어떤 작업을 하고 있을지, 잘 모르겠어요. 이런 그림을 그리는 일이 지루해지면, 다른 작품을 그리게 되지 않을까요? 물론 아직 그 단계까지 안 가봐서 모르겠어요. 제가 2020년도에 처음으로 개인전을 했거든요.

첫 개인전은 어떤 마음으로 준비했어요?

지금도 아무것도 모르지만, 그때는 더 몰랐어요. 그럼에도 기회가 왔음에 정말 감사한 마음이 컸죠. 첫 개인전을 치르면서 많이 성장했어요. 처음으로 남들에게 제 작품을 공식적으로 선보이게 되었는데, 관람객들의 피드백도 듣고 내 작업이 그 공간을 어떻게 장악하고 있는지 몸소 확인해 보는 시간이었어요. 디스위켄드룸에서 자리를 내어주신 덕분에 지금까지 열심히 해올 수 있었죠.

개인전을 앞둔 지금은요? 마음가짐이 조금 달라졌나요?
오히려 부담감을 많이 내려놓으려고 하고 있어요. 첫 개인전 때는 조바심이 컸는데, 지금은 생각할 틈 없이 이어지고 있다 보니 현재에 집중하기 바쁘더라고요. 그래서 마음가짐이랄 건 없고, 그저 하루하루를 성실히 살아가려고 노력 중이에요.

주로 어디에서 영감이나 원동력을 얻는 편이에요?
다른 작가님들의 작업을 보면서 감동할 때가 많아요. 바라보기만 해도 황홀해지는 작품을 마주하면 이런 일을 할 수 있음에 감사함을 느끼고 창작욕이 샘솟곤 하죠. 그 외에도 제가 보는 모든 것들에서 영감을 얻어요. 어릴 때부터 무언가 관찰하는 걸 되게 좋아했거든요.

어떤 것들을 관찰했어요?
오, 제가 자연스럽게 눈길이 가는 것들이 있긴 한데 그게 뭔지 정확히 잘 모르겠어요. 저는 제가 취향이 명료한 줄 몰랐거든요. 그런데 사람들이 저보고 취향이 올곧다는 거예요(웃음). 아 하나씩 이야기해 볼까 봐요. 지금 그리고 있는 그림 속에 뻐꾸기시계가 등장하거든요. 어릴 때 큰아버지 댁에 있던 시계일 거예요. 그땐 집들이 선물용으로 뻐꾸기시계가 대대적으로 보급이 되던 시절이었잖아요. 어린 제게는 너무 신기한 물건이었죠. 시간 되면 그 밑에 가서 뻐꾸기가 튀어나오기만을 기다리면서도, 막상 그때가 다가오면 무서워하기도 했어요. 지금 생각해 보면 양가감정에 매혹되지 않았나 싶어요.

저는 지원 씨 작업을 보면서 아름다우면서도 어딘가 섬뜩한 느낌을 받았던 것 같아요.
제가 그리는 도자기 인형이나 조각품도, 어떻게 보면 생명력이 없는 대상이잖아요. 흔히 'Still Life'라고 하죠. 그런 대상들에 붓질을 통해 숨을 불어넣는 것이 재미있어요. 저도 제가 그런 미감을 가지고 있는 줄 몰랐는데, 작업을 하다 보니 '내가 이런 걸 좋아하는구나!' 하고 깨닫게 되었죠.

작년 한 해 동안 한국 미술계에 많은 관심이 쏟아졌지요. 지원 씨도 그 열기 속에서 함께하며 젊은 컬렉터들의 주목을 받았어요.
그렇죠. 근데 '그렇게까지 이슈가 되었나?' 싶기도 해요. 〈FRIEZE SEOUL〉같은 대형 페어에서는 주로 유명한 해외 작가들이 거론되거든요. 솔직히 한국의 작가분들도 더 많은 지원을 받아야 한다고 생각해요. 멋진 작업들이 크게 주목을 받아야 신진 작가들도 함께 나아갈 수 있거든요. 아직은 미술계 전반으로 더 많은 관심이 필요할 때죠. 주목이라고 하기엔 좀 쑥스럽지만, '컬렉터'라는 말을 떠나서 제 작업을 지켜봐 주시는 모든 분께 정말 감사한 마음이 커요. 덕분에 이렇게 인터뷰도 하게 되었고 작업을 지속해 나갈 힘을 얻고 있어요. 그렇지만 아직 저는 갈 길이 먼 작가니까요. 열심히 제 작업을 해야죠.

갈 길이 멀다니 궁금해졌는데, 지원 씨는 작업하다 자주 길을 잃는 편인가요?
잘 모르겠는데, 작업 간의 공백이 그렇게 크진 않아요. 저는 작업이 꼬리에 꼬리를 물듯이 연결돼서 나가거든요. 눈앞의 그림을 그리다가 다음에 무슨 작업을 해야 할지 생각이 나곤 해요. 하다 보면 막히는 순간도 당연히 오겠죠? 다행히 아직까지는 그런 적은 크게 없었어요.

작품이 잘 안 풀릴 때 한 발 멀리 떨어져서 보게 되는 습관이 있다고 들었어요.
제가 그랬어요? 어디에서 그런 말을 했지. 습관이긴 해요. 늘 멀리 떨어져서 전체를 보려고 하죠. 욕심일 수도 있겠지만, 그 이유로 작업실을 좀 큰 곳을 구하고 싶어요. 가시거리가 나오잖아요. 좁은 공간이면 멀리 볼 수가 없거든요.

저는 이번에 대화 나누면서 지원 씨가 어떤 욕망을 가진 사람일지 좀 궁금했거든요. 그런데, 지금보다 더 큰 곳으로 가고 싶은 욕망이 있군요?
다들 그런 욕망이 있지 않을까요? 제 개인적인 욕망은… (고민한다.) 욕망이라는 단어는 조금 거창한 것 같기도 해요.

그렇다면 꿈?
꿈은 작가가 되는 거요(웃음).

이미 작가잖아요!
아 그럼, 작업 생활을 유지하는 거요. 할머니가 되어도 붓을 잡고 싶어요. 유지를 하려면 많이 노력해야 하고, 또 포기해야 할 것도 생기겠지만, 그래도 하고 싶어요. 그것과는 별개로 자연 곁에서 살고 싶은 마음이 커요.

듣고 나니, 지원 씨랑 욕망이란 단어가 좀 안 어울리는 것 같단 생각도 드네요.
맞아요. 있다 한들 이야기 하지 않는 편이에요. 평소에 잘 안 내비쳐요. 매사에 조심스러운 성향이거든요.

오늘 이야기 나누면서 '잘 모르겠다'랑 '아직까지는'이란 말을 엄청 많이 한 거 알아요?
정말요? 그랬구나. 왜냐하면, 정말 이 일을 오래 하고 싶어서 그런 말을 계속하게 돼요. 언젠가 인터뷰를 하다 슬럼프에 빠질 때 뭘 하냐는 질문을 받은 적이 있어요. 저 그때도 정말 모르겠더라고요. 경험치가 적어서 어려운 지점에 닥친 적이 없지 않았나 싶어요. 그래서 "힘은 들지만, 계속 작업실에 나가서 그림만 그려요."라고 말했거든요. 뭐라 대답하기에 아직 충분치 않은 경력인 것만 같아서 말을 아끼게 돼요.

그 문장에서 지원 님의 조심스러운 마음이 엿보이는 것 같아요. 뭔가 쉽게 예측하려고 한다든가, 정의 내리지 않으려 하는….
맞아요. 아마 평생 이렇게 살 것 같아요(웃음). 아직 살날이 많이 남았으니까요. 저는 제가 50대 쯤엔 무슨 그림을 그리고 있을지도 궁금해요. 개인적으로 유명한 작가들의 젊은 시절 작업을 보는 걸 되게 좋아해요. 지금은 엄청나게 핫한 슈퍼 할아버지 작가인 호크니가 지금 제 나이 때 어떤 그림을 그렸는지 확인해 보면 재미있더라고요.

그럼 작업을 벗어나서, '인간 최지원'에게 해결하지 못한 숙제가 있다면 뭐예요?
건강이요. 붓을 쥐고 있는 내내 몸이 경직되어 있다 보니 엄청 힘들더라고요. 저번에 예전 선생님을 뵌 적이 있는데, 보자마자 제발 운동하고 밥 잘 먹으라고 하시는 거예요. 그러다가 30-40대 되면 손목 나가고 디스크 터져서 그림 못 그린다고요. 운동에 돈 아끼지 말라고 강조하셨던 기억이 나요.

새해마다 작년과 몸이 급격하게 달라지는 게 느껴지지 않아요?
맞아요. 체력이 있어야 뭐라도 하는데…. 나이 들어서도 그림 그리시는 작가님들께선 운동을 꾸준히 하셨더라고요. 그렇게 작업을 계속하는 게 쉽지 않은데 정말 대단해요. 저도 제가 건강했으면 좋겠어요. 3월에 개인전 시작하고 나면 해야죠.

저희 다시 자세를 바르게 고쳐 앉아 볼까요? 아직 먼 이야기이긴 하지만, 개인전이 끝나고 나면 무엇을 할 계획인가요?
내년 계획이 이미 다 짜여 있어서 조금 쉬고 다시 작업을 하게 될 것 같아요. 개인전 끝나고는 그다음을 위해서 돌아보는 시간을 잠시라도 가져보려고요. 근데 제가 또 큰 작업을 하고 싶은 욕심이 있어서, 미리미리 해둬야 할 것 같아요. 이 기회가 모두에게 오는 게 아닌 걸 잘 아니까, 최대한 성실히 또 열심히 잘 해내야죠. 진짜 감사해요.

잘 모르겠다, 아직까지는, 감사하다(웃음). 무던하려고 노력하는 한 해가 되겠네요.
그러겠죠? 저는 그날그날의 작업을 다 기록을 해둬요. 모든 과정을 사진으로 찍어두고 한꺼번에 모아서 보면 되게 뿌듯하더라고요. 정성을 들인 시간들이 오롯이 담겨 있으니까요. 힘들 때마다 그 기록을 보며 위안을 받곤 하는데, 올해도 열심히 남겨보려고요.

장면 너머를 상상하며

최지원, Room in Red 포개진 붉은 방, 2021,
oil and acrylic on canvas, 181.1 x 181.1 cm

최지원, Undrinkable 마실 수 없는 물, 2022,
oil on canvas, 130.3 x 193.9 cm

'떨림'이란 단어를 생각하면 떠오르는 익숙한 장면이 있다. 작은 새의 날갯짓이나, 파문에 의해 물결치는 호수 같은. 윤여동에게 떨림이란 연약한 모양새로 퍼져드는 감정보단, 단단한 표면으로부터 새어나오는 울림에 가깝다. 손끝에 머무를 묵직한 '떨림'을 만들어 내고자 불을 지피고, 다듬고, 결을 새긴다.

단단한 떨림을 위하여

윤여동—금속공예가

에디터 오은재
포토그래퍼 최모레

Studio

감사하게도 디저트를 준비해 주셨네요. 테이블 구성이 예뻐서 꼭 전시장에 온 것 같아요. 직접 만든 컵도 아름답고요. 우선 잘 먹겠습니다. (물을 한 모금 마신다.) **오, 컵이 엄청 차가워요!**
금속으로 제작한 컵이다 보니 찬 기운이 엄청나게 오래가요. 대신 전도율이 너무 높아서 뜨거운 건 못 담죠. 아, 제 명함도 드릴게요.

어머, 이름을 은박으로 새겼네요. 명함을 받자마자 어떤 작업을 하는 사람인지 단박에 알 것 같아요. 그나저나 이름이 정말 특이해요.
이름 때문인지, 다들 남자인 줄 아시더라고요. 전화 받을 때마다 다 바꿔 달라고 말씀하시고(웃음). 부모님이 지어주신 이름이에요. 저희 집안이 '여' 자 돌림을 쓰거든요. 너 여汝, 동녘 동東. 굳이 뜻으로 풀이하자면 동쪽에서 뜨는 해라고 보면 되겠네요. 중성적이라서 저는 좋아해요.

뜻도 정말 멋지네요. 어딘가 비범하고요!
어릴 땐, '금은동' 같은 별명으로 불렸어요. 왜 여금이 아니라 여동이냐고 묻는 친구들도 있었고요. 어쨌든 '동'도 귀금속 중에 하나잖아요. 이름에 '구리 동銅'을 쓰는 건 아니지만요(웃음).

하고 계신 작업이랑도 너무 잘 어울려서, 처음에는 따로 브랜딩을 한 건 줄 알았어요. 그럼 여동 씨 소개를 해볼까요?
저는 금속 공예 작업을 하는 윤여동입니다. 어디부터 이야기하면 좋을지 모르겠는데, 프랑스에서 디자인 공부를 했어요. 학창 시절에 프랑스 국제학교에 다니기도 했고, 아버지께서 불어 교수님이셔서 어릴 때부터 유럽 여행을 자주 다니면서 자연스럽게 외국 문화를 접할 기회가 많았어요. 안식년을 지내는 동안 프랑스 액상프로방스에서 살기도 했죠. 그 시절에 미술관과 갤러리를 다니면서 예술을 양껏 누리곤 했는데, 문득 '미술을 해야겠다.'는 생각이 들어서 조금 늦게 시작하게 되었어요.

프랑스 국제학교라니! 흔치 않은 경험을 했네요.
그 학교에 가게 된 건, 조금 웃기다면 웃기고 슬프다면 슬퍼요. 중학교에 입학했을 때쯤, 숙제를 한 번 안 해 간 적이 있어요. 그런데 선생님께서 구레나룻을 뽑는 거예요. 그 체벌이 저에게 엄청난 충격으로 다가왔어요. 저는 화랑초등학교를 졸업했는데요. 서울에 있긴 해도, 자연 친화적인 곳이었거든요. 학교 안에 연못 있고(웃음)…. 여유로운 곳에서 지내다 갑자기 환경이 바뀌니 무척이나 낯설더라고요. 부모님께 말씀을 드렸더니 다른 대안이 없는지 찾아보다 국제학교에 들어가게 되었어요.

어린 나이에 이런저런 잦은 변화를 겪은 셈인데, 혼란스럽기도 했겠어요. 적응하는 덴 어렵지 않았어요?
국제학교의 커리큘럼은 모두 프랑스에 맞춰져 있어요. 선생님도 프랑스인이었고요. 이를 따라가기 위해 아예 모르던 다른 나라 언어를 배우려고 하니, 힘에 부쳤죠. 그래도 학교가 자유분방한 분위기여서 크게 스트레스 받지는 않았던 것 같아요. 중학교에 다니면서 제가 미술에 적성이 있다는 것을 알게 되었어요. 그때까지만 해도 그저 취미로 해야지 생각했던 지라 한국식 입시 미술을 시도조차 안 했어요. 돌이켜 보면 오히려 잘한 일 같아요.

한국 입시 미술이 혹독하긴 하죠(웃음). 나름 자유로운 환경에서 지내다가 프랑스로 넘어가니 어땠나요?
저는 외국 생활이 너무 안 맞았어요. 제가 생각하던 유학 생활하고는 차이가 있었어요. 프랑스어에 조금 능숙하니 어느 부분에선 유리할 거라고 막연하게 믿고 있었거든요. 가도 잘 적응하겠지 싶었는데, 막상 그 환경에 닥치니 소극적으로 변하게 되더라고요. 한국에 있을 때랑은 완전 달랐어요.

어떤 식으로요?
저는 제가 파티를 엄청나게 좋아하는 줄 알았어요(웃음). 그런데 막상 초대를 받아 놀러가면 에너지가 소진되는 기분이 들더라고요. 진짜 친한 친구랑만 놀고, 그 외엔 거의 집에서 시간을 보냈어요. 제가 살던 동네가 이민자들이 많은 도시기도 했고, 인종차별도 없지 않아 있었거든요. 고작 스무 살이 감당하기엔 너무 외로운 환경이었죠. 내내 한국으로 돌아가고 싶었어요. 부모님이랑 친구들 있는 곳으로 가야겠다 싶어서, '일단 살고 보자.'란 생각으로 들어왔죠.

그럼에도 영향을 받은 것들이 있다면요?
재학 중에 얕고 넓게 많이 배웠어요. '오브제 디자인'을 전공하면서 목공이나 도자라든지 모든 재료를 조금씩 경험했다 보니 그 과정에서 내가 좋아하는 작업이 무엇인지 깨닫기도 했죠. 지금 와서 생각해 보면 그 시절을 거치면서 마음 다잡는 법을 터득했던 것 같아요. 어쨌든 한국에 가려면 졸업해야 했거든요. 프랑스는 유급 제도가 있는데, 그게 제일 무서웠어요. 유급을 하면 1년 더 있어야 한다는 뜻이잖아요! 무슨 일이 있어도 통과해야 한다는 마음으로 작업을 했죠. 이렇게 말은 했지만, 나쁘기만 했던 건 전혀 아니었어요. 그곳에 머물면서 프랑스 문화도 많이 배웠으니까요. 프랑스는 크리스마스를 무조건 가족과 함께 보내거든요. 저는 가족들 모두 한국에 있으니까 혼자 지냈어야 했는데 리옹에 사는 친구가 가족 식사에 흔쾌히 초대해 주어서 성대한 만찬을 즐겼던 기억이 나요. 그런 따스한 장면들도 제게 위안이 되어주었죠.

먼 타국에서 다양한 양분을 많이 얻고 왔네요. 본격적으로 금속 공예를 배우게 된 것은 한국에 들어온 뒤부터라고요.
한국으로 돌아왔는데 '배울 것이 많이 남았다.'는 생각이 드는 거예요. 어떤 소재 하나를 잘 다루고 싶었어요. 당시엔 장신구를 만들고 싶었거든요. 그래서 금속 공부를 해보자고 마음먹었죠.

다양한 작업을 해봐도 괜찮았을 텐데, 어째서 하나에만 집중해야겠다고 생각했어요?
누군가가 제게 '너 제대로 할 줄 아는 게 뭐가 있어?'라고 물어보면 뭐라고 자신 있게 대답을 할 수가 없는 거예요. 전문성이 부족하다 싶었죠. 그래서 금속 공예가 더욱 재미있었던 게, 전 과정에 전부 개입할 수 있어서 좋았어요. 금속 공예는 디자인 이후에 손으로 만드는 과정을 꼭 거쳐야 하잖아요. A에서 바로 Z로 향하는 게 아니라, 디자인부터 제작까지 전 과정을 다 밟아가면서 경험해야 해요. 그런 경험을 하며 소재도 더 잘 이해하게 되고, 만들면서 자유자재로 형태를 바꾸기도 하면서 재미를 느꼈죠. 온전히 '내 것'을 만드는 것만 같았거든요.

처음 배울 때 톱질만 석 달을 했다고 들었어요.
학부 때부터 시작하신 분들을 따라가려면, 부족한 기술을 연마해야 했어요. 독일에서 마이스터 과정을 밟으신 안승태 작가님 밑에서 기초부터 다지는 시간을 가졌어요. 손에 조금 익은 뒤에야 대학원에 지원했고 운 좋게 붙었죠. 처음에는 작은 액세서리를 만들면서 세공하는 법을 배웠어요. 그러면서 작업 범위를 조금씩 넓히게 되었는데, 일상생활에서 사용 가능한 컵이나 포크 같은 공예품을 만드는 게 재미있더라고요. 그렇게 지금 하는 작업으로까지 발전하게 되었죠.

심미적인 오브제와 실용적인 작품을 함께 제작하고 있죠. 일상에서 손쉽게 사용 가능한 작품을 만들 땐 어떤 점들을 조금 더 유의하나요?
불편하지 않은지, 실용성이 있는지를 먼저 따지게 되더라고요.

실용성이라….
공예는 우리가 일상에서 보는 물건들에 아름다움을 담는 작업이기도 해요. 요즘에는 오브제로도 많이 쓰이긴 하지만, 어쨌든 생활하면서 사용한다는 점을 전제로 하고 있죠. 지금 앞에 보이는 포크도 평상시에 별생각 없이 쓰는 도구잖아요. 저는 이런 사소한 도구들도 예쁜 걸 사용하면 삶의 질이 올라가는 기분이 들어요.

지금 눈앞에 있는 은 포크가 너무 아름다워서… 뭔가 조심스러워져요.
제가 작업하면서 고민하는 부분이에요. 포크랍시고 구매했는데, 그냥 두고 감상하게 되는 건 제 역할을 해내지 못하는 거잖아요. 어떻게 하면 미적인 부분과 실용성을 동시에 잡을 수 있을지는 공예 작가로서 계속해야 하는 고민 같아요.

그러면서 기성품과의 차이도 만들어야 하고요.
기성품은 말 그대로 '틀에 박힌 대로' 만들어내는 거잖아요. 기계로 찍어내니까요. 어디서든 쉽게 저렴하게 구할 수 있다는 장점이 있긴 해도, 그 안에 철학이 담겨 있다거나 하진 않죠. 공예품에는 사람의 손을 타면서 그 과정에서 했던 고민이 오롯하게 녹아들면서 한 작가의 세계가 담기게 되죠. 그런 점에 있어서 물건에 담긴 의미의 깊이부터가 다르다고 생각해요.

여동 씨 작업에는 어떤 철학이 담겨 있을까요?
저는 오래전부터 '정중동'이라는 키워드를 가지고 작업을 해왔어요. '조용한 가운데 움직임이 있다.'는 뜻이죠. 이전부터 한국의 유물을 굉장히 좋아했고, 그로부터 많은 영감을 얻곤 했어요. 이 단어는 신라시대 금관의 달개 장식이 흔들리는 모습을 보며 떠올린 거예요. 제가 받은 '떨림'을 녹여내고 싶어서 이전에는 제 작품에도 그런 동적인 요소들을 첨가하려고 했어요. 그런데 가만히 놓인 오브제를 볼 때도 그런 울림이 느껴지곤 하잖아요. 박물관에 가서 유물을 보면 '어떻게 저 시대에 저런 손 기술을 사용해서 이런 걸 만들었을까?' 하며 매번 감탄하곤 해요. 그때마다 '저렇게 다 해 놨는데 내가 뭘 할 수 있을까?' 싶지만, 그런 아름다움을 현대적으로 해석하여 저만의 색을 입히기 위해서 위와 같은 철학을 담아내고 있어요.

좋은 작품들은 시대를 가리지 않고 마음에 잔잔한 울림을 주는 것 같아요. 최근에 본 유물 중에 인상 깊었던 것이 있나요?
작년 10월에 영국 여행을 다녀왔는데, 그때 빅토리아

앨버트 뮤지엄을 둘러보다 보석이 박힌 박스를 보았어요. 진짜 작았는데, 너무나도 반짝거리고 아름다웠어요. 그걸 보며 저런 유물은 몇백 년 뒤의 사람이 보아도 울림을 받겠구나, 시간과 관계없는 감동을 선사하는구나 싶었죠.

여행은 즐거웠어요?

네. 2주 넘는 시간 동안 작업과는 멀어진 채로 푹 쉬었어요. 오히려 그러니까 더 자유롭게 영감이 찾아오더라고요. 사진도 많이 찍어 오고 하고 싶은 작업도 생겼어요.

뭔지 물어봐도 될까요?

유럽의 창틀이나 현관문을 보면 색도 모양도 가지각색이잖아요. 골목 구석구석 다니면서 예쁜 프레임을 마주치면 사진을 찍었어요. 여행에서 본 프레임들을 액자로 제작해서, 그 안에 여행의 순간을 담을 수 있다면 좋지 않을까 싶었거든요. 그런데 제가 대학교 1학년 때도 알록달록한 건물들의 일부만 모아서 과제를 냈던 적이 있더라고요. 신기하게도, '이때의 관심사가 지금까지 이어져 작업으로 발전할 수 있었구나.' 싶었어요.

사람마다 일관적인 취향이 있는 것 같아요. 보통 어떤 걸 볼 때 걸음을 멈추게 되나요?

저 시답잖은 것도 좋아해요. 등산하거나 산책할 때마다 길에 떨어진 나뭇가지나 도토리를 주워서 캐스팅 작업을 맡기기도 해요. 금속을 녹인 다음에 석고틀에 부어서 작품을 만드는 방식이라, 신기하게 그 모양 그대로 나오거든요. 한번 보여드릴까요? (작품을 가져온다.)

어머, 진짜 도토리 모양이네요. 너무 귀여워요.

작년 개인전에서 이런 작품들을 모아서 전시를 했어요. 작품명을 '일상의 수확'이라고 지었는데 생각보다 많은 분들께서 좋아해주셨어요. 왜 그럴까 생각해 봤더니 친근한 데서 오는 매력이 컸던 것 같아요. 일상에서 흔히 보는 무언가를 보존한 채로 자신의 공간에 둔다는 것이 좋았나 싶기도 해요.

작품 제목처럼 일상을 지나오다 영감을 많이 얻는다고 들었어요.

요즘은 거의 침대에 있었어요. 원래는 나가서 전시도 보고 돌아다니는 편이었는데, 이젠 집에서 충전하는 시간이 필요하더라고요. 근래 작업량이 좀 많아서 쉬고 싶기도 했고요.

유달리 욕심을 내게 되는 시기가 있죠.

작가로 활동한 지 3년 차 정도 되었는데, 이전보다 조금 더 잘해야 하지 않을까 하는 조급함과 불안함이 생기더라고요. 그래도 이젠 작업의 득과 실 정도는 판단할 수 있게 된 것 같아요. 저는 올해 딱 서른이 되었거든요. 이 순간을 기다려온 것 같기도 해요. 예전에는 앞자리가 바뀌는 걸 막연하게 '나이가 드네.'하고 받아들였어요. 그런데 작업 활동을 하다 보니, 흐르는 시간 속에서 무언가를 배우게 되고 경험이 쌓이는 걸 체감하게 되더라고요. 내가 지나온 모든 시간들이 합쳐졌을 때 어떤 작업을 하게 될지 기대가 돼요.

지금까지의 시간을 거쳐 오면서 가장 크게 다가왔던 배움은 무엇이에요?

제가 작년 4월에 작업실을 이전했어요. 첫 개인 작업실을 얻었을 때는 좀 막막했어요. '지금 내가 뭐 믿고 회사 안 가고 있지?' 싶은 생각도 있었고요. 그래도 정말 감사하게 일이 들어오긴 하더라고요. 작업물이 쌓이다 보니 조금 더 확장해야겠단 생각이 들었고 2년 만에 작업실을 옮기게 되었죠. 이전 작업실보다 더 넓어진 셈이니 그만큼 유지 비용도 더 많이 들어가긴 해요. 그럼에도 넓은 환경으로 오니 마음가짐이 달라지고, 이전엔 엄두도 못 내던 작업도 시작할 수 있게 되었어요. 기계들도 새로 들여오게 되면서 작업 속도가 빨라졌거든요. 매일 나와 공간을 가꾸면서 책임감도 생겼고요. 이런 모든 요소가 맞물리면서 저를 성장하게 만드는 것 같아요. 2022년에 제일 잘한 소비 중 하나예요. '작업실 이사'.

내면적으로 변하게 된 것도 있나요?

사소한 디테일을 다듬어 나가고 있어요. 이전에는 '내가 만들고 싶은 것'에 집중했다면 이젠 대중에게 어떻게 다가갈지를 생각하게 되었달까요. 기존 작품에서 한 단계 더 나아가도록, 이런저런 시도를 해보는 중이에요. 원체 똑같은 일을 계속하는 거에 빨리 질려하는 편이에요. 기존에 있던 형태를 유지하려 하되, 변주를 주며 발전을 거듭해 나가고 있어요.

전시 기획도 하고 있죠?

초반에는 했어요. 지금은 한다고 하기엔 좀 그렇고 안 한다고 하기에도 뭐하고. 그냥 제가 참여하는 전시에 의견을 첨가하는 게 전부라 숟가락 하나 정도 올려놓는다고 보시면 될 것 같아요. 예전에는 나라도 기획해서 전시해야지 사람들이 내 작품을 보겠지 싶었어요. 처음에는 제가 어떤 작업을 하는지조차 모르시는 분들이 많으니까, 그런 기회를 스스로 계속 만들었어요.

요즘 시대에 걸맞게 홍보를 엄청나게 잘하셨네요.
정말 중요하죠. 조금 뜬금없는 소린데, 제가 사주에 망신살과 홍염살이 있어서 스스로 홍보를 많이 해야 한다고 하시더라고요. 예전에는 망신살이 나쁘다고들 알려져 있었는데, 요즘은 잘 사용하면 좋다고 하던데요. 최대한 저를 많이 노출해야 한다고 말씀해 주셔서 이번 인터뷰도 공개되면 인스타그램에 세 개, 네 개씩 올리려고요(웃음).

최근에 여동 씨 작업이 이곳저곳에서 많이 소개되기도 했지요. 사람들이 이전보다 공예품을 많이 소장하게 되면서 흐름이 맞물린 것 같기도 해요.
제가 공예를 업으로 시작했을 때부터 사람들이 공예에 관심을 가지기 시작했거든요. 그러면서 온·오프라인에 공예품을 판매하는 상점이 많이 생겨나기도 했고요. 공예가 일상에 자리를 잡아가는 환경이 조성되고 있다는 건 정말 반가운 일이에요. 이전보다 공예품의 가치를 알아주고, 관심을 두고 찾는 분들이 많아져서 감사하죠. 저는 사람들이 제 작업물을 별로 어려워하지 않았으면 해요. 작업의 틀을 정해놓지 않은 것 또한 그런 이유 때문이에요. 저는 생활에 필요한 것들을 만들 수 있어서 행복해요. 제가 만든 공예품을 사용하며 만족스러워하는 사람들을 보면 보람을 느끼고요. 그렇기 때문에 작품이라고 해서 겁내진 않았으면 해요. 물론 일반 플라스틱 컵처럼 자주 손이 가진 않겠지만 공예품과 함께하는 삶은 분명 충만할 거예요.

일상을 살아가는 데 예술이 어떤 도움을 줄 수 있을까요?
때로는 우연히 듣게 된 가사 한 줄에 엄청난 위로를 받기도 하잖아요. 저는 공예 작품 또한 그와 비슷한 감동을 건넬 수 있다고 생각해요. 일상을 풍요롭게 만들어 준다고 믿고요. 제가 만든 작품을 사용해 주시는 분들께서도 이에 공감하실 것 같아요. 그렇게 생각하면서 에너지를 얻기도 해요. 작업을 하면서 매 순간이 즐거운 건 아니지만, 적어도 제가 하고 싶은 일을 할 수 있어 다행이라고 여겨요.

공예는 무언가 장인의 영역처럼 여겨지는데요. 여동 씨는 궁극적으로 어떤 공예가가 되고 싶은지요?
장인이라는 게 꼭 예술가만을 의미하는 건 아니라고 생각해요. '예술'이란 의미가 제대로 정립되기 전까지는 활쏘기나 승마도 예술의 일부분이었잖아요. 그런 역사적인 배경을 생각해 봤을 때도 그렇고, 자기 분야에 충실하게 파고드는 사람들을 장인이라고 부를 수 있지 않을까요? 이 분야의 장인이 되기까진 거쳐 나가야 할 것들이 많을 텐데, 저는 그냥 하루하루 성실하게 작업해 나가고 싶어요.

작업실 벽에 걸린 망치들을 살펴보다가 용도를 물으니, 잠시만 기다려보라며 주섬주섬 작업복을 꺼내온다. 직접 시범을 보여주겠다며 옷을 갈아입고 온 여동은 곧바로 망치 하나를 골라 자리를 잡고 앉는다. 힘을 주어 잡고선 씩씩하게 몇 번 두드리자 매끄럽던 표면 위에 특유의 결이 새겨진다. 깽깽깽. 정신을 번쩍 들게 만드는 리듬. 그 소음 속에서 탄생하는 단단한 울림을 상상해본다.

같은 섬에 살고 관심사가 비슷하다 보니 오며 가며 몇 번 만난 적이 있다. 아, 저 사람이 홍시야라는 사람이구나. 그림을 그리고, 명상을 하고, 싱잉볼을 연주하는 사람. 가끔은 한 공간에서 그 모든 걸 함께 하고 있던 사람. 궁금했지만, 늘 인사만 하고 지나쳤던 그에게 연락했다. 주소를 묻고, 오름 사이로 난 도로를 달려가 문을 두드렸다.

마음을 그리는 사람

홍시야—화가

에디터·포토그래퍼 정다운

인터뷰하러 오면서 걱정이 하나도 안 됐어요. 일단 만나면 자연스럽게 대화가 흘러갈 것 같았거든요.
저도요. 질문지를 미리 주시긴 했지만 편한 마음으로 기다렸어요.

제주도 오신 지 얼마나 된 거예요?
이제 7년 딱 채웠어요.

어떻게 오시게 된 건가요?
늘 계획이 없어요. 계획이 있으면 이렇게 못 오는 것 같아요. 저처럼 즉흥적이고 별생각 없는, 그런 성향의 사람들이 제주에 와서 사는 것 같아요. 아닐 수도 있고요.

여기로 온 후 그림에 달라진 점이 있나요?
그리는 사람은 잘 몰라요. 저는 그냥 행위를 하니까요. 주변에서 이야기하기론 제주에 온 후로 스케일이 커졌다고 해요. 도화지가 커졌다는 이야기죠. 최근에는 색깔도 화려해졌다고 하시더라고요.

제주도가 그림에 영향을 준 것 같나요?
당연히 영향받겠죠. 식물과 동물 다 환경에 너무 많은 영향을 받고 있고, 우리처럼 이렇게 작업을 하는 사람들은 더 강하게, 알든 모르든 영향을 받을 수밖에 없어요.

다른 인터뷰 찾아보니까 제도권 내에서 미술 공부를 한 게 아니라는 말이 있던데, 미대를 나오지 않았다는 뜻인가요?
미대를 나오긴 했습니다. 졸업장은 있으니까요.

제도 안에서 배운 건 없다?
전혀 없어요. 초등학교 때부터 학교생활이 많이 힘들었어요. 대학교에서도 적응을 못 했죠. 필요하다고 느끼는 공부는 학교 밖에서 직접 찾아다니며 배웠어요. 모두가 똑같은 커리큘럼으로 공부하는 일은 끌림이 없어요. 마음이 움직이지 않으면 절대 몸이 움직이는 애가 아닌 거예요. 겉으로 보기에는 조금 온순해 보이죠? 그런데 고집이 엄청 세요. 제가 좋아하고 꽂혀 있는 부분 외에 나머지는 다 바보예요. 사회 적응 훈련이 필요하다는 말을 들을 정도예요.

작업은 물론 다른 일도 다 잘하실 것 같았어요. 말씀하신 것처럼 온순하고 또 야무진 느낌.
제 주변 사람들은 저더러 손발이 없다고 그래요. 그림 말고는 잘하는 게 없다고요. 그런데 꼼꼼하게 다 잘할 것 같은 느낌이 있나 봐요.

있어요.
전혀 아니에요. 사람들이 너는 그림 그리는 거 하나는 갖고 태어났으니 천만다행이라고 생각해라, 안 그러면 정말 살기 힘들었을 거라고 이야기할 정도로요. 그러니까 관심 있는 것만 깊게 파고요, 세상 돌아가는 건 잘 모르고 살았어요.

한국에서는 특히 10대, 20대 때 살기 어렵잖아요. 강압적인 분위기고 시키는 거, 해야 하는 것도 많고요.
학교생활에 적응을 못 해서 친구도 없었고 왕따도 당하고 그랬어요. 그때는 내가 피해를 보았다고 생각했어요. '나는 가만히 있는데 나한테 왜 이러지?' 했는데 나이가 들어서 생각해 보니까 그들도 내가 되게 불편했을 것 같아요. 섞여 있지 않으니까요. 자기들과 다르다는 걸 본능적으로 느꼈던 게 아닐까요? 저는 늘 약간 아웃사이더였던 것 같아요. 대학에서도 그랬어요. 예를 들어 수채화로 그리면 좋을 것 같은데, 목탄이나 아크릴을 쓰라는 거예요. 왜? 난 싫은데? 이런 마음이 드니까, 조율이 안 되는 거예요. 제도권 안에서 잘 못 어울렸고 결국에는 저의 길, 나만의 속도와 방향을 찾아다니면서 여기까지 온 것 같아요.

여기까지 되게 잘 오셨어요.
그 과정 안에 치열하게 있을 때는 잘 몰랐는데 이제 마흔이 넘었잖아요. 지금 보니까, 되게 감사한 삶이다 하는 생각이 들어요. 지금의 제가 대단하다는 게 아니라, 내가 내 이야기를 아직도 할 수 있다는 거, 이 이야기를 들어주는 사람이 많든 적든 그래도 이야기를 할 수 있는 사람으로 흘러왔다는 거는 운이 좋았다는 생각이 들어요.

몇 년 전에 하신 개인전에 갔었어요. 그리고 최근 제주 아트페어에서 이름을 발견해서 반가워하기도 했고요.
제가 숨 쉬는 유일한 통로이고 도구니까 그림을 계속 그리기는 했지만 언제부턴가 작품 가격을 매기고 판매를 하는 게 조금 어렵고 불편하게 느껴졌어요. 그래서 전시는 안 하고 개인 작업만 계속했는데 몇몇 분이 작업실에 쌓인 그림을 보시고 깜짝 놀라시는 거예요. 이렇게 그림이 많은데 왜 전시를 안 하냐, 판매를 안 하냐 하시면서 전시 기획도 해주시고 평론도 써주시고 그러셨어요. 그런 분들의 도움이 있어서 개인전 〈자연을 담은 마음 크로키〉를 열게 되었고요. 아트페어는 벽이 너무 높다고 생각했는데, 운 좋게 아트페어 주최하신 큐레이터분이 작업실로 찾아오셔서 "언제까지 돌이랑만 얘기할 거냐. 세상에 좀 나와서 좋은 에너지를 사람들이랑 나누는 게 예술가로서 좋은 역할 아니겠냐." 이런 이야기를 해주셔서 용기 내서 나가게 됐죠.

저는 글 쓰는 일을 되게 좋아하지만 마감이 없으면 잘 쓰지 않아요. 그래서 마감 없이 계속 그린다는 게 조금 신기해요. 어떻게 그럴 수가 있을까요?
일어나서 할 줄 아는 게 그거밖에 없으면 그렇게 되지 않을까요?

그냥 누워 있어도 되잖아요(웃음). 그림을 그리는 동력은 어디에서 올까요?
숨 쉬는 것처럼 자연스러운, 그냥 삶이 된 것 같아요. 밥 먹듯이 잠자듯이. 어떻게 보면 계획이 없어서 그렇게 그려진 건가 싶기도 하고요. 제가 하는 작업의 제일 중요한 키워드는 자연스러움이거든요. 그래서 그려 놓은 그림이 없으면 전시를 못 해요.

마감에 맞춰서 그려낼 수는 없는 거네요.
실은 전시를 열심히 못 했던 이유도 그거예요. 개인전은 보통 1년 전에 일정을 잡아 놓거든요. 언제 어떻게 제 작업이 나올지 모르니까 전시를 할 수가 없었어요. 콘셉트에 맞춰서 그림을 그리지도 못해요. 물론 할 수는 있겠죠. 하지만 목적과 계획, 힘이 들어가면 어떤 의도가 섞인 그림이 되고 그렇게 작업하면 제 마음이 많이 불편하고, 그 작품을 세상 앞에 내놓기 싫어져요. 자연스럽게 흘러나오도록 나를 열어 놓는 게 중요해요. 어떻게 끊임없이 그릴 수 있는지 물어보셨잖아요. 이 대답이 더 적절할 것 같은데요, 그림 그리는 행위도 중요하지만 실은 저한테는 제가 가장 중요하거든요.

나를 어떤 상태로 만드느냐에 집중하신다는 이야기네요.
어떤 책을 보고 어떤 음악을 듣고 어떤 사람을 만나고 어떤 음식을 먹고… 맞아요. 최상의 상태 혹은 그림을 그리고 싶은 상태로 나를 만들어 놓는 게 팔 할이에요. 그래서 주변을 정리한다든가 산책을 하고 요가를 하고 명상을 하는 모든 행위가 그림을 그리기 위한 어떤 영감의 원천 혹은 베이스가 되는 거 아닌가 해요.

일상과 그림이 자연스럽게 같이 갈 수밖에 없네요.
그런 것 같아요. 그게 저한테는 중요한 지점이에요. 나를 어떤 상태로 만들어 놓느냐.

그림 그리고 전시하는 거 말고도 싱잉볼 명상 등 다양한 활동을 하고 계세요. 그 일들이 다 달라 보이지만 결국 하나 같다는 생각이 들어요.
9년 전에 싱잉볼을 처음 만난 후 명상 도구로 싱잉볼 소리를 계속 탐구하고 경험했어요. 작업하기 전에 연주를 하고, 주변 사람들한테 들려주기도 하고요. 그러다 '취다선'이라는 곳에서 싱잉볼 클래스 제안을 받았고, 이 공간에서 내가 그림을 그릴 수 있지 않을까 생각했어요. 캔버스 위의 그림만이 아니라 공간에서 소리로 드로잉을 할 수 있겠다. 눈에 보이지 않는 그림, 그리고 사라지는 그림, 그 공간과 시간 안에서만 감각되는 어떤 그림을 그리고, 사람들은 그림을 느끼고요. 그래서 제가 '사운드 드로잉'이라는 이름을 붙인 거예요. 3년째 매주 한 시간씩 가서 사람들을 만나고 그 안에서 소리로 그림을 그리고 있어요.

평소에 명상을 하지 않았던 분들도 많이 오세요?
저는 싱잉볼을 만나기 전에도 명상을 하고 있었어요. 그런데 싱잉볼 소리를 통하니까 굉장히 빠르게 깊은 명상 상태가 되는 걸 경험한 거죠. 명상을 해본 적 없던 사람들에게 싱잉볼이 도움이 돼요.

명상이 뭘까요.
정의 내려지는 게 다 다르겠죠. 전 내면의 고요인 것 같아요. 우리는 수많은 생각을 해요. 이렇게 대화를 하면서도 그렇고 책을 보면서도 그렇고, 그 생각들이 딱 끊어졌을 때, 이 생각과 저 생각 사이 약간 멈춰진 어떤 순간들이 있거든요. 말로 표현하기 참 힘들지만. 그 고요한 상태가 됐을 때 굉장히 마음이 편안해지고 평화로워지는 걸 느끼고 경험할 수 있어요. 그때 영감도 많이 찾아오고요.

사운드 드로잉 그리고 마음 크로키. 네이밍을 되게 잘하세요.
저는 사실 무의식을 그리거든요. 내면의 어떤 것들을 끄집어내요. 그게 꿈에서 본 어떤 장면일 수도 있고, 이렇게 우리가 대화를 하다가 느껴지는 어떤 경험의 감각일 수도 있고, 사물일 수도 있고요. 감각된 것들이 조금씩 쌓이면서 마음 안에서 느껴지고 보이고 들리면 그걸 꺼내 놓는 거거든요. 사람들이 저한테 "뭐 그리는 화가예요? 무슨 장르예요?" 질문하면 설명하기 좀 난해하더라고요. 그래서 언제부턴가 그냥 "마음을 그려요."라고 얘기를 하곤 했어요. 잽싸게 포착해서 그리는 걸 크로키라고 하잖아요. 무의식 안에 감각된 어떤 심상을 잽싸게 포착해서 그림으로 끄집어내는 이 작업에 '마음 크로키'라고 이름을 붙였어요.

그림을 보면 그때 어떤 마음이었지 생각이 나요?
그렇죠.

작업하시면서 스트레스 받는 일은 거의 없으실 거 같아요.

맞아요. 그런데 제가 못 알아차리는 걸 수도 있어요. 그러니까 이런 거죠. 오늘은 나가서 좀 산책하고 싶네, 바다 보고 싶네, 하면 그림이 그리기 싫은 거겠죠. 그리고 싶지 않을 땐 안 그려요. 그게 며칠이 되기도 하겠죠.

되게 오래 안 그린 적도 있어요?

일주일, 한 달 이렇게까지 안 그린 적은 없었던 것 같아요. 한 며칠? 작은 종이에 드로잉은 지금도 계속하고 있어요. 그림일기 그리듯이, 밥 먹는 것처럼.

예전에 책도 내셨어요.

사실 제가 글을 못 쓰거든요. 글보다 드로잉 위주의 책이어서 낼 수 있었어요. 그런데 저는 예술은 하나라고 생각해요. 우리가 음식 먹을 때 포크, 나이프, 숟가락 다 적절하게 이용하는 것처럼 제가 생각하는 예술은 경계가 없는 거예요. 예를 들어, 평화를 얘기하고 싶어, 그런데 소리로 내면 좋을 것 같아, 그러면 소리를 이용하는 거고, 이건 그림 형태가 적절할 것 같아, 그럼 그림이라는 도구를 쓰는 거죠. 우리는 누구나 그림을 그릴 수 있어요. 글도 다 쓸 수 있어요. 그렇죠? 소리도 다 낼 수 있어요. 그런데 그런 생각을 잘 못 하죠.

'나는 그림을 잘 못 그려.'라고 생각하고.

맞아요. 많은 사람이 제 그림을 보고 "뭐로 그린 거예요?"라고 물어봐요. 크레파스로 그린 거라고 대답하면 "정말요? 근데 전 이런 색깔이 안 나던데." 얘기해요. 해보지 않고 못한다고 생각해 버려요. 다들 자기만의 선이 너무 높지 않나 생각해요. 그런 틀을 깨주고 싶은 마음도 있어요.

명상도 마찬가지네요. 어렵게 느껴지는 명상에 싱잉볼로 좀더 쉽게 다가갈 수 있고요.

내가 외롭고 쓸쓸하고 힘들 때 늘 찾을 수 있는 어떤 도구가 있고 상대가 있고 대상이 있다는 거는 살면서 되게 큰 위로가 돼요. 그래서 저는 사람들이 조금 편하게 명상이나 그림에 다가가게끔 돕는 사람이었으면 좋겠어요.

저는 제가 그림 그리는 걸 좋아한다고 생각했거든요. 하지만 막상 그리지는 않더라고요.

음, 그냥 그림일기를 그려보는 거예요. 몇 시간씩 안

그려도 돼요. 저도 그렇게 안 하거든요. 내가 이 조그만 도화지 한 장에 뭔가라도 스쳐서 그린다, 흔적을 남긴다라는 마음으로 조금 연습을 해보세요. 차 한 잔 내려놓고 앉아서 하루 마무리하면서 단지 5분, 10분. 어떤 날은 그림 대신 글을 써도 되고요.

그림을 그리려면 서랍에서 도구를 먼저 꺼내야 하고….
그러면 절대 할 수 없어요. 손이 닿는 곳에 꺼내 놔야 해요. 저처럼 이렇게 앞에 보이게.

그림을 그리려다가도 내가 화가가 될 것도 아니고, 어디 보여줄 데가 있는 것도 아닌데, 하는 생각이 들어요. 한정된 시간 안에서 에너지를 분산시키지 않고 내가 잘하는 일에 집중하는 게 맞지 않나, 하는 거죠. 그런데 지금 홍시야 씨 이야기를 들으면서 실은 모든 행위가 다 나한테 영향을 주는 것들이라는 생각이 들어요.
되게 동떨어진 행위라고 생각이 들 수도 있지만 결국엔 다 연결되어 있어요. 조금 더 동떨어진 것들을 했을 때 반짝반짝하는 영감이 떠오르기도 할 거라는 생각도 드네요.

지금 많은 사람의 문제가 동떨어진 행위를 하지 않는 것에서 오는 걸 수도 있겠다는 생각이 좀 들었어요.
너무나 그렇죠. 늘 틀 안에 있으니까. 틀 안에서 할 수 있는 생각이나 경험은 제한될 수밖에 없죠. 사람들이 조금 색다른 방식의 표현을 많이 시도해 보면 좋겠다는 마음이 늘 있어요. 그래서 전시를 본 뒤에 저에게 “나도 그리고 싶어졌다. 그래서 문방구에 들러서 스케치북이랑 크레파스를 샀다.” 같은 이야기를 해주시면 되게 기쁘죠. 나도 그림 되게 좋아했지. 그럼 나도 좀 해보자. 이런 생각을 하게 되는 다리 역할이 되면 좋겠어요.

주변에서 흔히 구할 수 있는 도구들로 그린다고 하셨어요. 어떤 도구를 제일 좋아하세요?
크레파스, 오일파스텔 이런 재료를 지금도 제일 많이 써요. 연필은 드로잉 할 때 너무 좋아하는 도구고요. 종이랑 연필을 좋아해요.

그럼 이 한 캔버스 안에도 되게 다양한 재료가 들어가는 거죠?
네. 연필, 마커, 오일파스텔, 크레용 다 들어가 있어요.

그림 안 그릴 땐 보통 뭐 하세요?
요가 하고, 산책하고, 책 보고, 음악 듣고… 얘기를 하다 보니까요. 어떻게 보면 그게 다 그림 행위를 위한 일들 같아요. 일상과 창작 행위가 분리되어 있지 않아요. 아주 긴밀하게 연결돼 있어요.

저는 날이 서 있을 땐 글을 못 써요.
맞아요. 저도 그래요. 그 상태로 만드는 데 시간이 좀 걸려요. 어떤 분들은 제 그림이 굉장히 천진하고 밝고 사랑만 있는 것 같다고 얘기하세요. 하지만 나도 인간인데 하루에도 희로애락이 분명히 있어요. 밝은 면만 그려야지, 이렇게 의도하지는 않아요. 다만 그렇다면 왜 내 그림이 이렇게 나오는 걸까 생각해 보니까, 제가 그런 상태에서 그림을 그려서 그런 것 같아요. 뾰족뾰족하거나 날카로운 상태이거나, 생각이 정리되지 않은 때는 다른 일을 하지 그림을 그리지는 않으니까요. 그래서 밝은 에너지가 그림에 표현이 되나 봐요.

그리고 그림을 그리는 작업이 또다시 나 자신에게 영향을 주고요.
맞아요. 그렇죠.

서로 영향을 받을 수밖에 없겠다는 생각이 드네요.
그리고 또 하나는, 사는 게 너무 각박하고 힘들죠. 너무 이해하기 힘든 일들이 이 사회에서 계속 일어나는데 그림을 보고 좋은 에너지를 느꼈으면 하는 마음이 있어요. 그림 볼 때만큼이라도 조금 위로가 되고 좀 편안하다, 그냥 좋다, 이런 마음이 들었으면 해요. 그게 결국엔 내 기분으로 이어지잖아요. 내 기분이나 상태도 되게 중요한 부분이라고 생각해요. 개개인의 기분이나 감정이 평온해지고 평화로워지면 결국에는 이 사회도 그 영향을 받지 않을까요?

내 기분이 평화로워지면 타인에게 너그러워지죠.
나에서 시작돼서 아주 가까운 사람들, 가족, 마을 이런 것들이 연결이 되는 부분이라고 생각이 들어요. 내가 그런 역할을 할 수 있다면 좋겠다, 이런 마음으로 계속 그리고 있어요. 그리고 그런 그림을 그리려면 내 상태가 너무 중요하니까, 내가 고요한 상태가 되도록 계속 나를 끌어올려 놓는 거죠. 맞아요. 그래서 저는 수련을 할 수밖에 없는, 해야 하는, 사람인 것 같아요.

여기가 작업실이자 집이기도 한 거죠.
맞아요.

많은 사람이 집과 일터를 분리하려고 하잖아요. 저도 집에서 글을 쓰긴 하는데 진짜 어렵더라고요.
옆에 조그만 오두막이 작업실인데 잘 안 가게 돼요. 모든 행위가 집 안에서 이루어져요.

보통 몇 시에 일어나세요?
새벽의 정기를 느끼고 싶지만 저는 꿈에서 영감을 많이 얻기 때문에 꿈을 포기할 수가 없어요. 도시에 살 때는 미팅 한 번 하고 와도 집에 와서 대여섯 시간 자고, 친구랑 반나절 놀고 나면 한 3-4일은 누워 있었어요. 그래서 가족들은 제가 굉장히 게으른 사람이라고 그래요. 맨날 누워 있는 사람이에요.

그럴 리가 없어요. 쉬지 않고 그리시잖아요!
누워 있다 일어나서 딱 이거만 하니까 그런 거죠.

이것도 궁금했어요. 요새 가장 관심을 갖고 있는 주제.
나눔인 것 같아요. 계속 마음이 그렇게 흐르고 있어요. 나만 행복하고 나만 위안을 받는 게 아니라 내가 어떤 통로가 되어서 사람들한테 조금 더 좋은 에너지를 주고 싶다는 마음이 많이 들어요. 참, 저 앨범 나와요.

세상에, 앨범이요?
제 무의식이 그림으로 나온 것처럼, 노래들이 제게 왔었어요. 그런데 이렇게 말씀드리면 기대하실지도 모르는데, 되게 이상한 것들이에요. 그림처럼 노래가 왔어요. 정말 그림처럼. 오랫동안 쌓인 곡들을 모아서 발매해요.

혼자 그리는 것과 전시를 하는 게 다른 것처럼, 음악도 앨범이 된다는 건 완전히 다른 영역이잖아요.
이게 무식해서 그런 것 같아요 (웃음). 제주도에 무작정 온 것처럼요. 계획이 있거나 내가 잃을 것들을 생각하면 못 와요. 만약에 '나 노래 못하는데 어떻게 이걸 앨범으로 내?' 이렇게 접근했으면, 앨범, 이건 안 될 일인 거예요. 근데 어때요, 나는 노래가 말이라고 생각하는데.

맞죠. 맞아요.
진짜 그렇게 생각하거든요.

그리고 노래를 잘하는 사람이 제일 좋은 노래를 하는 게 아니잖아요.
내가 그림으로 말하듯이, 어떤 소리나 연주로 말하듯, 얘기하듯, 소리가 말이고 노래가 말이니까요. 나는 말할 수 있잖아요. 그러면 노래도 할 수 있는 거 아닌가 이렇게 생각하니까, 그렇게 노래를 못하는데도 노래를 불렀네요.

마음 안에 있는 것이 노래도 되고 그림도 되고.

네. 맞아요. 콘셉트가 잠이 오는 노래예요. 잠이 많이 올 거예요. 타이틀을 지금 처음 얘기하네요. '우주 담요'예요.

세 번째 네이밍도 너무 좋은데요. 시간 나면 제 네이밍도 도와주세요.

노래가 된 그림. 우주 담요처럼 따뜻하게 덮고 잘 쉴 수 있는 어떤 소리.

네이밍 이야기하다 보니까 생각났어요. '홍시야' 이름도 직접 지으신 거죠?

다들 제가 홍 씨인 줄 알아요. 근데 이름이 '홍시야' 예요. 저는 스무 살이 되면 제 이름을 제가 다시 지어야 한다고 생각했어요.

진짜 신선한 생각이에요.

20대 초반부터 이 이름을 쓰기 시작했어요. 뜻은 '무지개를 보고 부르는 사람', 무지개 홍 자예요. 실은 제가 한자까지는 생각 못 했고요. 소리가 좋고 재밌어서 '홍시야'라고 스스로 이름을 붙였는데, 법원에 개명 신청을 갔더니 한자를 넣어야 개명이 될 확률이 높다는 거예요. 그때 지금처럼 쉽게 개명이 잘 안 됐어요. 창구에 서서 갑자기 떠오르는 대로 "무지개 홍."이요. 그랬더니, 법원 직원이 "무지개 홍이요?" 그러는 거예요.

그때는 스마트폰도 없었잖아요.

되게 당황하면서도 찾아보더니 "무지개 홍이 있네요." 했어요. 되게 이상한 애라고 생각했을 거예요. "시는요?" 그러길래 "보일 시로 해주세요." 이렇게 즉석에서 한자 이름을 만들었어요. 그러고 나서 한자 뜻은 잊고 살았어요. 홍시야 라는 이름으로 10년 넘게 활동을 한 뒤 생각해보니까 무지개처럼 다양하게 보고 부르고 표현하는 사람으로 살고 있구나 하는 생각이 들더라고요. 또 소식이 하나 더 있어요. 책이 나옵니다.

오! 오랜만에 나오네요.

제가 자랑을 해야 해요. 조금 특별한 책이기도 해서요. 제주 자연이 좋아서 제주에 왔는데, 제주가 너무 많이 훼손되는 걸 보고 있어요. 많이 슬프기도 하고 힘들기도 해서 비자림로 확장 공사 현장에 가서 시위도 하고 싱잉볼 연주도 하고 그랬거든요. 그런데 싸우는 에너지가 모이는 곳이니까 제 몸이 너무 힘든 거예요. 나는 이 방식으로는 좀 힘들겠다 싶었어요. 그래서 집에서 하루에 한 그루씩 100일 동안 나무를 그렸어요. 누군가는 나무를 베고 있지만 다른 누군가는 나무를 심고 있다는 것, 나무를 위해서 이렇게 마음을 내고 있는 사람들이 있다는 걸 아무도 알아주지 않더라도 기도하는 마음으로 드로잉을 했어요. 그 드로잉을 엮은 책이 아마 봄이나 여름에 나오게 될 것 같아요.

2014년에 나온 책 《그곳에 집을 짓다》와도 연결이 되는 이야기네요.

그땐 하루에 한 채씩 100일 동안 집을 지었어요. 언제나처럼 드로잉을 하다가, 문득 나를 위한 집을 지어주고 싶은 마음이 들었어요. 그래서 나를 위해 집을 그렸어요. 그다음 날 우리 엄마도 집이 필요할 것 같더라고요. 엄마 집을 그리고, 동생 집도 지어줬죠. 내가 이 집에 불을 좀 켜주면 좋겠다. 100일 기도 같은 거였어요. 내 가족이 내 친구가 평화롭고 편안해지고 더 편하게 세상을 살 수 있지 않을까. 누군가가 집으로 잘 돌아갈 수 있게, 내면의 나를 잘 찾아갈 수 있게 집을 그리고 불을 밝혀주다가, 제가 인맥이 그렇게 넓지 않아요. 똑 떨어졌어요. 누군가를 떠올리면서 기도를 할 수가 없는 거예요. 그러니까 이제 모르는 사람들, 불특정 다수로 가더라고요. 이 작업이 사실은 저한테 큰 전환점이 되기도 했어요. 그전까지는 정말 나를 위해서 그렸거든요. 내 말을 사람들이 못 알아듣는 것 같고, 표현하고 말하는 게 불편하다고 생각했어요. 사실은 살려고 그림을 그린 거죠. 나를 치유하고 살아내려고 우연히 시작한 작업인데 100일 동안 나부터 시작해서 아주 가까운 곳을 지나 세상으로 확장되기 시작한 거죠. 지구 반대편 누군가의 마음까지 생각하면서, 그때 '아, 나눠야겠구나.' 이런 마음이 굉장히 크게 올라오더라고요.

이 집에서는 오래 사셨어요?

오래되지 않았어요. 제주도는 어디든 좋잖아요. 어딘가에 뿌리를 내리는 것도 좋겠지만, 작업하는 사람들은 기회가 되면 움직여보는 것도 좋다고 생각해요.

맞아요. 사는 곳이 바뀌면 많은 곳이 바뀌죠.

내가 다니는 길과 보는 풍경이 바뀐다는 건 굉장히 큰 것 같아요. 이 집에 있는 이 순간까지는 그냥 내 집이다, 생각해요. 변화의 시기가 오면 다른 새로운 걸 또 자연스럽게 만나게 되겠죠. 오가는 것들에 대해서 걱정이나 생각을 덜 하려고 노력해요. 조금 좋은 것도 조금 힘든 것도 그냥 내 집에 오는 손님처럼 잘 대접하고 마음 나누고 떠나게 됐을 때 잘 떠나보내 주는 연습을 계속하고 싶어요. 공간도 인연도 작품도요. 작품을 어떻게

내보내야 할지 몰라서 꽁꽁 싸고 있던 때도 있었는데, 자연스럽게 책으로 노래로 그림으로 세상에 나가고 있는 걸 보니까, 이건 내가 움켜쥐고 있을 일들이 아니구나 하는 생각이 들어요. 누군가는 "얘는 쉽게 쉽게 하고 싶은 거 다 한다."고 생각할 수도 있어요. 바깥에서 보면 그렇죠. 그런데 그 안에서 사라지는 것도 또 거절당하는 것도 되게 많잖아요. 모든 것들은 빛과 그림자가 함께 있는 것 같아요. 좋은 게 올 때도 또 이만큼 고난이 오겠구나 하고, 고난이 있을 때 또 좋은 게 있겠구나 이렇게 마음먹으니까요. 사실은 되게 슬플 일도 없고 또 되게 기쁠 일도 별로 없는 것 같아요. 파도처럼 좋았다가 또 안 좋았다가 이렇게 흘러가겠다는….

마지막 질문! 제주도에서 제일 좋아하는 곳은요?

제일 좋아하는 곳은 집!

정답이에요.

누워야 되고 자야 되고, 그래서 집 제일 좋아요. 그리고 나가면 제주는 어디든 좋아요. 어디가 더 좋다 말할 수 없어요. 시시때때로 좋아하는 곳이 변하기도 하고요. 지금 집이 제주 동쪽 끝에 있으니까 주로 비자림이나 백약이오름을 많이 가요. 그런데요, 바깥에서 본 저와 오늘 이야기를 나눈 제가 많이 다른가요?

음, 많이 다르지 않은 것 같아요.

홍시야 작가는 큰길까지 나와서 손을 흔들어주었다. 우리가 나눈 대화를 곱씹으며 집으로 오는 길, 나도 모르게 나만의 노래를 흥얼거렸다. 깜짝 놀랐지만 계속 흘러나오게 두었다. 이 노래가 무엇이 될 지는 모르겠지만, 노래가 아닐 수도 있지만, 바로 흩어져 사라질 수도 있지만, 상관없다는 것. 그게 모두 나라는 것.

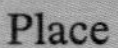

을지로, 용산, 남영동 일대는 골목들이 가지치듯 뻗어있어 하염없이 헤매게 된다. 한 동네를 방황하더라도 보다 예술적으로 길을 잃고 싶은 날, 유유히 방문하기에 적당한 작은 아트숍들을 소개한다. 목적지와는 멀어져도 예술과 한걸음 가까워 질 수 있을 테니까.

이토록 예술적인 방황

에디터 오은재

자료 제공 카바라이프, 큐 아카이브, 페이지메일

21세기 분더카머

카바라이프

오래전, 부와 권력을 가진 이들은 자신의 취향이 묻어나는 진귀한 물건들을 수집하여 저택에 비밀스럽게 진열해 두었다. 이 은신처는 이른바 '분더카머'라고 불렸다. 카바라이프 쇼룸은 흡사 21세기판 분더카머를 연상케 한다. 책장 칸칸이 들어찬 공예품들을 보고 있자면 절로 그에 깃든 이야기들을 상상해 보게 된다. 독특한 미감을 자랑하며 온라인 아트 편집숍으로 입지를 다져오던 카바라이프는 예술 곁에 머무르고 싶어 하는 이들에게 색다른 소비 경험을 제공하고자 서울의 한복판에 자리를 잡았다. 카바라이프는 쇼룸에 방문한 이들이 자기만의 취향을 적극적으로 탐색할 수 있도록 특별한 서비스를 선보인다. 카바라이프 카카오톡 채팅창에 작품 옆에 부착된 번호를 입력하면 이에 관한 정보를 낱낱이 확인할 수 있도록 만든 것. 세세한 배려와 감도 높은 큐레이션 덕분에 작품을 발굴하는 재미를 두 배로 즐길 수 있다. '황금노래클럽' 간판을 찾아 입구로 들어오면, 바닥에 툭 놓인 카바라이프 로고 발깔개가 '놀랍겠지만, 네가 생각하는 그곳이 맞아!' 하며 맞이할 테니 당황하지 마시길.

studio when '오만 시계'

"이 오브제가 시계라면 믿을 수 있겠어요? studio when은 오만 가지 시계를 만들겠단 포부를 가지고선 활동하는 팀인데요. 그들이 만드는 '오만 시계'에는 시계에서 볼 법한 요소들이 등장하지 않아요. 돌아가는 원을 보며 몇 분이 흘렀는지 짐작할 수 있을 뿐이죠. 가만히 지켜보고 있자면, 우리가 경험하는 시간은 상대적이라는 것을 깨닫게 돼요. 색다른 쉼을 느낄 수 있답니다."

A. 서울 용산구 한강대로 280-2 3층 H. ca-va.life O. 화-일요일 14:00-19:00, 월요일 휴무

우연한 만남이 시작되는 곳

큐 아카이브

빌딩 숲 한가운데 숨죽인 채 자리한 용산정비창 골목. 거대한 규모를 자랑하는 용산역과 멀티플렉스의 위용에 압도당해 지나쳐버리기 십상이지만, 구석구석 헤매다 보면 소소한 발견의 기쁨을 누릴 수 있다. 골목 끝에 위치한 큐 아카이브는 작품과의 우연한 만남이 시작되는 공간이다. 명작 〈007〉 시리즈에서 제임스 본드의 생존에 필요한 물건들이 큐 디파트먼트에 모여 있었듯, 큐 아카이브에는 삶을 한층 더 풍요롭게 만들어줄 작품들이 즐비하다. 큐 아카이브를 책임지고 있는 김준아 대표는 모든 것이 돈으로 환산되는 상업 시장에서 눈을 돌려, 생활 속에서 쉽게 접근할 수 있을 법한 작은 작품들을 찾아내고 소개한다. 그는 사람과 사람이 관계를 맺으며 서로의 빈 구멍을 채워주듯 작품에 깃든 숨이 공허한 마음을 어루만져 줄 수 있다고 믿는다. 세상 어디에도 없는, 나만의 조각을 찾고 싶을 때 가볍게 찾는 사랑방이 되기를 꿈꾸며 시간의 흔적이 묻어나는 공간을 매만진다.

A. 서울 용산구 한강대로 11길 37 H. qarchive.kr O. 목-일요일 12:00-20:00, 월-수요일 휴무

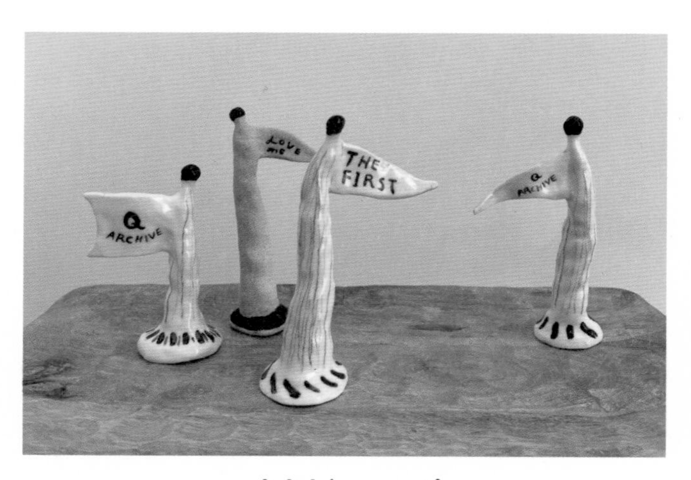

서지나 'the first'

"일러스트 작업을 하며 다양한 분야에서 활동 중인 서지나 작가님과 협업하여 제작한 굿즈랍니다. 작가님과는 큐 아카이브 첫 개관 전시였던 그룹전 〈七面〉에서 인연을 맺었어요. 올해가 큐 아카이브 1주년이기도 하거든요. 그 기념으로 특별히 마음을 담아 제작해 주신 작품이에요. 핸드빌딩으로 도자를 만들고 그 위에 일상 속에서 흔히 떠올릴 만한 문장을 새겨 사람들에게 위안을 선사하고자 했어요. 변함없이 저희와 함께해 주시는 분들 덕분에 무사히 1년이라는 시간을 지내왔답니다."

LOUISIANA
21.3.-
10.6.
2019
LIU
XIAODONG

Minuet of Manners
Kunsthalle 12.06.-
Zürich
Holzköpfe
(1996–2002)
ЛЮБИТЕЛИ
ИСКУССТВА
Kunsthalle 16.02.-
26.05.2019
Zürich
hrenholz
Limmatstr. 270
8005 Zürich
kunsthallezurich.ch
29.08.-
08.11.2015

한 장의 포스터에 깃든 이야기

페이지메일

페이지메일은 멀리서 건너온 이야기들이 가득한 사서함과도 같은 공간이다. 벽에 차곡차곡 세워둔 액자들을 조심스레 넘기다 보면 모서리에 무심하게 끼워둔 캡션이 눈에 들어온다. 오랜 시간 미술 곁에서 일한 차지형 대표는 한 장의 포스터에 깃든 이야기가 많은 이들에게 닿길 바라는 마음으로 그에 담긴 역사를 한 자 한 자 옮겨 적었다. 몇 년 새 아트 포스터 숍이 우후죽순 늘어나고 있지만, 그는 페이지메일만이 전할 수 있는 미감을 찾아내고자 각국을 오가며 이야기들을 수집하고 있다. 페이지메일의 아트 포스터는 각국의 갤러리와 저작권 사용 독점 계약을 한 아트 프린트 전문 업체에서 수입을 진행한다. 색이 바래지 않는 종이에 작품을 입히고, 오랜 시간 작가들과 함께 손발을 맞춘 공방의 액자를 더해 원작에 버금가는 감동을 선사한다. 이를 동력 삼아 많은 이들이 예술 앞으로 한 발짝 향할 수 있기를 바라며, 오늘도 누군가의 공간에 한 폭의 그림을 보낸다.

로낭 부홀렉 'bas-relief'

"프랑스 대표 산업 디자인 스튜디오인 로낭&에르완 부홀렉의 아트 포스터는 페이지메일에서 가장 많은 사랑을 받는 작품 중 하나예요. 프랑스 보르도 Arc en Rêve에서 열렸던 전시에서 그들의 드로잉 시리즈가 처음 공개되었죠. 평소에도 기록광으로 유명한 그들은, 손에 잡히는 모든 것에 그림을 그린다고 해요. 노트가 없으면 냅킨이나 영수증을 사용할 정도로 스케치를 멈추지 않았던 거죠. 작은 크기의 포스터지만, 이 그림이 모든 디자인의 출발점이라는 것을 떠올릴 때마다 영감이 샘솟을 거예요."

A. 서울 중구 을지로 108 H. pagemail.kr O. 화-토요일 13:00-19:00, 일-월요일 휴무

모든 것이 빠르게 변하는 요즘, 온라인미디어 플랫폼은 그 무엇보다도 더 앞서서 미래로 향해가고 있다. 팬데믹 이후부터 서서히 온라인 환경 속에서 예술 생태계를 일구기 시작한 예술가들 또한 뿌리를 내리듯 자신의 자리를 찾아가는 중이다. 시간과 공간의 제약이 사라진 드넓은 미지의 세계 속에서 자신만의 방식으로 고군분투하고 있을 예술가들. 그들이 좀더 멋진 항해를 할 수 있게끔 지도가 되어줄 프로그램을 소개한다.

경계 위에서 다시 태어나는

온택트 시대가 도래한 후, 온라인 플랫폼이 활성화되면서 예술계는 다른 국면을 맞이했다. 그중 가장 호황기를 맞은 건 '영상 콘텐츠'일 것이다. 한 손엔 핸드폰을 들고선 나와 맞는 작품을 찾아내고자 낮과 밤을 가리지 않고 OTT 세상을 활보하고, 하루에도 몇 번씩 SNS를 오가며 수백 편의 숏폼 영상을 소비하고 있다. 3D 영상으로 구현한 VR 전시 공간과 메타버스에서 공연을 즐기는 일 또한 어느새 그리 낯설지 않아졌다. 그간 극장과 전시장 같은 오프라인 공간을 통해서만 예술을 마주했던 시대는 완전히 끝났다고 보아도 무방할 것이다.

글 오은재
자료 제공 온라인미디어 예술활동

문화체육관광부와 한국문화예술위원회가 추진하는 온라인미디어 예술활동 지원사업 '아트 체인지업Art Change UP'은 예술가가 자유롭게 창작 활동을 이어 나갈 수 있게끔 예술 생태계의 지반을 만들어 나가고 있다. 또한 무너진 온·오프라인의 경계 위에서 관람객들에게 차별화된 예술 경험을 제시하고자, '온라인미디어 예술활동 누리집'을 마련하였다. 그곳에는 장르 간의 벽을 허물고 예술적 실험을 도모한 이들의 발자취들이 고스란히 기록되어 있다. "내 손에 ON 예술, ON 세상 모두에게" 슬로건 아래, 그간 온라인미디어 예술활동 지원사업 '아트 체인지업'에 선정되었던 콘텐츠들을 언제 어디서나 관람할 수 있게끔 공개해 두었다. 방대한 온라인 세계 속 예술가와 관람객들이 서로 연결되도록 일종의 허브 역할을 하는 셈이다.

안은미컴퍼니 × 이태석

〈Follow〉(2022)

〈은미뽕축제〉는 다양한 예술가들이 세계적인 현대무용가 안은미의 춤 세계를 자신의 관점으로 해석하고 이를 작품으로 승화시키고자 마련된 온라인 축제이기도 하다. 〈Follow〉는 〈은미뽕축제〉에서 선보인, 예술감독 안은미와 감독 이태석의 협업을 통해 제작된 작품이다. 15분 남짓 정도 되는 러닝타임 동안 영상은 안무가 안은미의 시선을 따라 묵묵히 흘러간다. 건물들과 사람들을 둘러보며 나부끼듯 지나치는 그의 모습은 꼭 목적 없는 산책을 하는 것처럼 보이지만, 이 모든 걸음은 끝끝내 하나의 춤이 된다.

위트앤시니컬 × 김현우

〈이미지 텍스트 아카이브〉 시리즈(2022)

혜화의 터줏대감 '동양서림'의 나선형 계단을 오르면 작은 시집 서점 '위트앤시니컬'을 만나볼 수 있다. 시를 사랑하는 이들이 활자를 온전히 감각할 수 있도록 오프라인 공간을 운영하는 이들은 온라인에서도 문학을 공감각적으로 즐길 수 있게끔 실험을 시도했다. 시인이 언어로 직조한 이미지들은 영상 속에서 생생히 살아나 행간에 색다른 호흡을 더하고, 시적 체험을 가능하게끔 이끈다.

송송희 × 박수환

〈규암리 149〉(2022)

오래된 골목 풍경들이 지나간 다음, 한 사람이 너른 땅 위에서 깨어난다. 무언가를 잇고 차곡차곡 쌓아 올리는 듯한 동작을 수행하는 한 사람. 〈규암리 149〉는 사라져 버린 집이란 공간을 조명하고, 기록하고자 하는 댄스 필름이다. 무엇이든 손쉽게 무너지고 순식간에 새로운 것으로 대체되어 가고 있는 시대 속에서, 무용수의 몸짓을 통해 사라져 버렸던 공간은 새롭게 복원이 된다.

건강하신지요?

글 이주연 일러스트 휘리

한 번도 가보지 않은 곳으로 떠날 때의 설렘을 좋아한다. 걱정스럽거나 고민되는 것은 조금이라도 예측할 수 있을 때이고, 아무것도 모르는 곳으로의 이동이라면 마음을 지배하는 건 보통 설렘이다. 예컨대 잘 준비한 여행이 그러한데, '저는 여행자입니다.' 패치가 장착되면 좀더 신이 나고 거침없어지는 면이 있다. 물론 약간의 걱정과 불안이 따라올 테지만 순수함과 예의를 잃지 않는다면 누군가의 호의나 귀여운 우연이 좋은 곳으로 안내해 주리라 믿는다. 한 권의 책을 기획하는 것도 비슷하다. 한 번도 해보지 않은 주제로 떠날 땐 마음이 설렌다. 조금 안다 싶은 부분에서 걱정과 고민이 피어나기도 하지만, 아무것도 모르는 쪽으로의 기획이라면 머릿속을 지배하는 건 설렘이다. 좀 어렵고 지난해도 순수함과 예의를 잃지 않는다면 누군가의 호의나 귀여운 우연이 좋은 기획에 보탬이 되리라고 믿는다.

내가 예술이라 생각한 것들을 떠올려 본다. 나는 예술을 대개 바닥이나 벽에서 찾는다. 대체로 작고 조용하고, 자칫 잘못하면 그냥 지나칠 것들이다. 내가 보는 바닥엔 계절 모르고 벌써 움틀 준비를 하는 새싹이나 아이의 것이었을 어떤 공작품에서 떨어진 눈알 같은 것들이 있다. 사람의 애씀으로는 흉내 낼 수 없는 식물의 생장, 우연히 떨어진 눈알 스티커가 만들어낸 바닥의 표정 같은 것을 연달아 마주하는 날엔 기분이 좋다. 아주 좋은 전시를 본 것 같은 강렬한 감동은 아니어도 잔잔히 퍼져오는 위로 같은 것이, 평균값 이상으로 마음을 맴돌곤 한다. 나는 그런 것들이 놓여 있는 이 주변이 모두 '예술가의 방'에 다름 아니라 생각했지만, 그걸 예술이라 꺼내 보이기 위해서는 좀더 단단한 이야기가 필요했다. 독자들에게 "땅만 보고 걸었고, 거기 귀여운 게 있었습니다." 할 순 없는 노릇이니까.

마땅한 이야기가 떠오르지 않아 계속 골몰하며 걷던 나는 이번 호는 좀 어렵겠네, 하며 연건동의 한 가게로 들어섰다. 문을 열고 들어서면서 '여기엔 아름다운 게 참 많지.' 생각했다. 선물하기 좋은 것들이 있는 곳, 'Things We Love'의 약자 TWL을 사용하는 그곳을 나는 늘 선물가게라 불렀다. 따듯하고 잠잠한 환대를 받으며 숍으로 들어서 이것저것 만져보고 두리번거리던 나는 문득 깨달았다. 누군가의 설렘이 곳곳에 닿고, 누군가의 수고로움이 켜켜이 쌓여 있는 여기가 바로 예술가의 방이라는 것을.
《AROUND》 70호, 예술가의 방에 실린 '토토빌딩' 기획은 그렇게 출발했다. 1층의 TWL shop에 모인 아름다움을 살펴보는 것을 시작으로 전 층에 근사함을 만들어내는 팀이 살고 있다는 걸 불현듯 깨달은 까닭이다. 내가 아는 숱한 아름다움을 만들어내는 그래픽 디자인 스튜디오가 토토빌딩에 옹기종기 모여 살았다. 그리고 그 기획의 인터뷰이 중 한 팀이었던 5층 햇빛스튜디오에게 예상치 못한 이야기를 듣게 된다. 아마 이것이 앞서 말한 '누군가의 호의이자 귀여운 우연'이었을 것이다.

"2층 관리실에 계시는 관리인 선생님 인터뷰 좀 해주시면 안 되나요? 여든 정도 되셨는데 대단한 분이거든요. 토토빌딩의 모든 안내를 손글씨로 써서 그림까지 그려서 붙여 두세요. 택배 맡아놨다고 말풍선을 그려서 안내문을 만드는데 그 그림이 얼마나 완벽한지…. 그분의 아이덴티티도 토토빌딩의 지분이에요. 아니, 그분은 특종이에요."

토토빌딩은 나보다 나이가 많다. 그러나 이 정도 견고함과 단단함이라면 내가 두 번쯤 환생하고도 이 자리에 남아 있을 것 같다. 자주 오가던 빌딩에 인터뷰어라는 이름표를 달고 들어선 어느 겨울날, 나는 풍채 좋은 중년 같은 빌딩 안에서 예상치 못한 귀여움을 곳곳에서 발견했다. 내가 바닥이나 벽에서 예술이랍시고 곧잘 길어 올리던 그것들과 맥을 같이 하는 모습이었다. 에이포 용지에 색연필로 그려진 그림, 그 안에 적힌 손글씨…. 눈길이 닿는 곳에 손수 그린 꽃이 한 송이씩 자리하고 있다. 그 꽃엔 눈도 있고, 입도 있다. 층층이 펼쳐진 꽃은 항상 뭉게뭉게 말풍선을 달고 있는데, 그 안에는 이러저러한 문장들이 큼직하게 적혀 있다.

"And So On. 신입사원으로 입사하시어 한 가족, 됨을 축하합니다.
잠시 잠깐 → 읽어주시면, 감사하겠습니다. 감사합니다."
어느 층엔가 새로운 직원이 들어온 모양이다.

"그리하시구요. 떡국도 맛있게 드십시오. ^^ 감사합니다."
이건 새해 근처에 붙여두셨나 보다.

비슷한 느낌의 안내문들이 여기저기 다른 내용으로 붙어 있었고, 제 역할을 다한, 지난 안내문들은 겹겹 쌓여 관리인실 앞에 놓여 있었다. 나는 살그머니 문을 두드렸다. 근사한 것들을 만들어내는 작가들이 모여 있는 빌딩, 그곳 2층 정면에 위치한 아늑한 방, 바로 이 안에 손글씨를 손수 적어두신 예술가가 계실 것이다. 문을 활짝 열며 인사를 건네는 관리인 선생님은 이미 모든 걸 알고 계셨다. 내가 누구인지, 오늘 내가 여기에 왜 왔는지, 우리가 어디에 몇 시쯤 주차했는지. "오늘 오신 손님이구먼. 식사는 했어? 좋은 일 해, 여기에 훌륭한 사람들이 많아요. 다들 좋으신 분이고." 여든이 넘었다는 관리인 아저씨 목소리는 힘이 좋았고, 모든 음절에 웃음이 묻어 있어 듣기만 해도 기분이 좋아졌다. 인터뷰하는 동안 잔뜩 예민해졌던 세포들이 천천히 긴장을 푸는 게 느껴졌다. 고단한 여행을 마치고 집으로 돌아올 때 기분 같았다. 무어라 칭하면 좋을까 잠시 고민하다 '선생님' 성함을 여쭤보니 "이순신"이라신다. 그냥 그렇게 부르면 된다고 하신다. 이순신 선생님 이야기가 궁금하다고 하니 "나? 내가 뭘, 한 것도 없는데. 취미가 일인 사람이에요, 저는. 여기 공기처럼 있는 사람이야. 공기는 꼭 필요하지만 보이지 않아서 있는지 모르잖아요. 내가 그래요. 필요로 하기 전에 미리 다 준비하고, 필요한 게 있으면 바로 해주고, 나는 토토빌딩의 공기예요. 아유, 내가 말을 잘 못해가지고…." 물이 흘러가듯 이 얘기에서 저 얘기로, 본인 이야기를 한 자씩 풀어놓는다. 한 30분 정도 대화 나누었을까, 토토빌딩 바로 옆 '핫플레이스커피샵'에서 커피를 한 잔 사주시겠다고 한다. 나는 이 정성스러운 예술가가 좋았다. 나를 기쁘게 하는 예술가였다. 이순신 선생님 이야기가 궁금해 어린아이처럼 '핫플레이스커피샵'에 따라나서고 싶었지만 나는 어른이었다. 내 옆엔 스태프가 함께였고, 마감이 얽혀 당장 시간 내기가 어려운 통에 다음에 꼭 뵈러 오겠다 인사를 나누고 헤어졌다. 오늘 나눈 이야기는 책에 싣기 전에 한 번 정리해서 보내드리겠다고 하니 "매거진 만드느라 고생이 많아." 그러신다. 매거진이라는 말도, 잡지라는 장르도 생소하실까 싶어 책이라 풀어서 이야기한 게 조금 멋쩍어진다. 이순신 선생님은 마치 자연스러운 일이라는 듯 본인의 메일 주소를 적어서 나에게 건네 주신다. 큼직하게 적힌 소문자와 흐르는 듯한 필체가 아름답다. 토토빌딩 곳곳을 장식하고 있는 그 손 글씨와 꼭 닮은 글자들이었다.

다음 날, 문자를 한 통 받았다. 띄어쓰기가 유난히 많은 문자였다.

> 이 주연　　　선생 님,　　　-소중하신 분들과 인연 잘간직하겠습니다.
> 따뜻하게 점심식사는 하셨는지요?-항상 안전운전 하시고 건강도
> 유의하시구요.　　-귀하신 부모님께 제일 기뻐하실 효도이지요.
> -두분께서 열심히 일하시는 모습 너무 보기좋습니다.언제 한번들리시면
> 바로옆 핫프레이스커피샵 안내해드리겠습니다.좋으신 오후되셔요.
> 감사합니다♣　-토토빌딩관리드림-

며칠 뒤, 토토빌딩에서 나눈 대화를 문서로 정리하여 메일을 보내드렸다. 혹시 잘 안 보이실까 싶어 폰트 크기를 잔뜩 키운 문서 파일이었다.

> 이 주연　　　선생 님,　　　안녕하셔요?　　-종로토토관리인입니다.
> -잊고있었는데 약속 지켜주셔서 감사합니다.　　구름사이의 밝은 햇살이
> 반가웠던 그런 느낌이네요.칭찬 몸 둘곳이없습니다.
> -오실기회 있으시면 꼭들려주셔요. 좋으신 하루되십시오.다시한번
> 감사드립니다.　　　-감사합니다.♣

그렇게 몇 번 메시지를 주고받다가 두어 번 답장을 보내지 못했다. 한창 일할 시간에 도착하는 메시지는 놓치기 일쑤였고, 잠잘 시간대에 확인한 메시지엔 답장하기가 어려웠다. 모든 메시지에는 내 건강을 챙기는 한마디가 들어 있었다. 그리고 어느날 이런 메시지가 도착했다.

> 이주연　선생님,　안녕하셔요?　아직 업무중 이신가요?
> -시간 내셔서 메일 한번 열어보셔요 꽃 몇송이　보내^~^드립니다
> 항상 건강유의하셔요.　-감사합니다♣

업무용 메일함에 한 통의 메일이 도착해 있다. 첫 문장은 '아직도 철이 들지않은 할아버지 입니다.'였다. 메시지보다 훨씬 정갈하게 정리된 문장과 엄청나게 많은 꽃 사진이 본문에 첨부되어 있었다. 꽃 아래는 난생처음 보는 꽃 이름들이 적혀 있다. 말나리꽃, 꿩의비름, 아부틸론 꽃, 3000년에 1번 핀다는 우담바라꽃, 개불알꽃, 개갓냉이꽃, 백두산 분홍할미꽃….
그 뒤로도 선생님은 문자 메시지와 메일을 종종 보내주셨다. "이 주연 편집자 님, 오늘도 귀하시고 포근하신 엄머님 품으로 돌아 오셨어요?" 저녁 시간대면 내가 집에 무사히 돌아왔는지 물으며 첫 문장을 열었고, 점심 즈음이면 나의 끼니를 걱정해 주셨다. 비가 내리는 날엔 "지금도 구름지난 높은 하늘에는태양이 매달려 있겠지요?"하고 날씨 이야기까지 시처럼 건네주시던 이순신 선생님. 어느 날엔 힘든 일이 있었다면서, 빌딩의 누수 문제를 해결한 과정을 문서 파일로 첨부해 메일을 보내주신 일도 있다. 마지막 메시지가 언제였나 얼어보니 2020년이다. '쉬고 싶은데 실현이 안 된다'고, 평소와 다르게 힘듦을 토로한 선생님은 이 메시지 역시 커피 한 잔 사겠다는 문장으로 맺는다. 오랜만에 한 자 한 자 적어 메시지를 보냈다. "안녕하세요, 이순신 선생님! 재작년 즈음 만났던 어라운드 주연입니다. 요즘 어떻게 지내시나요?"

내가 보고 온 그림 이야기를 하려고 앉았는데, 한 글자도
못 쓰겠다. 어떤 단어를 꺼내 이어 붙여도 보잘것없다.

세상 오래 살안 이런 것도 해보고

글 정다운
사진 박두산

그림을 그리는 마음

제주도 산간 마을 선흘리에서 열린 전시 〈할망해방일지〉에 다녀왔다. 작가는 아홉 명의 할머니. 갤러리는 할머니들의 생활 공간. 1937년생 강희선 할머니가 사는 집 '소막미술관'을 비롯해 창고미술관, 마당미술관, 올레미술관 등 갤러리로 꾸며진 할머니들의 집에 조심스럽게 들어가 그림을 천천히 둘러봤다. 그리고 근처에 사는 친구들에게 연락했다. 어서 이 전시에 오라고. 사실은 멀리 사는 친구들한테까지 연락했다. 전시가 끝나기 전에 제주에 오지 않겠느냐고.

할머니들이 그린 그림을 하나하나 볼 때마다 마음에 이야기가 차곡차곡 쌓여 가득 찼는데, 막상 꺼낼 수 있는 말이 많지 않다. 어떤 마음부터 꺼내야 할까 고민하다가 60대 후반 엄마가 10년째 그림을 그리고 있다는 사실이 떠올랐다. 1954년생 이윤지 여사에게 전화를 걸었다.

엄마 그림 그린 지 얼마나 됐죠?

10년 됐더라. 안 그래도 최근에 사람들이 물어봐서 한번 세어봤어. 예술의전당에서 수채화 4년 정도 배우고, 지금 대학교 평생교육원에서 6년째 유화 배우고 있어.

처음에 어쩌다 그림을 배우기 시작한 거예요?

네가 예술의전당에서 그림 수업 듣는 거 보고 나도 배우고 싶다고 생각했지. 그러다 금요일 반 생겼다면서 네가 등록해 줬어.

내가? 그랬나? 계속 재밌어요?

그냥 매주 꾸준히 나가는 거지. 그만해야겠다는 생각 한 번도 안 했어. 벌써 집에 그림이 백 개쯤 쌓였어.

그동안 실력이 늘었어요?

그림이 늘었다기보다는 겁이 없어졌지. 처음에 그림 배우러 간 날 선생님이 고무나무 화분을 가운데 두고 그걸 그리라는 거야. 뭘 어떻게 그려야 할지도 몰랐거든.

다들 꾸준히 배우는 편이에요?

응. 그림을 처음 접했던 사람들이 대부분인데, 다들 7-8년씩 계속 배우고 있어. 한 번도 그림 안 그려본 할아버지들이 꾸준히 수업 오는 거 보면 신기해.

유화 그린다고 하면 돈이 많을 거라는 편견이 있잖아요.

그렇지. 맞아. 예술의전당 같은 곳은 접근성도 좋지 않으니까. 쉽게 배우러 가긴 힘들잖아. 나도 너 아니었으면 생각도 못 했을걸. 네가 쓰던 수채화 물감이랑 팔레트 있었으니까 그거 들고 가본 거지. 근데 돈 많이 안 들어. 처음 시작할 때 기본 재료 사느라 좀 드는데, 그러고 나면 거의 안 들어. 유화 물감도 쓰는 색만 자꾸 쓰게 되니까 그것만 낱개로 사면 되고. 지금 다니는 평생교육원은 수강료도 별로 안 비싸. 65세 이상은 할인도 되고. 나 보면서 주변 친구들이 자기들도 그림 그리고 싶다고 하는데, 선뜻 시작을 못 하더라. 처음이 좀 힘들긴 하지.

전화를 끊었다. 10년 전에 내가 그림 수업을 등록해 드렸다는 건 까맣게 잊고 있었다. 미술 시간을 가장 기다리는 학생이었던 나는 대학 땐 홍대 앞 화실에서 누드 크로키를 배웠으며, 회사에 취업한 후에는 주말마다 예술의전당에 가서 수채화를 배웠다. 기억난다. 엄마가 미술 수업을 듣고 싶다고 했을 때 "엄마가 딸을 닮았네."라고 말하며 같이 웃었다. 나는 몇 번 깔짝대며 배우고는 124색 색연필과 72색 마카펜 세트를 사고 책장 한편에 고이 모셔두는 걸로 그림 좋아하기를 끝냈지만, 엄마는 10년째 그림을 그리고 있다. 딸이 엄마의 끈기를 닮았으면 좋았을 텐데. 일주일에 한 번 물감이 묻은 청바지를 입고 큰 캔버스를 들고 버스를 두 번 갈아타고 유화를 그리러 간다. 그간 그린 그림이 정말 많아서 어느새 집이 갤러리가 되어가고 있다. 그림 친구들과 단체전도 두 번이나 열었다. 동생과 나는 엄마가 전시를 할 때마다 꽃바구니를 보냈다. 작년엔 그동안 그린 그림 중 열두 개를 골라 탁상 달력을 만들어 드리기도 했다. 노년의 엄마에게 취미가 있다는 건 정말 반가운 일이다. 어떤 취미는 자식보다, 친구보다, 배우자보다 낫지. 엄마가 재미있게 살았으면 좋겠다고 생각했다. 그뿐이었다.

그리움을 그린 그림

다시 산간 마을 선흘리로 돌아와서. 태어나서 한 번도 붓을 잡아본 적 없던 아홉 분의 할머니가 그림을 그리게 된 건 마을에 사는 최소연 '미술 선생' 덕분이다. 미술 선생과 함께 할머니들은 1년 남짓 그림을 그렸다. 할머니들 연세는 모두 여든 살이 넘었고 최고령 조수용 할머니는 아흔세 살이다. 스케치북에 물감이나 목탄, 색연필을 가지고 그림을 그리며 그림 소재는 할머니 주변에서 흔히 볼 수 있는 것들이다. 낫에 깎아 먹은 참외, 직접 키운 오이나 열무, 딸이 사준 옷, 저녁 밥상, 마당의 100살 넘은 하귤 나무, 키우던 소, 아랫목에 깔려 있는 꽃무늬 이불.
강희선, 홍태옥, 김인자 할머니의 그림이 전시된 소막미술관의 소막은 마구간이라는 뜻이다. 상상해 본 적 있을까. 제주 산간 마을 오래된 돌집 마구간이 갤러리가 된 모습을. 조명이 없고 창이 작은 곳이라 공간이 어둡다. 하지만 그래서 그림을 가까이서 자세히 들여다보게 되어 좋다. 오가자 할머니 집 창고를 갤러리로 꾸민 창고미술관에는 옷을 그린 그림들이 주렁주렁 걸려 있다. 할머니의 옷장을 들여다보는 것 같다. 색이 고운 화려한 무늬의 옷이 많았다. 옷을 꺼내 레이스 땀 하나하나, 무늬 한 개 한 개 세어가며 그림을 그리셨다고 한다. 상을 펴고 앉아 옷을 앞에 두고, 한 땀 한 땀 세어 그림으로 옮기는 모습을 떠올렸다가 그만 눈물이 날 뻔했지만 잘 참았다. 그런데 마당에 무심히 놓여 있는 보리콩 그림에 그만 속절없이 눈물이 터져버렸다. 그림 제목은 '엄마한테 보내는 그림'. 그림 옆에는 할머니가 엄마에게 쓴 편지가 붙어 있다. 할머니는 편지를 쓰시며 많이 우셨다고 한다. 직접 심은 보리콩을 따서 삶아 먹으며 할머니는 왜 엄마를 생각했을까. 1940년생 오가자 할머니의 83년 인생을 가늠해 보려다 그만두었다.
1939년생 여든네 살 고순자 할머니의 올레미술관에는 쌍을 이룬 그림이 많다. 참외도, 무도 두 개씩 그렸다. "참외 둘이 좋아해. 혼자는 외롭고 둘이는 안 외롭고." 먼저 세상을 떠난 할아버지를 그리워하는 마음이 담겨 있다고 했다. 그림을 보고 있는 내 옆으로 어느 할머니가 다가오시더니, 설명을 덧붙인다. 글쎄, 고순자 할머니가 요즘 집에서 그림 그린다고 집 밖엘 잘 안 나오신단다. 낮이고 밤이고 그림만 그리신다고. 그렇게 그린 그림 안에 할아버지가 있다. 할머니의 그리움을 짐작해 보려다 그만두었다.
엄마는 주로 유럽의 거리 풍경을 그리신다. 나와 동생은 유럽에서 몇 년 살다 왔다. 사는 동안 좋은 풍경을 만나면 사진을 보냈다. 그 사진 안에 종종 우리가 있기도 했다. 엄마가 그림을 그린 시기와 우리가 유럽에 있던 시기가 겹친다. 엄마에게 왜 가보지 못한 유럽의 골목을 그리셨는지 물어보려다 역시 그만두었다.

꾸준한 삶

전시를 다 둘러본 후 그림엽서를 몇 장 사 왔다. 블라우스를 그린 그림 아래 이런 글이 적혀 있다. "이날은 그림만 그렸다. 아침에 좀 그리고 저녁에 좀 그렸다. 완성했다." 책상 앞에 엽서를 붙였다. 나도 아홉 명의 할머니처럼, 나의 엄마처럼, 하루하루 주어진 나의 삶을 살겠다는 다짐. 그리움도 슬픔도 희망도 의연하게 맞이하겠다는 결심. 쓰기 어려웠던 이 글을 끝까지 쓸 수 있었던 건, 아마 지금도 불면의 밤 이부자리 옆에 상을 펴고 그림을 그리고 계실 선흘 마을 할머니 덕분이었다. 저기 멀리 선두에 선 사람을 따라 한 글자씩 적었다. 무사히. 끝.

순수는 절대로 없다

글 배순탁—음악평론가·〈배철수의 음악캠프〉 작가

02.

‘Crazy In Love (Feat. Jay-Z)’
—Beyonce

01. [골든힛트]
—노땐스

03. ‘Harder, Better, Faster, Stronger’
— Daft Punk

04. ‘Stan’
—Eminem

결론부터 말한다. 비단 음악만은 아니다. 그 어떤 영역이든, 절대적 순수는 절대로 없다. 그것이 음악이든 그 무엇이든 순수라는 신화를 향한 믿음을 내려놓는 순간 더 넓은 영토가 우리 앞에 펼쳐질 것이다.

무에서 유

어떤 글을 쓸까 고민하다가 '예술'에 대한 우리의 고정관념을 한 번쯤 되새김질해 보면 어떨까 하는 생각이 들었다. 흐음. 예술이라. 뭐랄까. 많은 사람에게 예술을 한다는 행위는 어딘지 모르게 마법 같은 무엇으로 여겨진다.
아무래도 그렇다. 사람들은 "예술을 한다."는 문장을 칠흑 같은 무에서 유를 건져 밝은 빛으로 인도하는 과정쯤으로 상상하는 경향이 있다. 이를테면 그것은 빈 캔버스 위에 이전에는 존재하지 않았던 세계를 일순간 창조하는 것. 이 순간 예술가와 그의 예술을 향유하는 감상자의 관계는 '신-인간'의 그것과 정확하게 일치한다. 그도 아니라면 예술가는 과거 제사장의 위치를 계승한 존재다.
공연장은 고대 제의의 현대적 변용이고, 예술가는 제사장이 그랬던 것처럼 관객을 자신의 예술로 도취시킨다. 여기에서 중요한 질문은 '예술가가 그렇다면 신이냐, 제사장이냐.'에 위치하지 않는다. 핵심은 '왜 사람들은 위대한 예술가를 신 또는 우상처럼 숭배해 왔을까.'에 놓여 있다.
다시 한번 강조하건대 예술에 대한 고정관념 때문일 것이다. 사람들에게 예술가는 매혹을 넘어 주술적인 존재로 받아들여져 왔다. 우리가 예술적 성취를 가늠할 때 가장 먼저 선택하는 언어가 대개 '독창성'이라는 점이 이것을 증명한다. 물론 현대 예술에서 완전히 순수한 형질의 창조란 사실상 불가능하다. 대신 완전히 순수한 형태의 창조에 '가깝다고 받아들여질수록' 예술가는 더 높은 찬사를 획득한다.
정리하자면 다음과 같다. 진정한 예술가가 무에서 유를 창조하는 것처럼 뮤지션이 음악을 만든다면 거기에 이전까지 존재한 음악과 유사한 구석은 가능한 한 없어야 한다는 것이다. 만약 유사한 구석이 발견된다면 그것은 불순물 취급을 받고 그 음악은 예술로 인정되지 않는다.

유에서 유

과연 그럴까. 대표적으로 '샘플링'에 대한 우리의 시각을 언급해 볼 수 있다.
대부분의 경우, 샘플링(기존에 있던 음원의 일부를 그대로 따와서 활용하는 기술)이라는 테크닉을 원본에 종속된 하위 카테고리 정도로 분류할 것이다. 심지어 샘플링이 음악의 순수성을 오염했다는 관점을 지닌 사람도 없지 않다. 이 지점에서 어쩌면 관습에 길들여 있다고 할 우리의 판단 자체를 역전해 봐야 한다. 틀을 깨고 사고해 봐야 한다. 힙합 평론가 김봉현의 성찰을 빌려본다. "샘플링과 시퀀싱(작곡을 가능하게 해주는 컴퓨터 프로그램)은 창작자를 망치지 않았다. 오히려 그 반대에 가깝다. 순수 창작으로는 도달하기 어려운 영역으로까지 음악을 확장시켰고, 리얼 세션에 대한 강박과 핸디캡에서 많은 창작자를 해방시켰으며, 과거의 전통과는 또 다른 정체성의 새로운 시대를 열 수 있게 해줬다."
좀더 깊게 들어가 보자. 이번에는 미셸 푸코Michel Foucault의 언어를 추수해 본다. 푸코에 따르면 모든 텍스트를 둘러싼 담론에는 '누락'되어 있는 영역이 필연적으로 존재한다. 요약하면, 그 자체로 자급자족인 완전한 텍스트 혹은 담론은 없다. 따라서 우리는 불가피하게 텍스트라는 뿌리로 회귀해야만 한다. 그리하여 건설적인 누락을 실천해야 한다. 즉, 누락으로 인한 텍스트로의 회귀는 텍스트를 고정하고 텍스트를 완전무결한 고전으로 승격하려는 역사적 보충 같은 게 아니다. 오히려 그것은 텍스트를 둘러싼 담론을 끊임없이, 거듭하여 피어오르게 하는 행위다.
따라서 이렇게 정리할 수 있을 터다. 음악의 진본성, 원본성, 완전성에 매몰되어 있는 한 우리는 샘플링과 시퀀스가 순수 창작으로는 해낼 수 없는, 어쩌면 더욱 풍요로울 음악과 그 음악을 둘러싼 담론의 장을 일궈낼 가능성의 싹을 틔워보지도 못할 거라는 점이다. 한데 우리는 이미 샘플링과 시퀀스가 달성한 음악적 성취를 수도 없이 경험했던 바 있다. 다만 우리가 인지하지 못하고 있을 뿐이다. 다음 리스트가 그 증거다.

[골든힛트]

노땐스

혹시 알고 있었나. 이 음반에 '리얼 악기 연주'라고는 약간의 기타, 색소폰 외에는 들어 있지 않다. 즉, 대부분이 컴퓨터 프로그래밍으로 완성된 사운드라고 보면 된다. 지금은 상황이 많이 달라졌지만 이 앨범이 발표될 당시 전자 음악이라고 하면 "진짜가 아니다."라는 인식이 팽배해 있었다. 노땐스는 바로 그 잘못된 고정관념에 도전하기 위해 결성된 프로젝트였다. 이 외에 신해철의 2집 [Myself](1991)와 이후 솔로로 공개한 일렉트로닉 음반들, 그리고 윤상의 음악 중 상당수가 컴퓨터 프로그래밍으로 창작된 결과물이라는 점 역시 부기해 둔다. 지금은 그 누구도 이 두 뮤지션이 성취해 낸 경지에 이의를 제기하지 않는다.

'Crazy In Love(Feat. Jay-Z)'

Beyonce

이 곡이 샘플링을 기반으로 작곡되었다는 사실을 모르는 팬이 아직도 많다. 혹시 샤이라이츠The Chi-Lites의 'Are You My Woman(Tell Me So)'라는 곡을 알고 있나. 물론 샤이라이츠의 음악도 좋은 곡임을 부인할 수는 없다. 그러나 역사는 비욘세의 'Crazy In Love'를 더 자주 소환할 것이다.

[골든힛트](1996)

[Dangerously In Love](2003)

'Harder, Better, Faster, Stronger'

Daft Punk

우주 최강 일렉트로닉 듀오였던 다프트 펑크의 대표곡이다. 예전에 윤상과 다프트 펑크에 대해 얘기한 적이 있는데, 그는 다프트 펑크의 공연을 다음처럼 묘사했다. "단 두 명이 스타디움 전체 관객을 들었다 놨다 하는데 경이로웠다." 이 곡은 에드윈 버드송Edwin Birdsong의 'Cola Bottle Baby'(1979)를 샘플링한 것이다. 고백하자면 나도 다프트 펑크 덕분에 처음 알게 된 음악이다.

'Stan(feat. Dido)'

Eminem

설명할 필요가 있을까 싶다. 다이도Dido의 'Thank You'는 그 자체로도 훌륭하지만 거기에는 (그 어떤 곡에도 다 존재하는,) 창조적 변용을 위한 누락의 영역이 있었다. 에미넴은 그 영역으로 과감하게 회귀해서는 결코 잊히지 않을 위대한 시 한 편을 써 내려갔다. 이 곡 덕에 아주 큰 히트곡은 아니었던 'Thank You'가 다시 주목받았고, 에미넴을 둘러싼 담론 역시 이 곡을 기점으로 대폭발했다.

[Harder, Better, Faster, Stronger](2007)

[The Marshall Mathers LP](2000)

미래의 내가 오늘의 나를 그리워한다

이건 퇴사하고 발리에서 서핑하는 이야기다. 시작부터 꼬여버린 여행이지만(《AROUND》 86호 참고) 어쨌든 발리에 도착했다. 서핑왕을 향한 위대한 여정이 시작됐다.

글·사진 **김건태**

욕인지 칭찬인지 헷갈리는 말이 있다. 이를테면 '무식하면 용감하다.' 같은 표현. 무지와 용기가 어떤 시너지를 내는지는 모르겠지만, 발리의 바다 안에서 나는 그 두 단어를 온몸으로 실천했다. 그러니까 가진 능력에 비해 한없이 오만한 사람을 일컫는 말이 있다면, 그게 바로 나다.

"서핑 해본 적 있어요?" 발리에 도착한 첫날, 캠프 숙소를 소개하며 사장님이 물었다. 나는 괜스레 코를 문지르며 대답했다. "아뇨, 처음이에요. 하지만 어쩐지… (잠깐 쉬고) 서핑왕이 될 것 같은 강한 확신이 드네요." 사장님은 대꾸하지 않았다. 그는 한숨 비슷한 걸 쉬더니 무표정한 얼굴로 말했다. "남자 화장실은 1층을 사용하시면 됩니다. 내일은 새벽에 출발할 거예요. 오늘은 무리하지 말고 푹 쉬세요." 그러고는 빠른 걸음으로 숙소를 떠났다. 그는 꽤나 자기 업무에 충실한 사람이었다.

다음 날 새벽이 밝았다. 전날까지 보이지 않던 사람들이 하나둘 마당으로 모였다. 까맣게 그을린 열 명의 서퍼들은 하나같이 헐렁한 쪼리와 목이 늘어난 티셔츠를 입고 있었다. 잠에서 덜 깬 무서운 얼굴을 하고 있었기 때문에 감히 아침 인사를 건넬 엄두가 나지 않았다. 모두가 약속이나 한 듯 하품을 하며 승합차에 올라탔다. 멀리 떠오르는 아침 해를 마주하며 얼마를 달렸을까, 열 명의 검은 얼굴과 미래의 서핑왕을 태운 차는 발리 남쪽 바다의 어느 선착장에 도착했다. 사장님은 오늘 갈 곳이 '리프Reef(산호와 바위가 숨어 있는 바다)'라며, 파도가 들어오는 포인트까지 보트를 타고 이동할 거라고 했다. 그 말은 곧 발도 닿지 않는 깊고 시커먼 바다 위에서 2미터짜리 보드에 매달려 목숨을 의지해야 한다는 의미였다. '발이 닿지 않는 바다'라는 표현 속에서 난파된 배의 생존자들을 떠올렸고, 구조를 기다리다 의식을 잃는 사람이 바로 나일 거라는 불길한 상상을 했다.

"바다 수영은 할 줄 아시죠?" 사장님이 물었다. 나는 얼떨결에 그렇다고 답해버렸다. 동네 수영 센터에서 몇 년째 초급반에 머무는 실력이었지만 만만하게 보이고 싶지 않은 마음에 허풍을 떨었던 거다. 사실 따로 구명조끼를 대여할 수 있는지 물어보고 싶었는데, 아무도 그런 멍청한 질문은 하지 않는 눈치였다.

준비 운동을 마치고 보트에 올라탔다. 바다로 몸을 던지며 마침내 서핑왕을 향한 대망의 첫걸음을 시작했다.

DEUS EX MACHINA
MOTORCYCLES

결론부터 말하자면 나의 서핑은 우당탕탕, 뒤죽박죽, 엉망진창 그 자체였다. 슬랩스틱 코미디언이 되고 싶은 오랜 꿈이 있었는데, 파도를 타는 두 시간 동안 평생의 소원을 이뤘다. 유튜브에서 보던 위대한 서퍼들처럼 고래만 한 파도 동굴을 통과한다거나 보드 위에서 허리를 이리저리 비틀며 꿀벌처럼 춤을 추는 듯한 기술은 시도조차 못 했다. 초보자용 스펀지 보드 위에서 내가 한 일이라곤, 앞으로 넘어지고 뒤로 넘어지고 통돌이 세탁기에 갇힌 빨래처럼 둥글게 둥글게 바닷속으로 휩쓸린 게 전부였다. 인간의 팔다리가 그렇게 유연하게 꺾일 수 있다는 걸 그때 처음 알았다. 나의 담당 인스트럭터Instructor(좋은 파도를 찾아 보드를 밀어주는 서핑 선생님) 뿌뚜는 자꾸만 바닷물을 마시며 헛구역질하는 내게 누런 이를 드러내며 소리쳤다. “웰컴 드링크! 웰컴 투 발리!”

캠프의 하루 일정을 정리하자면 이렇다. 먼동이 틀 무렵 승합차에 실려 가장 좋은 파도를 찾아 서핑을 즐긴다. 서핑을 마친 뒤에는 해변 가판대에서 불량한 맛이 나는 음료와 군옥수수로 허기를 채운다. 다시 숙소로 돌아가는 승합차를 타고 코를 골며 잠든다. 숙소에 도착해 영상을 보며 그날의 서핑을 리뷰한다. 캠프에 오래 머문 사람들은 이런 일련의 과정이 자연스러운 듯했다. 젖은 몸을 말릴 틈도 없이 커다란 모니터 앞에 앉아 녹화된 영상을 시청했다. 리뷰를 맡은 서핑 선생님은 우리 중 가장 까만 피부를 자랑했는데, 어쩌면 서핑의 숙련도란 피부의 그을림과 비례하지 않을까 생각했다.
여행을 떠나기 전, 머리를 하얗게 탈색한 탓에 영상 속 나는 일본 학원 폭력 만화에 나오는 주인공처럼 불량스럽기 짝이 없었다. 요란한 외모에 비해 내 몸개그는 아주 처참했다. ‘저거 죽은 거 아니야?’ 의심할 정도로 심하게 날아올라 철퍼덕, 바다로 떨어지는 장면이 여러 번 반복됐다. 선생님은 내가 바다로 추락할 때마다 동정 어린 표정을 지었다.
고난도 기술을 전수받은 경험자들과 달리 나의 피드백은 단순했다. 그저 보드 위에서 미끄러지지 않도록 연습하라는 것. 무척이나 자존심이 상하는 주문이었다. 학창 시절 체육 실기에서 늘 S급 평가를 받았는데, 그런 내게 그저 ‘미끄러지지 않는 연습’ 따위를 주문하다니…. 하지만 하루가 지나고 이틀이 지나도 나는 미끄러지지 않는 방법을 찾지 못했다. 어쩌다 간신히 보드에 설 수 있게 돼도 그건 서핑이라기보단 그저 살기 위한 몸부림에 가까웠다.
캠프에 도착한 지 일주일째 되는 날, 숙소 사람들과 술을 마셨다. 마트에서 각자 먹을 맥주와 음식을 샀다. 우리는 서로의 나이와 직업, 출신을 궁금해하지 않고 그저 오늘의 서핑 이야기만 했다. 모두가 짧게는 1년에서 길게는 10년 이상 파도를 탔다고 했다. 평일에는 일을 하고 주말이면 동해안으로 가 하루 종일 보드 위에서만 보낸다고. 한국의 파도는 ‘장판(파도가 낮고 잔잔해서 서핑을 하기에 적합하지 않은 상태)’인 반면 발리는 언제 와도 ‘꿀파도’라며 진심으로 환한 웃음을 지었다.
파도 보는 법, 보드 고르는 법, 넘어질 때 더 폼 나는 자세 취하는 법, 한국에 돌아가서 함께 서핑 하자는 약속들. 모두가 신나서 떠드는 동안 나는 점점 말을 잃어갔다. 이곳에서는 실력이 곧 권력이다. 서핑 고수가 떠드는 동안 보드에 제대로 서지도 못하는 나 같은 애송이는 입을 다물어야 한다. "그저 서핑, 서핑, 서핑. 당신들은 모두 서핑에 미친놈들 같아요. 일명 '서.친.놈'." 괜히 심술이 나서 급발진을 해버렸다. 그러자 가장 서핑을 잘하는 동생 S가 내 어깨를 감쌌다. "형, 너무 조급해하지 말아요. 힘을 좀 빼면 형도 언젠간…." 그는 '언젠간'이라는 말을 하며 목젖이 보일 정도로 웃었다. 기분이 나쁘지는 않았다. 그보다는 처음 서핑을 발명한 사람이 원망스러워졌다. 그는 물 위를 걷는 멍청한 스포츠를 개발하면서 사람들이 좋아할 거라 믿었을까? 어림도 없는 소리다. 서핑은 개떡 같은 운동이다.

"형, 선셋 서핑 같이 할래요?" 다음 날, 아침 서핑을 끝내고 언제나처럼 시무룩해 있는 내게 S가 물었다. 해 질 무렵 바다로 가 서핑을 하면 기분전환이 될 거라고 그는 덧붙였다. '절망감은 하루 한 번으로 충분한데….' 그런 생각이 들었지만 이내 함께 하자고 대답했다. 질 수 없다는 오기가 생겼기 때문이었다.
저녁 무렵 발리의 바다에는 해수욕을 하는 사람보다 서퍼가 더 많았다. 우리는 보드 위에 나란히 누워 파도가 오기를 기다렸다. 인스트럭터 없이 혼자 타는 서핑이라 파도를 자주 놓쳤다. 몸이 무거워 아침보다 심한 몸개그가 속출했다. 반면 S는 좋은 파도든 나쁜 파도든, 바다의 리듬에 몸을 맡긴 채 멀리까지 춤을 추다 돌아오기를 반복했다. 그는 아주 환한 얼굴로 "형, 힘들어 죽겠어요!" 하고 말했다. 석양이 빨갛게 S의 얼굴을 물들였다. "그렇게 힘들면 죽지 그래?" 내가 대답했다. "그럴까요?" S는 붉게 물든 바다 위에 죽은 듯 표류하더니 들릴 듯 말 듯한 목소리로 말했다. "믿기지 않아요.", "뭐가?", "지금 여기에 있다는 것이요. 한국으로 돌아가면 매일 밤 파도만 이야기하던 이 서친놈 시절이 많이 그리울 것 같아요." 석양에 취한 S는 잔뜩 감상적인 말을 늘어놓더니 민망한 듯 크게 웃었다. S는 왜 저리도 순수한 걸까? 그는 고작 바다에 떠 있는 이 작은 순간에 행복을 느낀다. 나는 그가 한국에서 얼마나 치열하고 고단한 삶을 살았을지 감히 짐작해보지만, 아무것도 알지 못한다. 다만 그가 누리는 이 백지 같은 기쁨이 사실은 아주 단순한 것에서 비롯된 것임을 깨닫고 부끄러워 한다.

발리 생활 10일 차, 별것 아니지만 내게도 일상에 루틴이 생겼다. 아침 일찍 졸린 눈을 비비며 우당탕탕 서핑을 하고, 군옥수수를 먹고, 숙소로 돌아와 절망의 리뷰를 하고, 손빨래를 하고, 수영을 하고, 늘어지게 낮잠을 자고, 매일 새로운 해변을 걷다가 아무 곳에나 누워 태닝을 하고, 선셋을 보며 맥주를 마시고, 저녁으로 신선한 과일을 먹으며 넷플릭스를 보고, 고양이에게 밥을 주며 하루를 마무리하는 일. 나는 오늘 얼마나 서핑왕에 가까워졌는가? 그런 질문은 이제 하지 않는다. 그저 미래의 내가 부러워할 만한 오늘을 사는 중이라며, S의 하루처럼 내게도 순수한 기쁨들이 찾아오기를 열망할 뿐이다.

말이 없는 세계에서

중요한 것은 말이 아니라는 걸 안다. 네 시선은 어디에 담겨 있을까.

글·사진 **전진우**

#1

상석 씨는 일하다가 만난 인연이다. 사진을 찍는 사람, 나는 액자를
만드는 사람. 성격이 다른데도 둘 다 술을 좋아해 일 년에 두세 번 액자
핑계를 대고 만나서 꼭 취한 채로 헤어지곤 한다. 언젠가 정말로 일
얘기가 할 게 있어서 이것 좀 해볼 수 있겠냐고 물었더니 일단 할 수 있죠
대답했다가, 수량이 많다고 하니까 다시 못 하겠다고 하는
상석 씨. 그처럼 욕심 없고 또 느릿느릿 말하는 건 내가 할 줄을 몰라서
덜컥 호감이 가는 사람이었다.
조금 서둘러서 만들어 줄 수 있어요? 그런 그가 얼마 전 내게 이런 부탁을
했다. 나에게 건넨 사진 속에는 쿠션에 가만히 앉아서 똘망한 눈을 하고
있는 개가 한 마리 찍혀 있었다. 친구와 함께 살던 아이인데, 가을에
죽었어요. 사진은 여름에 찍었고요. 우리는 두꺼운 패딩을 입고 겨울에
만난 것이었다. 어떤 시기에 맞춰서 친구들에게 전해주고 싶어 하는 것
같아서 나는 알겠다고 짧게 대답한 뒤 사진을 받아 왔다. 액자를 의뢰하는
사람 모두에게는 저마다 사연이 있다. 모두 중요하지만 또 한편으로는
내가 전부 기억할 수 없는 것들. 나는 대부분의 이야기를 액자 만드는
동안에만 떠올려 보고 마는 편이다. 상석 씨가 전해준 사진도 분명
그랬었는데, 액자를 완성하고 나서 사진을 차분히 들여다보다가 그만
울어버리고 말았다. 일하다 눈물을 흘린 꼴이었지만, 생각해 보니
그 자체로 아주 오랜만이라는 걸 알았다.
흑백사진 속에는 놀랍게도 털이 얼마나 빛나는지, 자세가 얼마나
편안한지도 모두 찍혀 있었다. 렌즈를 보고 있다고 생각한 개의 눈에는
맞은편에 시선을 끌고 있었을 주인분들 모습까지 담겨 있는 것 같았다.
나를 울렸던 건 쿠션의 얼룩들이었다. 완두가 좋아하는 쿠션이나
이불에도 비슷한 자국이 늘 생긴다. 장난감을 물고 와서 놀거나 산책 후에
스스로 발 청소를 오래 하는 동안 묻어나는 침의 얼룩들. 그걸 발견하고
나자 사진 촬영을 하러 간다고, 개가 좋아하는 쿠션과 장난감, 담요 같은
것들을 챙겨서 집을 나섰을 견주분들 모습이 눈앞에 그려졌다. 상석 씨
말로는 개의 건강이 좋지 못해서 사진을 찍어 놓으려 했다는데, 한동안
그런 마음을 가지고 지내왔을 사람들을 떠올리다가 내 얼굴과 나이 든
완두 모습까지 상상하게 되었던 것이다.

#2

혼자 조용히 울었더니 기분이 개운해졌다. 다시 태어난 것처럼 완두를 안아볼 수도 있었다. 말이 없는 개들. 말하는 걸 좋아해서 빨리 말하고 많이 말하는 나는 어쩌다가 말이 안 통하는 한 마리 개의 평생을 지켜보게 되었을까. 한 시기에만 느낄 수 있는 처음 겪는 일들의 답답함을 지나 이제는 우리에게 무엇이 필요한지 따져보지 않는 시절을 보내고 있다. 자려면 누워야 하는 것처럼, 어두우면 불을 켜는 것처럼 완두가 내 삶에 들어와 있다. 다른 건 몰라도 여기가 아프다는 한마디는 할 줄 알았으면 좋겠다고 생각한 적 있었는데, 이제는 그마저도 바라지 않는다. 여태 말없이 살아온 우리 관계에서 얻은 것들이 소중해서 그게 혹여나 깨질까 두려운 마음이 든다. 완두가 모르는 내 아픔도 그런 면에서 대수가 아니다. 우리는 말 없는 세계에서 꿋꿋함을 저절로 배워가는 게 아닐까. 인간의 언어가 끝없는 깊이를 갖는 것이라든지 멀리 비행하는 새들의 울음, 박쥐나 고래들이 미지의 데시벨로 대화를 하는 것도, 당장에는 서로 아무것도 나누지 못하는 존재들끼리의 동거보다 아름다울 수는 없는 것 같다. 제대로 통하는 것은 늘 아무것도 통하지 않는 것에 진다. '같이 있음'이라는 문장은 그 앞에 '그러니까'라는 수식어 대신 '그래도'가 붙어야 더 좋다고 나는 믿고 있다.
말이 없는 세계에서 말이 통하는 세계로 이동하지 않아도 괜찮다고 말해 본다. 완두와 살아보니 또 다른 동물과도, 그간 미워했거나 피했던 사람들과도, 낯선 현상이나 상황에도 다가갈 용기가 생긴 것 같다. 어쩌면 통하지 않는 세계가, 단순하게도, 통하는 세계보다 넓을지 모르겠다.

#3

좋은 사진이 뭘까요. 언젠가 상석 씨와 술자리에서 내가 물었다. 다른 친구도 한 명 더 있었는데, 그도 마침 사진을 전공한 사람이어서 민망한 질문이 통과되었다. 꿈속의 장면이나 유년의 기억을 떠올리게 하면 무조건 좋은 사진이라고 내가 말했다. 사진뿐 아니라 그림의 경우에도 나는 그러리라 생각하고 있었다. 창작자가 누군가에게 선물할 수도 겨냥할 수도 없다는 얘기여서 다소 매정하게 들리는 대답이었다. 다른 한 친구는 색色을 잘 포착하고 표현하는 것이 좋은 사진 같다고 말했다. 우리는 서로의 대답에 끄덕이는 방식으로만 대화했다. 시선이 있는 사진이 좋은 사진인 것 같아요. 상석 씨가 말했다. 그런데 상석 씨 어쨌든 시선이란 게 모든 사진에 있는 것 아닌가요? 내가 말하자, 나머지 두 사람이 일제히 대답했다. 아니야. 없는 사진이 더 많아요. 나는 신기하게도 대답을 듣자마자 그들이 옳다는 생각을 했다. 말이 없는 세계 속에서 어떻게 살아가고 있나, 어떻게 살아가야 할까 질문해 봤더니, 시선이 중요하다는 생각이 들었던 것이다. 내가 어디에 시선을 두고 있는지 떠올려 보면 어렵게 느껴지던 질문의 실마리가, '마음'이라는 단어로 바꾸자 잡힐 것도 같았다.

재미없는 친구들

재미없는 친구들 두두둥장!

글·그림 한승재—푸하하하프렌즈

동료 건축가 양규의 아이들을 종종 본다. 양규는 근래에도 보기 드문 좋은 아빠로서 아이들과 시간을 보내기 위해 자신의 시간을 쪼개곤 한다. 아침엔 아이들을 학교에 데려다주고 출근하고, 오후엔 일찍 퇴근해 아이들을 데리러 학교에 간다. 저녁엔 동네에서 아이들과 축구를 한다. 그리고 늦은 밤 회사로 다시 돌아와 밀린 일을 처리하기도 한다. 자신의 힘듦을 토로하며 자신의 다정함을 자랑하는 것이 때로 얄밉기도 하지만, 그래도 정말 아이들에게 좋은 아빠라는 것은 틀림없는 사실이다.

양규의 동업자라는 이유로 나도 가끔 양규의 아이들을 위해 시간을 쪼갠다. 동료들끼리 농구를 하거나 삼겹살을 구워 먹을 때 양규가 아이들을 데리고 오기도 하는 것이다. 농구 코트 저 멀리 불타는 노을을 등지고 세 사람의 실루엣이 나타나면 나는 옆 사람에게 조그마한 목소리로 속삭인다.

"양규가 재미없는 친구들 데려왔다…."

미안하지만 난 너희들을 재미없는 친구들이라고 부른다. 너희하고 놀면 난 재미가 없으니까…. 양규의 손을 꼭 잡은 일곱 살, 아홉 살 두 아이는 세상 두려울 것이 없다는 표정이다. 그들은 여전히 어리고 귀엽지만, 뽀송뽀송한 외모로 예쁨을 받던 시기는 얼마 전에 지나버렸다. 언젠가부터 아이들의 볼은 갸름해지고 몸은 야위기 시작했다. 그래서 난 더 이상 그들을 아기처럼 대하지 않기 시작했다. 서먹한 사이의 친척 동생을 만난 것처럼 건조하게 대했고 그들도 나에게 예쁨 받을 생각을 접었다. 그러다 보니 우리는 서로 냉랭하기만 하다.

농구 코트에서 아이들은 마치 단 한 번의 출전 기회를 노리는 후보 선수처럼 어른들 눈에 띄려 애쓴다. 슛을 던지기 전에는 나 좀 보라는 말을 꼭 하고, 당연히 다른 사람에게 패스하지 않는다. 위험하게도 시합 중인 코트에 들락날락하기도 한다. 그것이 어른들에게 관심을 받기 위해서라는 것을 모를 리 없는 나는 호락호락하게 굴지 않았다. "얘드라~ 거기 위험해~ 삼쵸니랑 같이 저기서 슛 연습할까?" 유아기를 지난 아이들에게 이런 낯 뜨거운 목소리는 더 이상 나오지 않는다.

"야 거기 서 있다 부딪혀…. 나와." 난 친구한테 말하듯 건조하게 말했다. 그러자 재미없는 친구 중 작은 친구가 무표정하게 날 바라보며 말했다.

"어쩔티비? 저쩔티비? 어쩔냉장고? 저쩔청소기? 어쩔냉장고? 안물? 안궁? 누가 물어봤음? 여기 물어본 사람?"

…와…열 받아…. 심지어 실수로 어쩔냉장고 두 번 했어…. 난 열 받았지만 아이들에게 화내면 지는 거라서 무표정한 얼굴로 하늘에 떠가는 구름을 바라보았다. 구름이 제법 빠르게 흘러갔다. 가을이구나….

"친구들아, 이리 와. 삼촌이랑 슛 연습하자!"

종종 삼겹살 먹을 때마다 아이들을 잘 챙겨줘서 고기 삼촌이라고 불리게 된 사람이 손짓하며 아이들을 불렀다. 재미없는 친구들은 천사 같은 모습을 하고 고기 삼촌에게 쪼르르 달려갔다. 뛰어가며 약간 귀여워 보이기 위해 혀를 깨문 모습을 목격한 건 나뿐이었다.

나는 종종 아이들과 마찰을 빚곤 한다. 아이들을 귀여워하지 않기 때문이다. 그러나 그건 사실은 아이들과 빚는 마찰이 아니고 아이들을 천진한 상태로 묶어 두려는 어른들의 세상과 빚는 마찰이라고 해야 옳을 것이다. 어른들은 지나버린 시절을 그리워하며 아이들이 그 시절에 오래도록 머무르기를 바라는 경향이 있다. 그것은 순수함에 대한 열망일 것이다.

어른들은 때때로 아이들이 애교 부리고 재롱떨기를 바라고, 그것을 사람들 앞에서 보여주기를 바라기도 한다. 그래서 아이들은 어른들 기대에 부응하며 순진한 표정으로 나풀나풀 귀여운 춤을 추기도 하는데, 그럴 때 나는 기뻐하기를 주저하며 손뼉 치지 않는다. 철딱서니 없는 문제아 삼촌처럼 양말이나 만지작거리며 딴청을 피운다. 장기자랑을 끝마치면 아이들은 부끄러운 표정으로 뒤돌아선다. 용돈을 주면 아이들은 "고맙습니다." 인사하고 다시 숨는다. 난 그런 게 정말 불편하다. 아이들의 재롱은 아이들을 평가받고 칭찬받는 대상으로 자리하게 만들기 때문이다. 그래서 난 아이들에게 용돈을 주지도 않는다. 정말로 아까워서 주지 않는 것이 아니다. 아이들이 천진한 척하지 않아도 되도록, 가끔은 힘 빼고 사람 대 사람으로 느낄 수 있도록 그냥 두는 것이다.

나에게 순수함에 대한 열망이 없는 것은 아니다. 오히려 그 누구보다도 순수를 사랑한다. 누구보다도 순도 높은 순수를 열망하며 누구보다도 순수를 그리워하기 때문에 이토록 심도 있는 고집을 가지게 된 것이라고 할 수 있다. 단지 그것을 아이들에게서 찾으려 하지 않을 뿐이다. 지금까지 내가 만난 순수한 사람들은 어릴 적 순백의 상태를 고이 간직한 사람들은 아니었다. 오히려 오랜 세월을 거치며 모든 것에 물들고 모든 것에 찌든 어른들이었다. 많은 것을 경험하고 많은 것을 알아버린 후에 자기 생각과 경험을 빨고 빨고 또 빨아 하얀 상태로 되돌아가고자 하는 사람, 그렇게 누더기가 된 사람들을 보았을 뿐이다. 난 그나마 깨끗한 그들의 영혼을 사랑하며 그들이 순수하다고 말한다. 순수한 사람들은 아무것도 모르는 천진한 눈으로 세상에 질문을 던진 사람들이 아니었다. 알고 있는 것들을 모두 비워 낸 후에야 당연한 것들에 대해 질문할 수 있게 된 사람들이었다. "그건 꿈일 뿐이야."라고 말했던 의식 저편의 세계를 자세히 들여다보았던 프로이트, 집착과 같은 마음의 상태를 고통이라고 생각하고 사람은 왜 고통받는가 궁금해했던 석가모니, 눈에 보이는 것을 보이는 대로 믿지 않았던 화가들, 언어로는 거의 아무것도 전달할 수 없다는 것을 알게 된 문학가들, 과학이 모든 것을 명료하게 기술할 수 있을 거라는 사실을 의심한 과학자들. 그들이 어떤 직업을 가지고 무엇을 하는가에 상관없이 나는 그들을 예술가라고 부른다.

농구를 마치고 망원동에 있는 허름한 삼겹살집에서 식사를 하는데 재미없는 친구들이 다시 등장했다. 집에서 샤워하고 돌아온 것이다. 양규는 아이들이 성가시게 굴 테니 자기만 아이들과 따로 앉아 먹겠다고 했다. 하지만 그렇게 말하면 오히려 다른 사람들이 미안해할 것을 알고 따로 먹겠다고 그러는 것이다. 양육하는 아빠는 늘 보이지 않는 적에 맞서 두뇌 싸움을 펼친다. 일행은 아이들이 하나도 성가시지 않으니 같이 앉자고 말했고, 가장 끝에 앉아 있던 내가 아이들과 마주 앉게 되었다. '어쩔티비? 저쩔티비? 어쩔냉장고?…' 오전에 받은 타격이 귓가를 떠나지 않은 상태였다.

나는 고기를 구우며 아이들에게 불만을 토로했다. 왜 맨날 나만 고기 굽고 고기 잘라주고…. 늬들은 나 예뻐해 주지도 않는데 나만 너희들 예뻐해 줘야 하느냐고…. 재미없는 친구들은 내 말을 듣는 둥 마는 둥 고기를 젓가락으로 뒤적거린 후 가장 먼저 익은 고기를 입에 넣었다. 하필이면 내가 먹으려고 속으로 찜해 둔 고기였다. 재미없는 친구 중 작은 아이가 우걱우걱 고기를 먹으며 대답했다.

"삼촌은 어른이잖아요!"

아 그렇구나! 나는… 뜻하지 않은 깨달음이었다. 아이들은 순수하지는 않을지라도 가끔 어른들보다 지혜롭기는 하다. 어른은 아이를 아껴줘야 하고 보호해 줘야 할 의무가 있다는 사실이 너무 당연해서, 내가 잠시 잊고 있었다. 뒤이어 큰아이가 말했다.

"그러니까 억울해도 좀 견뎌요."

"그래…." 우리 사이에 제법 어른스러운 대화가 오갔다. 난 고개를 끄덕이며 아이들이 먹기 편하도록 고기를 잘라주었다.

추운 건 정말 싫어

글 한수희
일러스트 서수연

추위와 밤샘이 싫다. 정말 싫다. 그래서 20여 년 전에 영화 만드는 일을 포기하기로 결심했다. 그럼에도 불구하고, 영화를 사랑하는 일만큼은 계속할 수 있었다.

얼마 전에 깨달았다. 나는 한국 영화 중에서 〈남한산성〉(2017)을 가장 좋아한다. 현재로서는 그렇다. 취향이 좀 고루해 보이나? 그런지도 모른다.
나는 대학에서 영화 연출을 전공했다. 영화 연출을 전공하고 싶었던 이유는, 영화가 모든 것을 담을 수 있는 그릇 같은 예술 형식이기 때문이었다. 그야말로 종합예술. 근사한 옷을 입은 멋진 배우가 아름답고 독특한 배경 속에서 웃고 울고 움직이고 인상적인 대사를 말한다. 그 화면 위에 음악을 입히거나, 목소리를 넣거나, 그래픽을 더할 수도 있다. 하나의 컷과 다른 컷이 붙을 때 솟아나는 그 기묘하고 짜릿한 에너지란! 나는 영화 언어라는 것을 너무나 사랑했고, 지금도 역시 그렇다.
하지만 대학을 졸업하면서 나는 영화 창작의 세계를 떠났다. 도저히 영화를 해서는 먹고살 길이 없어 보였기 것인가? 나는 실패한 영화학도인가? 그럴지도 모른다. 하지만 나이가 들면 성공과 실패를 다른 각도에서 보게 된다. 성공은 살다 보면 지나게 되는 어떤 지점들에 불과할 뿐, 지속적인 상태를 뜻하는 것은 아니다.
실패 역시 마찬가지다. 실패는 하나의 과정에 불과하며 실패한 후에도 우리는 계속해서 살아가야 하는 것이다. 아무튼 나는 영화 만드는 일을 포기하고 영화에 대한 글을 쓰게 되었다. 만드는 사람이 아니라 감상하는 사람 쪽에 서게 되었다. 그러면서 강렬한 스타일에 열광하던 대학 때와는 달리 담담하게 자신의 이야기를 들려주는, 보다 조용한 영화들에 더 마음을 주게 됐다. 내 인생을 돌이켜보게 하는 영화들, 삶이란 어떤 것인지, 살아간다는 일은 어떤 것인지, 인간이란 어떤 존재인지에 대한 질문을 던지는 영화들을.

때문이다. 아니, 그보다 더 큰 이유는 나 자신에게 온갖 상황에서의 장시간 촬영, 협업의 크나큰 스트레스, 막막한 투자와 배급과 개봉의 관문을 견디며 뚫고 나갈 자질이 보이지 않았기 때문이다. 특히 한겨울에 밤을 새우는 것만큼은 정말로 참을 수 없었다. 나는 추위를 많이 타는 아침형 인간이다. 추우면 욕을 하고, 어두워지면 자야 한다. 그런 사람은 영화를 할 수 없다.
바로 그런 이유로(왠지 한심한데…) 나는 영화를 좋아하는 사람으로 남기로 했다. 아쉽지 않으냐고? 살면서 내가 포기한 것이 어디 그것 하나뿐이겠는가? 아쉬운 만큼 안도감도 크다. 아무리 생각해도 그 길은 내 길이 아니었다. 추운 날 쏘다니지 않고, 해가 지면 일찍 잠자리에 드는 것은 내 행복의 필수 요건이다.
그렇다면 나는 대학 4년을, 그 많은 등록금을 그냥 허비한 이제는 〈오징어게임〉으로 전 세계적인 인물이 되어버린 감독 황동혁의 〈남한산성〉은 영화를 만들고 싶어 했던 과거의 나와 영화가 들려주는 이야기를 들으려 노력하는 지금의 나, 두 사람 모두를 만족시킨 영화다. 사실 나는 사극을 딱히 좋아하지 않고 역사에도 큰 관심이 없다. 김훈이 쓴 원작 소설도 읽지 않았다. 그래서 톱스타들이 잔뜩 출연하고도 크게 흥행하지 못한 이 영화를 개봉하고도 한참이 지나서야 별 기대 없이 티브이로 틀었다가 놀랐다. 내가 이런 명작을 놓칠 뻔했구나.
영화는 첫 장면부터 압도적이다. "그해 겨울은 추웠고, 눈이 많이 내렸다."는 단단하고 냉정한 문장 뒤에 설경이 펼쳐진다. 홀로 말을 타고 청나라의 군대를 바라보는 슬픈 얼굴의 남자와 그에게 쏟아지는 장대비 같은 화살들.
때는 인조14년 병자호란, 청나라 군대를 피해 남한산성에

피신한 왕과 신하들의 이야기를 그린 이 영화는 한순간도 지루할 틈이 없다. 영화 속 배우들은 시종일관 고개를 조아리고 엎드린 채 힘없는 나라의 백성으로 태어난 설움과 화를, 그 치욕을 입김과 함께 토해낸다.
나는 세자를 볼모로 보내서라도 청나라와 화친해 백성을 지켜야 한다는 최명길과, 청에 결사항전해 대의를 지켜야 한다는 김상헌의 설전을 조마조마한 기분으로 지켜본다. 저 두 사람, 둘 다 나쁜 사람 같지는 않아. 나쁜 사람 같지는 않은데 자꾸만 싸우잖아. 하나는 실리가 중요하고 하나는 명분이 중요해. 대체 나는 누구 편을 들어야 하지? 인조의 두 신하는 사리사욕을 탐하지 않는다는 점에서 같다. 그들의 대의는 나라를 지키는 것인데, 다만 어떤 일이 나라를 지키는 일인지에 대한 정의가 다를 뿐이다. 이 사람 말을 들으면 이 사람 말이 맞는 것 같고, 저 사람 말을 들으면 저 사람 말이 맞는 것 같다. 두 사람의 대립은 내 머릿속을 마구 뒤흔들어 놓는다.
그러는 동안 류이치 사카모토의 아찔할 정도로 아름다운 음악이 이어지고, 배우들이 걸친 갓과 도포는 한숨이 나올 만큼 근사하고, 그들이 내뿜는 하얀 입김은 마치 일부러 준비한 소품 같다. 한국의 살이 에는 듯한 추위는 영화의 배경을 우아한 무채색으로 덧칠한다. 그래서 이 영화는 슬프고 아름답다. 이것이 영화라는 것이다. 전방위적인 아름다움. 모든 예술의 형식을 통합한 예술. 아마 오래전 내가 영화를 진지하게 공부하지 않았더라면 영화의 아름다움을 이렇게 진하게 느끼지는 못했을 것이다.

가끔 서점에 갈 때마다 책을 꼭 한 권씩은 산다. 서점에서 책을 고를 때 나는 이 서점에서 처음 만나는 책, 그러니까 이 서점이 아니었더라면 존재조차 몰랐을 그런 책을 고른다. 특정한 서점에서 낯선 책과의 만남을 나름대로 기념하는 것이다. 화가 장욱진의 그림산문집《강가의 아틀리에》도 그렇게 어느 서점에서 발견하지 못했더라면 나와는 영영 인연이 없었을 것이다.
오래전 어디엔가 장욱진 미술관이라는 것이 있다는 얘기를 들었다. '장욱진이 누군데?' 하는 마음으로 찾아보니 그림이 좋았다. 아이 그림처럼 단순하고 소박한 그림, 그린 이의 마음도 그렇게 단순하고 소박할 것 같은 그림이었다. 계속 보고 싶은 그림, 마음이 가는 그림들이었다.
이 책은 한 번에 다 읽을 만한 책은 아니다. 말 그대로 화가의 작업 노트 같은 책이라서, 동어 반복이 많은데다 딱히 특별한 내용이 있는 것도 아니다. 그런데 그것이 이 화가답다. 심플하고 빈 데가 많으면서 따뜻하고도 쓸쓸한 느낌이 드는 그의 글은 그의 그림들과 닮았다. 그러니 이 책은 침대나 소파 옆에 두고 오다가다 한 번씩, 두세 페이지씩 읽는 것으로 족하다. 그 정도로도 이 성실한 화가의 깨끗한 마음에 충분히 젖어들 수 있다.

나는 사십여 년이 더 되는 세월을 그림과 술로 살아왔다. 그림은 내가 살아가는 데 필요한 일이요, 술은 나에게 휴식을 안겨 주는 것이다.
늘 생각하고 있는 일이지만 사람의 몸은 이 세상에서 다 소모시키고 가야 한다. 그것이 꼭 옛말에 있는 것처럼 "죽으면 썩을 육신"이기 때문만은 아니다. 생존한다는 것은 육체적인 소모를 뜻하는 것이다. 소비벽이 강한 나는 내 몸과

마음(정신)을 죽을 때까지 그림 그리는 데에
다 써 버릴 작정이다.
물론 남는 시간에는 예의 소비벽을 발휘하여
'휴식의 술'을 마실 것이다.
– 장욱진, 《강가의 아틀리에》 중에서

장욱진은 서울을 떠나 시골의 외딴 마을에 작고 허름한 오두막을 지어 살면서 매일 그림을 그리고 매일 술을 마신다. 그가 그린 작은 그림들 속, 그가 사랑하는 작은 것들이 매일의 외로움과 함께한다.
매일 성실하게 그림을 그리거나 무언가를 만들어내는, 고치고 버리기를 반복하는 화가들의 작업 방식은 나에게는 언제나 미지의 세계다. 하나의 작품을 완성하는 데는 상상하기 힘들 정도로 많은 시간과 노력이 필요하지만, 그 시간과 노력은 자칫 무용해질지도 모른다. 작품을 완성하지 못할 수도 있고, 만든 작품이 성에 차지 않아 폐기해야 할 수도 있다. 점 하나하나를 찍고 또 찍는 일을 수개월 동안 계속하는 작가도 있다. 어떻게 그렇게 할 수 있을까? 지치지도 않고서 어떻게 그런 일을 계속할 수 있을까?
작년에 홍천에 여행을 갔다가 시립 미술관에서 한 조각가의 전시를 봤다. 정확히는 기억이 나지 않지만 전시 팸플릿에 이런 글이 쓰여 있었다. "매일 아침 일어나 작업실로 가서 커피 한 잔을 내려 마시며 오늘의 수행을 시작할 준비를 한다. 나에게 매일의 작업은 매일의 수행이다." 눈이 활짝 열리는 기분이었다. 매일의 작업이 매일의 수행이다. 완성은 별개의 문제다. 매일 같은 일을 반복하면서 매일 자신을 가다듬는다. 그렇게 일상적 노동과 비일상적 창작은 하나가 된다.
오래전 영화를 공부할 때의 나는 그런 생각을 해본 적이 없었다. 영화를 만드는 과정은 완성된 영화를 위해 어쩔 수 없이 견뎌야 하는 고행일 뿐이었다. 최대한 빨리 끝났으면 했고, 가능한 한 피하고 싶기까지 했다. 그 과정을 견딜 수가 없었기 때문에 영화 만드는 일을 포기했다.
지금은 다르게 받아들일 수도 있는 일이었다는 생각이 든다. 과정의 어려움이나 내가 싫어하는 변수들을 나의 일로 받아들였어야 했다. 그렇게 기다렸어야 했다. 그랬는지도 모른다. 하지만 뭐, 이 세상의 모든 벽과 모든 산을 넘어야 할 필요는 없는 법이다. 지금도 나는 영화 촬영이라는 버거운 과제를 즐길 수 없을 것 같다. 추운 밤의 야외 촬영이라니, 소름이 다 돋는다. 다행히 쾌적한 실내에서 혼자 글을 쓰고 그 글을 고치고 고치고 또 고치는 일만큼은, 아무리 오래 해도 질리지 않는다. 매일의 수행으로 받아들일 수 있다.

"창조된 생명이 분만될 때까지 꿋꿋하게 기다리는
일만이 예술가의 삶"이라고 갈파한 라이너 마리아
릴케의 말처럼, 꾸준하게 추구하며 만들어 가는
과정에서 날마다 그것을 배우고 고통스러워하며
또 배우는, 그러면서도 그 괴로움에 지침이 없이
그 괴로움에 감사하는 데에 예술가의 생활은
충만하리라 믿어진다.
– 《강가의 아틀리에》 중에서

〈남한산성〉을 만든 감독 황동혁은 〈오징어게임〉 시리즈를 촬영할 때 얼마나 힘들었는지 어금니가 다 빠졌다고 했다. 황동혁은 언제나 자신이 무엇을 만들고 있는지 똑똑히 알고 있는 사람이고, 그런 사람이 만든 영화는 짜릿할 정도로 감동적이다. 반대로 말하면 자신이 무엇을 만들고 있는지 아는 사람을 찾기란, 그런 일을 할 줄 알기란 좀처럼 쉽지 않다는 뜻이기도 하다.
장욱진의 《강가의 아틀리에》에는 이런 문장이 있다. "우리들은 그림을 그리면서 시간의 영역을 메워 나갑니다." 매일의 수행에 지쳤을 때, '왜 이렇게 힘든 일을 괴로워하며 하고 있나? 왜 나는 이것을 하고 있나? 나는 대체 무엇을 하고 있는 것인가? 나는 어디로 가고 있나?' 같은 질문들이 그 달의 공과금 청구서처럼 우편함에 꽂힐 때, 그때는 이 심플한 문장이 하나의 심플한 답이 되어줄 것 같다.
우리는 모두 각자의 자리에서 나름의 시간의 영역을 메워 나가고 있는 것이다.

Book—《강가의 아틀리에》 장욱진 | 열화당

Movie—황동혁 〈남한산성〉(2017)

문득 나를 멈춰 서게 만들었던 작품

좋아서 오래 머물렀거나, 이해할 수 없어서 서성였거나.

힐튼 호텔 모형 기차 | 발행인 송원준
아들이 좋아하는 기차를 보여주기 위해 갔지만 내가 더 감동받았던 전시. 정교하게 만들어진 기차가 복잡한 기찻길을 아슬아슬하게 돌아다녔다. 움직이는 작은 세상을 넋을 잃고 봤더랬다.

손바닥만큼 작은 액자 | 편집장 김이경
갤러리 클립에서 아이들을 가르치는 희진 샘의 첫 전시가 있었다. 손바닥만큼 작은 사이즈의 작품을 갖고 싶다는 생각을 내내 했는데, 마음에 쏙 드는 작품을 발견했다. 연필 드로잉이 매력적인 풍경을 담은 액자를 자주 들여다보고 있다.

베토벤의 초상 | 수석 에디터 이주연
내 방 피아노 위엔 내 몸보다 큰 베토벤의 초상이 있다. 귀퉁이에 '86년, 신숙'이라는 서명이 적힌 내 엄마의 그림. 인물화엔 그린 이가 사랑하는 사람 얼굴이 깃든다는 말을 들은 적이 있다. 나는 베토벤에게서 언뜻, 외할머니 얼굴을 본다.

목우공방 108 나무숟가락 | 에디터 오은재
양혜규 작가가 공방에서 직접 만들었다던 나무 수저들은 죄다 구멍이 뚫려있거나 제대로 잡는 것조차 힘들 정도로 기형적이었다. 무용하지만 아름다운 것을 보고 있으니 마음이 편해졌다. 모든 숟가락이 꼭 숟가락이어야 할 필요는 없구나.

Where You Stand | 디자이너 양예슬
아스라한 풍경이 눈앞에 자리했을 때, 그 안의 안개가 나를 에워싸는 것만 같았다. 나의 발길을 하염없이 붙잡던 수작의 향연.

명상Mindfulness | 디자이너 손혜빈
'우리 뒤에 있는 것들과 / 우리 앞에 있는 것들은 / 우리 안에 있는 것에 비하면 아무것도 아니다.' 촬영이 금지된 전시장 안에서 한참을 눈에 담고 옮겨 적었던 문장. 오래도록 흔들리던 마음을 다정하게 쓰다듬어주던 문장.

스페인 마드리드(1933) | 마케터 윤혜원
주시한 풍경과 표정을 한 컷에 담아낸 브레송의 시선과 몸짓을 마음껏 상상했다. 찰나를 한계 없이 떠올릴 수 있게 해준 작품이라 엽서로 데려와 자리에 두었다. 잠시 시간이 날 때면 그날의 브레송은 어땠는지 감히 떠올려본다.

반사(1958) | 마케터 김연영
어쩌면 내가 필름 사진에 더 빠지게 된 또 하나의 이유. 사울 레이터의 대표작인 '빨간 우산'이나 '무제'보다도 '반사'를 더 사랑하는 이유는 한 장면에 담긴 각기 다른 세 사람의 이야기를 오래도록 생각할 수 있기 때문일지도.

Two Men | 에디터 김현지
엄유정 작가는 흔한 일상 속 주목하지 않는 것, 지나가 버린 장면, 소멸하는 대상의 순간을 관찰자로서 포착한다. 그러기에 담담한 터치와 절제된 색이 서늘하지 않고 은근히 다정하다.

피카소의 드로잉들 | 에디터 이다은
그동안 알고 있던 피카소에 대한 편견이 무너지고, 사랑스러움을 발견하게 해준 부드러운 선 드로잉. 노력하지 않아도 보이는 것들 말고, 부러 한 겹 두 겹 들춰야 볼 수 있는 얼굴이 더 좋다.

Together | 에디터 이명주
키미 작가가 그리는 표정 없는 얼굴과 부드러운 몸의 모양이 좋다. 무용수들이 들판을 맘껏 누비는 듯한 이 그림을 보면 자연스레 따라 하고 싶어진다. 비록 두발을 딱 붙이고 서 있지만, 마음속으로나마 하늘에 닿을 듯 팔을 뻗고 몸도 둥글게 굴려본다.

우주 | 브랜드 프로젝트 디렉터 하나
별인지 먼지인지 모를 점들이 프레임 안에서 출렁이는 우주. 촘촘하게 이어지는 파랑을 가만히 보고 있으면 속이 고요해진다. 어디에서 마주쳐도 한참 보게 되지만, 수화를 위한 공간에 찾아가서 보는 걸 제일 좋아해.

밀물과 썰물 저 아래 | 브랜드 프로젝트 매니저 정현지
작년 부산 비엔날레에서 나의 발걸음을 한참이나 붙잡아 두던 작품이다. 인터넷에서 쉽게 접하고 가볍게 쓰던 것들이 새로운 지배 구조를 만들고 있다는 이야기를 자꾸 곱씹게 된다.

황혼에 물든 날 | 브랜드 프로젝트 매니저 지정현
늦은 점심, 2호선 차창 너머로 보이는 한강은 윤슬이 퍽 예쁘게 흩뿌려져 있다. 그러다가 아파트가 보이면 다시 스마트폰으로 고개를 떨군다. 앨리스 달튼 브라운의 그림을 봤을 때, '음, 그래. 난 지하철을 멈추고 그 풍경을 오랫동안 눈에 담고 싶었는지도 몰라'라는 생각과 함께 2호선 한강의 풍경이 떠올랐다.

Vol.01
Vol.02
Vol.03
Vol.04
Vol.05
Vol.06
Vol.07
Vol.08
Vol.09
Vol.10
Vol.11
Vol.12
Vol.13
Vol.14
Vol.15
Vol.16
Vol.17
Vol.18
Vol.19
Vol.20
Vol.21
Vol.22
Vol.23
Vol.24
Vol.25
Vol.26
Vol.27
Vol.28
Vol.29
Vol.30
Vol.31
Vol.32
Vol.33
Vol.34
Vol.35
Vol.36
Vol.37
Vol.38
Vol.39
Vol.40
Vol.41
Vol.42
Vol.43
Vol.44
Vol.45
Vol.46
Vol.47
Vol.48
Vol.49
Vol.50
Vol.51
Vol.52
Vol.53
Vol.54
Vol.55
Vol.56
Vol.57
Vol.58
Vol.59
Vol.60
Vol.61
Vol.62
Vol.63
Vol.64
Vol.65
Vol.66
Vol.67
Vol.68
Vol.69
Vol.70
Vol.71
Vol.72
Vol.73
Vol.74
Vol.75
Vol.76
Vol.77
Vol.78
Vol.79
Vol.80
Vol.81
Vol.82
Vol.83
Vol.84
Vol.85
Vol.86
Vol.87

Publisher

송원준 Song Wonjune

Editor in Chief

김이경 Kim Leekyeng

Senior Editor

이주연 Lee Zuyeon

Editor

오은재 Oh Eunjae

Art Director

김이경 Kim Leekyeng

Senior Designer

양예슬 Yang Yeseul

Cover Image

Ecriture Studio Photography by
백현경 Baek Hyunkyeong

Photographer

최모레 Choe More

해란 Hae Ran

Project Editor

김건태 Kim Kuntae

배순탁 Bae Soontak

양윤정 Yang Yvette

전진우 Jun Jinwoo

정다운 Jung Daun

한수희 Han Suhui

한승재 Han Seungjae

Illustrator

서수연 Seo Sooyeon

휘리 Wheelee

AROUND PAGE

임진아 Im Jina

Marketer

윤혜원 Yoon Hyewon

Cover Design Guide

오혜진 O Hezin

Copy Editor

기인선 Ki Inseon

Management Support

강상림 Kang Sanglim

Advertisement

김양호 Kim Yangho

김갑진 Kim Gabjin

Publishing
(주)어라운드
도서등록번호 제 2014-000186호
출판등록일 2009년 12월 5일
ISSN 2287-4216
창간 2012년 8월 20일
발행일 2023년 2월 3일

AROUND Inc.
서울시 마포구 동교로51길 27
27, Donggyoro 51-gil, Mapo-gu, Seoul, Korea

광고 문의 / 070 8650 6378
구독 문의 / 070 8650 6375
around@a-round.kr

a-round.kr
instagram.com/aroundmagazine

어라운드는 나무를 아끼기 위해
고지율 20퍼센트인 재생종이 그린라이트를 사용합니다.